中國學術思想研究輯刊

三五編

林慶彰主編

第17冊

意象範疇的發生及當代價值研究

胡遠遠 著

花木蘭文化事業有限公司

國家圖書館出版品預行編目資料

意象範疇的發生及當代價值研究／胡遠遠 著 -- 初版 -- 新北市：花木蘭文化事業有限公司，2022〔民 111〕

目 2+212 面；19×26 公分

（中國學術思想研究輯刊 三五編；第 17 冊）

ISBN 978-986-518-819-1（精裝）

1.CST：先秦哲學 2.CST：中國美學史

030.8 110022433

ISBN-978-986-518-819-1

9 789865 188191

中國學術思想研究輯刊

三五編 第十七冊 ISBN：978-986-518-819-1

意象範疇的發生及當代價值研究

作　　者 胡遠遠

主　　編 林慶彰

總 編 輯 杜潔祥

副總編輯 楊嘉樂

編輯主任 許郁翎

編　　輯 張雅淋、潘玟靜、劉子瑄 美術編輯 陳逸婷

出　　版 花木蘭文化事業有限公司

發 行 人 高小娟

聯絡地址 235 新北市中和區中安街七二號十三樓

電話：02-2923-1455／傳真：02-2923-1452

網　　址 http://www.huamulan.tw 信箱 service@huamulans.com

印　　刷 普羅文化出版廣告事業

封面設計 劉開工作室

初　　版 2022 年 3 月

定　　價 三五編 23 冊（精裝）新台幣 62,000 元

意象範疇的發生及當代價值研究

胡遠遠 著

作者簡介

胡遠遠，女，生於 1981 年，河南商丘人。2018 年 6 月畢業於華東師範大學，獲文學博士學位，現任教於鄭州航空工業管理學院，碩士生導師，兼上海市教育科學研究院博士後研究員。主要研究方向為中國古代文論與美學、藝術理論、藝術教育及美育等，在核心刊物發表論文十餘篇，出版專著一部，主持 2020 年度教育部人文社會科學研究青年基金項目《意象範疇的發生及當代價值研究》（項目編號：20YJC760033）一項，並多次榮獲河南省青年教師教學獎。

提　要

本書由本人的博士論文《先秦意象觀發生論》增訂而成。論文選取中國傳統美學的一個核心概念「意象」作為考察對象，尋根溯源，從先秦時期廣闊的社會生活觀察其發生及意義生成的過程。同時，在研究方法上，打破由概念到概念、純粹邏輯抽象的文化建構，而是把「意象」這一美學概念的闡釋，還原到它產生和發展的人文、社會進化背景。書中與「意象」範疇發生相關的中國早期哲學、文化、社會、政治制度等現象的分析力求細緻、準確，尤其是發生學的視角和理論旨趣，為少數審美和藝術理論研究以西貫中的做法，給予補益和參證。此外，本書融入了作者近年來對其中部分章節和論題的最新思考，並拋磚引玉，論及意象範疇的當代價值。

本書為2020年度教育部人文社會科學研究青年基金項目《意象範疇的發生及當代價值研究》（項目編號：20YJC760033）研究成果

目次

緒　論

第一節　研究意義

「意象」是中國美學獨有的範疇，是在本土文化中植根生發的。為明確研究對象，現以清末「西學東漸」之風興起為界，上溯「意象」範疇的基本內涵。之所以把時節點劃分在近現代以前，是因為近現代以降，西學及其研究方法被廣泛接受並應用於中國傳統美學領域。外部環境的變化，導致中國傳統美學不可能在相對封閉的環境中自然而然地抻發，而是被作為研究對象存在了，「意象」這一傳統美學範疇亦是如此。於此說，在「意象」這一問題上，從近現代的王國維、朱光潛、宗白華到當代汪裕雄、胡雪岡、葉朗、朱志榮等學者的思考和創造，都是對傳統「意象」範疇的闡釋和生發。因此，在建構「意象」範疇的基本內涵時，我們也要立足於傳統，並以前人的研究為參證，從縱時的角度，對其間的哲學思想、文學理論、藝術實踐中的意象美學思想剝繭抽絲，逐層呈現。

概言之，從先秦到清末，對「意象」範疇具有大成意義的幾次飛躍包括，第一，老莊關於「象」「言」「意」「象罔」和《周易》「立象以盡意」的思想，是為「意象」之濫觴；第二，《詩經》「賦」「比」「興」的「意象」創構手法、《淮南子》關於「意」「象」「物」「情」「取象」的表述和《禮記・樂記》的「成象」說以及《論衡》首發「意象」一詞，是為「意象」範疇的孕育；第三，王弼「意象」說在「言」「象」「意」等問題上的進一步生發，以及劉勰《文心雕龍》中「神思」「物色」等篇的意象美學思想都不期然而然地揭示了「意象」論的核心特徵。同時，佛學的傳入，對「意象」論的心物關係、境界說等層面具有強化或啟發意義。第四，唐代王昌齡《詩格》、皎然《詩式》、司空圖《詩品》和宋代張戒《歲寒堂詩話》、姜夔《白石道人詩說》和嚴羽《滄浪詩話》在「意象」範疇之「情景」「意境」「趣味」等關鍵點闡發，使「意象」論得以發展和完備。第五，明代標舉「情」，反對「理」，因此，「意象」受到更多關注，何景明《與李空同論詩書》、王世貞《藝苑卮言》、王廷相《與郭介夫論詩書》最終以「意象瑩透，不喜事實黏著」為「詩之大致」，並對意象創構和意象特徵有所討論。第六，清代王夫之的意象體系和葉燮的「默會於意象之表」使傳統意象美學得以收官。以上脈絡歷來受到意象論者的關注，結合傳統「意象」論和研究者對此的闡發，可見，中國傳統「意象」觀是由「言」「象」「意」「境」基本元素構成，在超越「情—境」、「心—物」二元對立關係中動態生成，具有主體意向性、渾成性、審美功能性等特徵的結構。

嚴格地講，先秦時期並沒有明確的、完整的意象觀，但是這一時期的社會生活、歷史文化、哲學思想中包含意象觀產生和發展的元素，甚至決定了中國傳統美學意象觀的基本特徵。遺憾的是，研究者多從歷時的角度把這一時期作為「意象」論發展的一個階段，而缺少縱深的挖掘。本文的重點則是立足於先秦文獻資料，考察「意象」在先秦的發生及存在狀態，從而補充單純的縱向研究之遺憾。論文以先秦時期儒道之學和典籍文獻中的意象美學思想為切入點，對中國傳統意象美學思想的各種範疇在先秦時期的存在狀態進行深入、全面的解讀，補充了從歷史發展角度縱向研究先秦時期意象美學思想的不足，彰顯了先秦美學思想中的意象觀的具體層面與特質，揭示其萌芽狀態的發展軌跡，探索意象觀念與中國傳統藝術精神的關係，並發掘傳統美學「立象盡意」觀念對當代美育的價值。

第二節　研究現狀綜述

先秦時期意象觀的研究集中在歷時的描繪，如胡雪岡、汪裕雄等人都把先秦時期作為一個歷史階段，撚出「象」「言」「意」「象罔」「立象以盡意」等說作為先秦時期意象美學思想的表現。但是，橫向地呈現先秦時期「意象」觀的發生和存在狀態的研究則略顯不足。而「意象」作為層次豐富的系統結構，它的某些因素是散見於先秦時期的哲學思想或典籍著作中的。因此，通過對「意象」觀的研究現狀的考察，能夠得出「意象」範疇的基本內涵，再從「意象」範疇的內涵入手，對照先秦典籍，呈現「意象」在先秦時期的發生和存在形態，是研究先秦「意象」觀的一個新思路。這一部分的目的就在於從梳理「意象」觀的研究現狀入手，總結出「意象」範疇的各個層面，然後將這些層面投射到先秦時期的哲學思想、典籍著作中，看「意象」範疇的這些層面在先秦時期是否存在、以何種狀態存在或者為何存在，以達到縱深研究先秦「意象」觀的預期。

「意象」作為一個重要的傳統美學範疇，受到廣泛的關注和討論。主要研究成果集中在五個方面。第一，「意象」範疇發生、發展、成熟的歷史軌跡。汪裕雄的「意象三書」是「意象」研究的重要著作。《審美意象學》〔註1〕以「審美意象」為研究對象，注重對審美心理的深層結構研究。《意象探源》〔註2〕從哲學、文化、歷史、社會的角度，對「意象」進行歷時性的考察，將「意象」範疇置於中國文化的廣泛視域中，顯示其發生和發展的脈絡。《藝境無涯》〔註3〕與宗白華美學結合，研究意象與意境的深層聯繫，揭示傳統美學的生命特徵，發而為審美現代性的思考。胡雪岡《意象範疇的流變》〔註4〕以「意象」為為中國美學的核心，展示了從先秦開始到晚清這一古典美學時期「意象」範疇形成的歷史過程。以「鑄鼎象物」為起點，經老莊（「大象」「象」「象罔」「言」「意」）、《周易》（「立象以盡意」）、《詩經》（「賦」「比」「興」的意象創構方法）、《淮南子》（「放意相物」「物之可以喻意象形者」「假譬取象」）、《論衡》（「禮貴意象」）、王弼（「言生於象」「象生於意」「尋言以觀象」「尋象以觀意」）、劉勰（「窺意象而運斤」「亦於心而徘徊」）、司空圖（《二十四詩品》）、嚴羽（《滄浪詩話》）、「前七子」、「後七子」、王夫之、葉燮、章學誠等人的發展而至完備的理論體系，並在其源流正變中對審美意象的建構及其主要特徵做出系統的闡釋，對與「意象」相關的範疇如「物象」、「形象」、「興象」、「意境」等做出了界定和辨析，探索他們之間互相融通又各具形態的審美意識和感知方式。除此之外，該書還以具體藝術門類如詩詞文、戲曲、書法、繪畫、音樂為對象，探討不同藝術形式中審美意象的特徵。徐揚尚《中國文論的意

〔註1〕汪裕雄：《審美意象學》，北京：人民出版社，2013年10月版。
〔註2〕汪裕雄：《意象探源》，北京：人民出版社，2013年10月版。
〔註3〕汪裕雄：《藝境無涯》，北京：人民出版社，2013年10月版。
〔註4〕胡雪岡：《意象範疇的流變》，南昌：百花洲文藝出版社，2002年1月版。

象話語體系》〔註5〕立足中國文論，用「意象」話語形態整合賦比興說、樂象說、意象說、滋味說、興象說、意境說、妙悟說、神韻說、性靈說、境界說、形象說、典型說、真實說、幽玄說、天機說等傳統文論的基本問題，也是從縱向、歷時的角度對「意象」的梳理。祝菊賢《魏晉南北朝詩歌意象論》〔註6〕以魏晉南北朝這一獨特歷史時期為研究對象，將「意象」與魏晉玄學、佛學相聯繫，從哲學、美學的思想背景下把握該時期詩歌意象的基本內涵和發展趨勢，也是「意象」範疇歷史生成的重要資料。陳良運《中國詩學體系論》〔註7〕立足於中國詩學理論發展的實際過程，以「志」「情」「象」「意」「境」為入手，專章論述在中國詩學體系中「意象」的發展和嬗變。除了專著之外，論文有辛衍君《從「易象」到「審美意象」——中國古典審美意象的歷史嬗變》〔註8〕該文認為中國古典審美意象論經歷了易象、意象到審美意象三個發展階段。她以歷史時期為線索，描述了從先秦到明清中國古典審美意象理論的發展歷程和不同時期的內涵、外延，清晰地顯示了古典審美意象理論的發展軌跡。郭瀟《〈老子〉與〈易傳〉中國詩學中意象論的哲學源起》〔註9〕，認為中國詩學中的意象理論的哲學起點在《老子》和《周易》，二者是中國哲學「象」論的濫觴。他指出，在意象營構的心理機制和符號機制方面，《老子》和《周易》意象創構以直觀的審美想像參與意象營構，而「言」「象」「意」是意象符號系統中的基本命題。同時，「象」因「虛靜」而得，「虛靜」是精神對現實的超越，因此中國詩學的審美意象具有精神性和審美性的雙重價值。陳紅玉《略論審美意象》〔註10〕關注了審美意象的歷史生成問題，認為《周易》「立象以盡意」、《文心雕龍》「窺意象而運斤」、唐王昌齡「心入於境，神會於物」、郭熙「高遠」「深遠」「平遠」和張彥遠「平遠極目」「遠景」「原思」都

〔註5〕徐揚尚：《中國文論的意象話語體系》，北京：中國社會科學出版社，2012年5月版。

〔註6〕祝菊賢：《魏晉南北朝詩歌意象論》，西安：陝西師範大學出版社，2000年5月版。

〔註7〕陳良運：《中國詩學體系論》，北京：中國社會科學出版社，1992年版。

〔註8〕辛衍君：《從「易象」到「審美意象」——中國古典審美意象的歷史嬗變》，《遼寧大學學報》（哲學社會科學版），2005年7月。

〔註9〕郭瀟：《〈老子〉與〈易傳〉中國詩學中意象論的哲學源起》，《魯東大學學報》（哲學社會科學版），2012年5月。

〔註10〕陳紅玉：《略論審美意象》，《萍鄉高等專科學校學報》，2003年1期，第90～93頁。

是在山水畫中有形無形、有限無限典範結合產生的審美效果；清人方薰：「筆墨之妙，畫者意之妙也。故古人作畫意在筆先。……在畫時意象經營，具胸中丘壑，落筆自然神遠。」〔註 11〕嚴羽「興趣」說：「羚羊掛角，無跡可求，故其妙處，透徹玲瓏，不可湊泊，如空中之音，相中之色，水中之月，鏡中之花」，〔註 12〕強調意象創構所形成的「象外之象」「景外之景」「言有盡而意無窮」的審美境界，明顯帶有道家精神氣質。至佛教傳入以後，受禪宗的影響，藝術向著更高的追求意境、氣韻的方向發展，審美意象也就成為藝術理論中的支點，如藝術本體論中的「外師造化，中得心源」「超以象外，得其環中」「興觀群怨」「神與物遊」都是從象與意、形與神、情與景等範疇出發，形成一個以審美意象為邏輯起點的理論體系。

第二，「意象」的基本結構和構成元素研究。葉朗先生在談到什麼是意象的問題時，在區分了形式、形象、現象之後，給出定義：「中國傳統美學給予『意象』的最一般規定，是『情景交融』。中國傳統美學認為『情』與『景』的統一乃是審美意象的基本結構。」〔註 13〕即「意象」是「情」與「景」相統一的二元結構，情景交融產生意象世界，就是「美」。朱志榮《〈文心雕龍〉的意象創構論》〔註 14〕認為，《文心雕龍》的意象創構論是創作和審美的關鍵。在意象創構過程中，主客關係是和諧互動的，並在此基礎上討論了「言」「象」「意」在意象創構中辯證關係，並充分肯定了「道」在意象創構過程中的本體意義。他認為《文心雕龍》是中國文論史上第一個系統的審美意象觀，並把主客二元互動看作「意象」創構的關鍵，同時以「言」「象」「意」為「意象」創構的基本元素。再如，張世英：「境界是無窮的客觀關聯的內在化。」〔註 15〕也是從情景、主客、內外之間「非對象化」的圓融一致性闡述意象的兩元基本結構的。楊海濤《「言意之辨」與意象思維》〔註 16〕以魏晉時期的「言意之辨」為分析對象，揭示「言」「意」「象」與審美意象創構的關係，在意象

〔註 11〕方薰：《山靜居畫論》，杭州：浙江人民美術出版社 2017 年版，第 7 頁。

〔註 12〕吳文治主編：《宋詩話全編》（卷九），南京：江蘇古籍出版社 1998 年版，第 8719 頁。

〔註 13〕葉朗：《美在意象》，北京：北京大學出版社 2010 年版，第 57 頁。

〔註 14〕朱志榮：《〈文心雕龍〉的意象創構論》，《江西社會科學》，2010 年 1 月，第 96～100 頁。

〔註 15〕張世英：《哲學導論》，北京：北京大學出版社 2008 年版，第 73 頁。

〔註 16〕楊海濤：《「言意之辨」與意象思維》，《內蒙古財經學院學報》（綜合版），2008 年第 6 卷第 2 期，第 66～69 頁。

創構的具體方面及各方面互動成象的論述中，呈現了「意象」的結構和基本元素。宋冬瑩《論審美活動中審美意象的生成》〔註 17〕將審美意象的基本構成界定為「意」與「象」、「情」與「景」兩個方面。除了以情景、主客、內外的基本結構和言、象、意的基本元素之說外，還有意象層次結構說，趙國乾《論中國古典意象的審美意蘊》〔註 18〕從中國古典意象理論的生成過程出發，把意象看作一個多層次結構，即語言文字表現出來的表層意象、經審美心理的深化和感性認識與理性認識的結合而形成的深層意象。夏之放《文學意象論》〔註 19〕將文學意象的構成分成四個層面：文學意象的外形式——音義層面、文學意象的內形式——結構層面、文學意象的載體——景象層面、文學意象的意蘊——意味層面。這種層次結構論相對來說淡化了主客兩分的認識論基礎，使言、象、意、境逐層呈現，有更加清晰的理論邏輯性和延展性，因其肯定了「境」這一層面，也更加符合中國古典意象理論的發展軌跡。事實上，意境之「境」最早見於《莊子・齊物論》：「振於無意，故寓諸無境。」〔註 20〕「境」指一種自由、無限之境。劉勰《文心雕龍》和鍾嶸《詩品》將「境」的概念用於詩論。《情采》：「繁採寡情，味之必厭。」《隱秀》：「深文隱蘊，餘味曲包。」王廷相《與郭介夫學士論詩書》：「夫詩貴意象瑩透，不喜事實黏著。」〔註 21〕這裡所說的「味」和「意象瑩透」，就是對意象所深蘊的言外之意、味外之旨的品鑒，這裡已經是意境的基本審美特徵了。鍾嶸《詩品序》的「滋味說」：「五言居文詞之要，是眾作之有滋味者也。」漢魏六朝五言詩的一個突出特點是延續了先秦時期的比興傳統，將主體之情融於「景」「物」之中。因此，不難看出，「滋味說」的審美精神是「情」「景」兩端入手評估詩歌的藝術水準的，這與意境的理論關係相當密切。王昌齡《詩格》認為詩有三境：「一曰物境，二曰情境，三曰意境。」〔註 22〕即，從古典意象美學的闡述

〔註 17〕宋冬瑩：《論審美活動中審美意象的生成》，《百科論壇》2011 年 4 月下期，第 183～184 頁。

〔註 18〕趙國乾：《論中國古典意象的審美意蘊》，《黃淮學刊》（哲學社會科學版）1997 年 3 月，第 54～58 頁。

〔註 19〕夏之放：《文學意象論》，汕頭：汕頭大學出版社 1993 年版，第 215～269 頁。

〔註 20〕王先謙：《莊子集解》，北京：中華書局 1954 年版，第 26 頁。

〔註 21〕王廷相：《與郭介夫論詩書》，葉朗主編《中國歷代美學文庫》，北京：高等教育出版社 2003 年版，第 166 頁。

〔註 22〕王昌齡：《詩格》，葉朗主編《中國歷代美學文庫》，北京：高等教育出版社 2003 年版，第 368 頁。

來看，因此，我們認為，「境」的確是意象結構層之一，略而不論是妥當的。黃霖《意象系統論》：「假如我們剝掉它們在意象系統中使用時都含有的『意』的一層意思之後，剩下的象就只是指具體的形象，而『境』則同時又包含著一種範圍和空間的含義，故它在情景交融中又包含著猶如當代物理學中的『場』，包含著一種氛圍、態勢等在內。這是一。其二，『境』，也常指通過修煉而達到的一種很高的程度。」〔註 23〕該文果斷地將「意」「象」「境」共同作為意象系統的構成成分。總之，以上兩種意象結構說互相補充，可以給我們一個清晰的結論，即「意象」的基本結構是由主體、客體、言、象、意、境以及與之相關的思維方式和主體人格特徵構成，但是構成意象的各部分並非獨立存在的。關於意象的結構，葉朗打破了主客兩分的傳統看法，認為意象是一個不斷生成的意向性結構。他指出，在中國傳統美學中，「情」與「景」的統一是審美意象的基本結構，但是意象是既不同於「情」，也不同於「景」的一個新質，不能還原成單純的「情」或「景」，只有情景交融，一氣貫通，才能成為審美意象。〔註 24〕該論精義在於「生成」和「意向性結構」兩處，是目前關於意象結構研究的集大成者。

第三，「意象」的生成及其特徵研究。一般認為，「意象」的生成是以「感興」為起點的。葉嘉瑩：「『賦、比、興』乃詩經和中國古代詩歌借物象和事象傳達感動的三種表達方式，是心物之間互動關係的反映。興是由物及心，比是由心及物，賦是即物即心。」〔註 25〕朱自清《詩言志辯・比興》：「《毛傳》『興也』的『興』有兩個意義，一是發端，一是譬喻：這兩個意義合在一塊兒才是興。」〔註 26〕葉先生和朱先生都強調「興」之主體感於物而發的本質特徵，基於「興」之心物關係本質，它被應用到「意象」生成理論中。李鵬飛《立「象」以盡意——魏晉審美意象論》〔註 27〕一文總結魏晉時期的審美意象論，以《文心雕龍》為主，指出「言」「象」「意」是中國審美意象論的哲學基礎，「隱」「秀」是中國古典文學意象創造的審美規範，「賦」「比」「興」是中國古典審美意象營

〔註 23〕黃霖：《意象系統論》，《學術月刊》，1995 年 7 月，第 73～77 頁。

〔註 24〕葉朗：《現代美學體系》，北京：北京大學出版社 1998 年版，第 115～121 頁。

〔註 25〕葉嘉瑩：《中西文論視域中的「賦、比、興」》，《河北學刊》，2004 年 3 期，第 116 頁。

〔註 26〕朱自清：《詩言志辨》，上海：華東師大出版社 1996 年版，第 53 頁。

〔註 27〕李鵬飛：《立「象」以盡意——魏晉審美意象論》，《金華職業技術學院學報》，2005 年 6 月第 2 期，第 72～75 頁。

造的基本途徑。他將「言象意」「賦比興」作為意象創構的基礎和手段，是符合意象的基本結構和思維方式的。劉雲蘭《論「興」的美學特徵》〔註28〕認為「興」具有直覺性、圓融性和超越性的特點，「興象」就是主體在外物感發下所形成的生動活潑的藝術形象。這裡對「興」的分析，實質上是意象創構過程中主體思維意識特徵的描述。胡吉星《論「興」在王夫之詩學中美學意蘊》〔註29〕也談到「興」在主體感悟狀態的生成和審美意象生成方面的意義。二者都是審美意象生成過程中作為主體的人的方面的因素。張文勳《論「意境」的美學內涵》〔註30〕談到意境與意象的關係，認為意象是意境的核心，也是基於心物感應的情與景的化生。意象、意境的創造，都離不開具體的物象、感官感受、想像和情感的能動參與。再如，宋冬瑩《論審美活動中審美意象的生成》〔註31〕在審美意象的生成方面，將意象的生成過程看作客體的主觀化和主體的對象化，即審美意象是在主客體的意向性結構中產生的。具體來說，就是主體通過意向性行為，在對客觀對象的體驗中，產生意蘊，然後借助外在客體，通過意向、想像等手段將這個「意」投射到外在的客體上，使其成為藝術作品中的形象，即意象。較之感興體驗說，宋文具體地從主客、情景「非對象」化的化生角度，闡釋「意象」形成過程的。除了強調意象生成的圓融性、瞬間性，研究者還經常對意象生成過程進行階段化描述，以求更加清晰的理論痕跡。如，黃念然《論審美意境的生成》〔註 32〕認為意象生成包括三個階段：「第一，澄懷味象；第二，『現量』直覺；第三，（情景）互藏其宅」。「澄懷味象」指主體以超功利的審美態度品味發掘物象，「現量」直覺是不假思索和計較的情況下，以瞬間直覺將主體情思與客體物象相交融的過程，而情景互藏其宅就是「現量」直覺的審美效果。再如，王新新《簡論詩歌意象的生成》〔註33〕認為詩歌意象的生成有

〔註28〕劉雲蘭：《論「興」的美學特徵》，《江西師範大學學報》（哲學社會科學版），2003年5月，第30～33頁。

〔註29〕胡吉星：《論「興」在王夫之詩學中美學意蘊》，《名作欣賞》，2010年1期，第21～23頁。

〔註30〕張文勳：《論「意境」的美學內涵》，《社會科學戰線》，1987年4月，第281～290頁。

〔註31〕宋冬瑩：《論審美活動中審美意象的生成》，《百科論壇》，2011年4月下期，第183～184頁。

〔註32〕黃念然：《論審美意境的生成》，《黃岡師專學報》，1998年2月，第46～53頁。

〔註33〕王新新：《簡論詩歌意象的生成》，《上海大學學報》（社會科學版），2006年5期，第143～148頁。

三個要素：「（1）感性形式：『孤館』、『春寒』、『杜鵑』、『斜陽』等物象；（2）作者情思：孤獨與淒冷之情；（3）理解因素：對情感體驗的清醒認識；（4）符號化的表達與傳遞。」無論是強調意象生成過程的渾然性、整體性，還是將其進行階段化描述，本質都是客觀物象、主體情思在特定心理活動中化合的過程。實際上，將「意象」看成一個動態生成的過程是更加有見地的探索。朱志榮《論審美意象的創構》〔註34〕把審美意象看作是美的本體，並強調審美意象的創構是主體能動的、創造性的行為。審美意象的過程也是以「物象」為起點，觸物起情，感悟神通的過程。他在《論審美意象的創構過程》〔註35〕「意象的創構以主體的審美經驗為基礎，通過主體獨特的眼光和比興的思維方式等，借助於想像力而達成的。」「在意象的創構過程中，主體以感官，尤其是心神體物，達到物我交融，並經由主體和對象的神合，在始終伴隨著象的參與中實現了對道的體悟，從而也實現了人生理想與宇宙之道的貫通。」朱志榮先生把審美意象的創構過程描述成物我貫通、情景合一、神合體道過程。他還說：「所謂超感性的體悟，指主體基於感性生命，又不滯於感性生命，從而釋形以凝心，以身心合一的整體生命去體悟對象，獲得感性的欣悅，並與對象達到神合、氣合，以覺天盡性，參贊化育。」〔註36〕該論既是「感興」說的發揮，又將「意象」看成一個動態生成的過程，並且注意到了獨特的思維方式在意象、意境生成中的作用。這一代表性觀點也被許多研究者認可。葉朗先生在《美在意象》〔註37〕一書中討論了「美感」產生的問題。他提出，「美感不是認識，而是體驗」，並借用「感興」一詞界定「美感」。因此，依照葉先生之說，意象世界的生成就是在「情」「景」二元結構下，多層面的心理、意識活動參與，導致審美感興瞬間生成的過程。夏之放《論審美意象》〔註38〕對意象進行動態分析方面，他認為意象體系的創構過程就是主體按照自己的「意」的要求，將生活中得來的「象」進行改造、生發、變形使之組合成審美意象，然後再以語言等藝術媒介傳達出來，變成物態化的審美意象的過程。該論所謂「改造」「生發」「變形」正是對意象動態生成的描述。意象生成過程既是動態的，又是主體情感、想像、心理

〔註34〕朱志榮：《論審美意象的創構》，《學術月刊》，2014年5月，第110～114頁。

〔註35〕朱志榮：《論審美意象的創構過程》，《蘇州大學學報》（哲學社會科學版），2005年5月，第73～80頁。

〔註36〕朱志榮：《中國審美理論》，上海：上海人民出版社2013年版，第66頁。

〔註37〕葉朗：《美在意象》，北京：北京大學出版社2010年版。

〔註38〕夏之放：《論審美意象》，《文藝研究》，1990年1期，第27～36頁。

共同參與的創造性行為。李春華《詩歌意象建構的認知分析》〔註 39〕認為詩歌的意義在意象的隱喻和轉喻中產生：「詩歌的欣賞過程實際上是讀者的認知加工過程，作為人類的兩種基本認知方式，隱喻和轉喻在其中起著極為重要的作用。」楊善利《論中國古典抒情詩審美意象生成的心靈軌跡》〔註 40〕認為：「中國古典抒情詩審美意象生成的心靈軌跡，實際上是詩人在『實象』的觸發下引發的虛幻的想像或聯想，由實入虛進而造成虛實相生的『象外之象』、『象外之意』，再通過對意象的經營組合，組成有機的、有空間距離的、多層次的並產生連鎖反應的不斷衍生出的新的意象，形成雙向流動的意象鏈，構成『象』、『意』生發無窮的藝術作品的過程。」強調意象生成過程中，聯想及想像的作用，強調意象生成中複雜豐富的心理情感過程。李天道《論意境生成的審美心態》〔註 41〕把意境生成的主體心理概括「整合心態」和「超越意識」，也是對主體心理活動在意境生成中的作用的探討。凌晨光《審美意象與藝術構思》〔註 42〕認為審美意象與三個心理層面相聯繫，即表象層面、觀念層面、情感層面。李冰雁《〈文心雕龍〉中「神思」範疇的理論淵源與內涵》〔註 43〕，將「神思」視為意象創構中思維發生作用的過程，即起於「虛靜」的心理狀態，在外物感興之下「神與物遊」而生成審美意象（心理表象），進而物化為具體的文學作品。

總之，對於意象生成過程的研究，以「感性」說為基礎，從心物關係這一角度，論者多從客觀物象和主體情思的化合入手，將意象生成的過程看作一個動態的、創造性的過程，並強調這一過程中主體情感、想像、心理活動參與的重要性。在此基礎上，自然而然地引發了意象類型和特徵的討論。如，陳朝霞《從「意象說」道「意象符號系統論」——對中國詩歌的意象審美思考》〔註 44〕認為詩是一個意象符號系統，它由意象成分構成，而非意象成分

〔註 39〕李春華：《詩歌意象建構的認知分析》，《江西師範大學學報》（哲學社會科學版），2005 年 5 月，第 25～29 頁。

〔註 40〕楊善利：《論中國古典抒情詩審美意象生成的心靈軌跡》，《河北師範大學學報》（哲學社會科學版），2004 年 5 月，第 61～67 頁。

〔註 41〕李天道：《論意境生成的審美心態》，《青海社會科學》，1991 年 4 月，第 59～64 頁。

〔註 42〕凌晨光：《審美意象與藝術構思》，《文史哲》，1990 年 3 期，第 94～97 頁。

〔註 43〕李冰雁：《〈文心雕龍〉中「神思」範疇的理論淵源與內涵》，《南京工業大學學報》（社會科學版），2010 年 9 月，第 85～88 頁。

〔註 44〕陳朝霞：《從「意象說」道「意象符號系統論」——對中國詩歌的意象審美思考》，《吉首大學學報》（社會科學版），2004 年 1 月，第？頁。

是它的延伸。具體而言，包括意象語言外殼、詩的意境以及意象符號自身的自足性、模糊性、不確定性和獨立性。王懷義《論審美意象的基本類型》〔註45〕他認為審美意象的核心是主體的情感體驗，因而有直接感發式和反省式兩種，由此形成直接式審美意象和反省式審美意象。又在《論審美意象的結構特徵》〔註46〕認為審美意象的結構具有整一性、轉換性和自足性等方面的特徵。柯漢林《論審美意象及其基本特徵》〔註47〕認為由於審美意象通過形象和象徵的手法傳遞意義，形象沒有鮮明的內涵和外延，在接受主體想像和情感的作用下，就形成了意象的形象性、主觀性和模糊性的特徵，而意象思維的特徵就是直覺思維、象思維。李軍《試論審美意象的基本特徵》〔註48〕探討了審美意象的基本特徵：真幻性、多義性。吳曉《詩歌意象的符號質、系統質、功能質》〔註49〕高度概括了意象的符號性、系統性和功能性的特徵。胡經之《文藝美學》〔註50〕也明確把詩歌看作一個意象系統，同時認為意象具有描述性、擬情性、指意性（象徵性）的功能。米雪《淺論審美意象》〔註51〕在談到意象的本質及特徵時，她強調主體情感、想像以及感性直觀的思維方式，得出的結論是「審美意象就是在主體情感與意念的參與下，審美對象的色彩、線條、語言及意象符號所引起的內心體驗，其高度的凝練性、情感性、直覺性是其特定思維方式作用的心理結晶。」至此，意象諸多特徵如情感性、想像性、象徵性、抽象性、直覺性、整體性、自覺性等也被廣泛認同。

第四，「意象」的地位和作用研究。把「意象」作為中國美學的核心範疇，是得到學界普遍認同的觀點。宗白華先生的「意境說」把意境作為中國美學和藝術哲學最中心的範疇，而把意象作為藝術意境的基礎或構成層面之一，並將意象視為宇宙生命的表象，把意象理論的生命本體論基礎建立

〔註45〕王懷義：《論審美意象的基本類型》，《貴州社會科學》，2010年6月，第32～36頁。

〔註46〕王懷義：《論審美意象的結構特徵》，《新疆大學學報》（哲學社會科學版），2013年9月，第113～117頁。

〔註47〕柯漢林：《論審美意象及其基本特徵》，《西北師大學報》（社會科學版），1990年4月，第24～30頁。

〔註48〕李軍：《試論審美意象的基本特徵》，《新疆廣播電視大學學報》，2002年第3期，第61～62頁。

〔註49〕吳曉：《詩歌意象的符號質、系統質、功能質》，《浙江大學學報》（哲學社會科學版），2001年3月，第116～124頁。

〔註50〕胡經之：《文藝美學》，北京：北京大學出版社1989年版，第151頁。

〔註51〕米雪：《淺論審美意象》，《藝術理論》，2009年11月，第71頁。

在周易哲學、老莊哲學、魏晉玄學以及禪宗哲學的傳統之上。朱志榮先生以其《康德美學思想研究》〔註52〕博士論文「審美意象是康德美學的核心範疇」為開端，不斷關注和深化審美意象理論，在意象創構方面，立足中國古典哲學和傳統文化，從「物我貫通」「情景合一」「神合體道」三個向度挖掘意象的生成過程。朱志榮的審美意象思想在他的《中國藝術哲學》〔註53〕《中國文學導論》〔註54〕《中國審美理論》三部著作中互相支撐、互相印證，並在《夏商周美學思想研究》中將審美意象的理論建構與批評實踐結合起來。同時，他提出「美是意象」的觀點，重視意象在書法、繪畫、雕塑等其他藝術門類中的地位，進一步維護了意象本體論的理論建構成果，是對意象作為美的核心範疇這一認識的回歸和強化，有力地促進了中國古代意象話語系統的現代化進程。此外，葉朗以其《中國美學史大綱》、《現代美學體系》、《胸中之竹》、《美學原理》幾大著作等建構了他的意象美學體系。具體來說，《大綱》從歷時的角度對「意象」觀念的發生及成熟作歷史的描述，《體系》以現代美學體系的建構為研究對象，認為現代美學體系的研究對象是審美活動，研究的重心是藝術人生，最終形成審美活動的審美感興、審美意象和審美體驗為核心範疇的三位一體的體系。《胸中之竹》則明確提出「美在意象」〔註55〕他把「審美意象」作為中國美學的本體：「中國古典美學體系是以審美意象為中心的。」〔註56〕「中國傳統美學認為藝術的本體是『意象』，同時認為一切審美活動都離不開『意象』的創造。」「『意象』是中國傳統美學的中心範疇。」「依照我的看法，中國傳統美學中的『美』就是『審美意象』。」「只有抓住『意象』，才可以把握整個中國傳統美學範疇的網絡。」〔註57〕朱良志《「象」——中國藝術論的基元》〔註58〕把「象」視為中國藝術理論的基本元素，並且描述了意象創構過程以及意象與意境

〔註52〕朱志榮：《康德美學思想研究》，合肥：安徽人民出版社1997年版。

〔註53〕朱志榮：《中國藝術哲學》，上海：華東師範大學出版社2012年版。

〔註54〕朱志榮：《中國文學導論》，北京：文化藝術出版社2009年版。

〔註55〕葉朗：《胸中之竹——走向現代之中國美學》，合肥：安徽教育出版社1998年版，第262頁。

〔註56〕葉朗：《中國美學史大綱》，上海：上海人民出版社1995年版，第3頁。

〔註57〕葉朗：《胸中之竹——走向現代的中國美學》，合肥：安徽教育出版社1998年版，第72～73頁。

〔註58〕朱良志：《「象」——中國藝術論的基元》，《文藝研究》，1988年6期，第12～19頁。

的關係，並認為意象理論包括了「觀物以取象」、「立象以盡意」、「境生於象外」的動態建構過程。

第五，意象與西方理論對話和交流主要表現在中西意象理論的比較研究方面。在微觀上，例如，朱光潛先生借用利普斯的「移情作用」和古魯斯的「內模仿」來描述意象生成的心理過程，認為「美感的世界純粹是意象世界」。80 年代以後，在語言學轉向的背景下，趙毅衡《重訪新批評》〔註 59〕一書在意象「言、象、意」三元素中，擇取「言」而提出「語象概念，重視語言的形象性之美。王一川借鑒巴赫金的「語言形象」理論在其《中國形象詩學》〔註 60〕、《漢語形象美學引論》〔註 61〕中，提出「語言形象是文學的藝術形象系統的最直接『現實』。」在宏觀上，汪裕雄《西方現代「審美意象」論述評》〔註 62〕、成立《審美意象範疇論——中西意象理論的歷史比較》〔註 63〕、曾加榮《淺談中西意象的流變》〔註 64〕、王松林《彼「意象」非此「意象」——中西意象論比較》〔註 65〕等，從中西意象形成的哲學文化背景及異同等方面都做出了細緻有效的剖析。王妍《意象與仿像——藝術表意範式的中西對比與當代建構》〔註 66〕以意象與仿像為中西藝術理論的核心範疇，主要做了以下幾個方面的研究，第一，因中西遠古初民「觀」的方式不同，故中西藝術表意範式存在差異。第二，細讀中西經典文本，釐清兩種範式的基本內涵、文化淵源、生成機理和發展流變。第三，跨文化、跨學科、多視角對中西經典藝術理論進行對比釋讀，發現了「士人」和「哲人」的不同言說方式和詩學理論氣質。第四，結合現代數字媒介技術的出現，傳統的意象論和仿像論都將參與表意範式的現代建構，但是新的藝術表意範式將以「仿像」

〔註 59〕趙毅衡：《重訪新批評》，天津：百花文藝出版社 2009 年版。

〔註 60〕王一川：《中國形象詩學》，上海：上海三聯書店 1999 年版。

〔註 61〕王一川：《漢語形象美學引論》，廣東：廣州人民出版社 1999 年版。

〔註 62〕汪裕雄：《西方現代「審美意象」論述評》，《河北大學學報》，1991 年第 3 期，第 160～168 頁。

〔註 63〕成立：《審美意象範疇論——中西意象理論的歷史比較》，《杭州師範學院學報》，1990 年 1 期，第 45～51 頁。

〔註 64〕曾加榮：《淺談中西意象的流變》，《樂山師專學報》，1991 年 1 期，第 12～16 頁。

〔註 65〕王松林：《彼「意象」非此「意象」——中西意象論比較》，《世界文學評論》，2006 年 1 期，第 185～194 頁。

〔註 66〕王妍：《意象與仿像——藝術表意範式的中西對比與當代建構》，北京：社會科學文獻出版社 2015 年版。

為特徵。此外，臺灣學者吳福相《劉勰「虛靜」說新探》〔註 67〕致力於意象之中國古典源頭的探討；張瓊方《民俗舞蹈作品意象與表現之研究》〔註 68〕、衣若芬《「瀟湘」山水畫之文學意象情境探微》〔註 69〕關注具體藝術形式中的意象問題；陳滿銘《意、象形質同構類型論》〔註 70〕挖掘意象理論文藝美學要素。

以上五個方面的研究，對於意象的構成和基本元素做出了清晰的理論闡釋，肯定了意象在中國美學中的核心地位，尤其是關於意象生成和特徵的研究，特別能夠體現中國美學的獨特審美心理和審美趣味，而中西意象論的比較研究，則為理解中西意象之差異性提供了廣闊的視角。但是，先秦時期作為中國哲學、美學、文化的歷史源頭，往往只是作為意象美學歷史生成的一個歷史階段，包含在意象美學史的宏觀研究之中，尚無專論在意象的構成和基本元素、意象創構、意象的作用和特徵等方面做詳細考證。因此，可以說這些研究為先秦意象」觀研究奠定了基礎，為先秦時期意象美學萌芽狀態的研究提供了廣闊的視角。

第三節　研究目標、範圍與方法

一、研究目標

本書以「先秦意象觀發生論」為題，在以往專家學者現有研究成果的基礎上，以先秦時期哲學、美學思想為背景，以典籍文獻資料為研究中心，參考先秦時期留存至今的文學藝術作品等，闡釋先秦時期意象美學思想萌芽的學思基礎及其在典籍文獻、文藝作品中的存在狀態，總結出整個先秦時期意象觀在審美價值、實用價值等方面的特點及早期意象觀的流變成熟軌跡，為先秦時期美學、中國傳統意象美學研究增加新內容，進一步豐富先秦美學以及中國傳統意象美學的內容，細化其研究對象。

〔註 67〕吳福相：《劉勰「虛靜」說新探》，《文心雕龍研究第九輯》，2009 年 11 月。

〔註 68〕張瓊方：《民俗舞蹈作品意象與表現之研究》，《朝陽學報》（臺灣），第 7～1 期，第 111～123。

〔註 69〕衣若芬：《「瀟湘」山水畫之文學意象情境探微》，《中國文哲研究集刊》（臺灣），20 期，2002 年 3 月，第 175～221 頁。

〔註 70〕陳滿銘：《意、象形質同構類型論》，《師大學報》（臺灣），54 卷 1 期，2009 年 3 月，第 1～25 頁。

二、研究範圍

本書以先秦意象觀的發生為研究主要對象，兼及其當代價值。從歷史跨度上講，本書所研究的範圍雖然是先秦，理論上講，即公元前 221 年秦朝建立之前。但是思想的產生和變遷具有承繼性、超前性或滯後性，不像朝代的更替那樣果斷，所以本書所涉及歷史時期和文獻資料雖以有階級和國家出現以後的文明史為中心，即夏（前 2070 年～前 1600 年）、商（前 1600 年～前 1046 年）、周（前 1046 年～前 256 年）時期，但也會觸及早期人類社會和秦漢時期的美學思想。從研究對象上講，本書是對「先秦審美意象思想」的研究，「意」與「象」及與其相關的「形神」「言意」「有無」「虛實」「名辨」等範疇是本研究的相關內容。將先秦審美意象思想放在以儒家和道家為主要哲學思想的文化大背景中我們可以發現：儒家思想在「天命觀」「性情說」和「禮樂文化」等方面對先秦意象美學的主體性、情感性、象徵性、言意觀、注重個人修養和人生境界的提升等方面具有建構意義；道家以「道」「氣」為其思想的基石，形成「形」「象」「有無」「虛實」「言意」「顯隱」「內視」和「遊心」等與「意象」美學思想產生有關的元素。此外，在審美意象的生成方面，以儒道為主要哲學思想的先秦文化，囿於特定歷史時期的認識水平和生產力水平，還形成了重體驗的感性直觀致思方式和生生不息、運動變化的美學觀，如「觀取」「占玩」「知幾」「通」「感」「會」「沖」「變」「化」「返」「交」「達」「配」「和」等都是「意象」生成瞬間的審美契機或審美體驗。除儒道之外，法家、名家等諸子也有有關「意象」美學基本元素的闡述或思想。因此，可以說，先秦時期雖不具備完整成熟的審美意象理論體系，但是從先秦哲學美學的文化背景下，在典籍文獻中，是包含著意象美學萌芽的因素的。總之，意象美學研究的大略在於言、意、象、境及其生成過程，本課題即要在先秦哲學美學思想和文獻典籍資料中找出「意象」萌芽具有建構意義的元素，以考察意象美學的萌芽狀態，辨析它後世意象美學的異同及其對後世意象美學發展的價值。同時，集中力量解決以下幾個問題：第一，基於先秦美學以及意象理論的研究成果，對先秦時期的典籍文獻、文學藝術著作等資料中的意象美學思想進行闡釋與研究；第二，除文本闡釋外，參照先秦哲學美學的文化和社會背景，揭示出先秦哲學美學對早期審美意象思想產生的建構作用；第三，在以上研究的基礎上，總結出先秦時期意象美學思想萌芽的整體風貌，以及前期意象美學思想與古典時期意象美學思想的異同；第四，橫向梳理先秦時期意象美學思想的整體風貌，為縱向研究補益。同時，明晰中國傳統意象美學研究的理論體系、研究對象以及基本特徵等。

三、研究方法

本書主要對先秦審美意象思想的萌發情況進行分析和研究，在研究過程中主要運用文獻查閱法、跨學科研究法、比較研究法和歸納演繹法，以及美學思想與審美意識相結合的研究方法。具體來說，首先要閱讀、分析先秦時期的相關文獻材料，如諸子論著、十三經注疏、經史子集以及這一時期的文學藝術作品等，同時參考先秦時期哲學史、文化史、思想史、政治史等著作；其次要搜集並整理與先秦美學、中國傳統審美意象理論相關的研究文獻和資料，梳理其研究的成果及存在的問題，尋找新的理論生長點；再次，將前期工作中積累的論文寫作資源用本書的框架來整理和組織，以開題報告為本書前期思考的框架，實際寫作將在調整中最終成文。第三，本文以辯證唯物主義和歷史唯物主義為主，兼用中國傳統的考據學、音韻學、訓詁學等方法對先秦時期的文獻材料所承載的意象性觀念進行解讀與發掘，同時參照具體的文學藝術作品等，做到美學思想與審美意識、理論與實物的統一、文藝學與文獻學的統一。

第一章　先秦意象觀念述略

總體來說，先秦哲學和社會文化生活奠定了早期意象觀萌發的基礎：「三玄」道、形、象、言意、觀取、感通、象外等思想是「意象」／「境」觀念生成的理論源起；儒家天人觀、性情論及禮樂教化等思想和實踐，影響了中國傳統文化藝術和思維方式「尚象」的特質，並體現了意象的認知審美功能和結構特徵。

先秦時期經典典籍和諸子學說是「意象」觀發生的基礎之一。先秦時期《周易》「制象」「觀象」說、老莊宇宙生成論、孔孟性情論和天人觀、法家名辯論以及中國傳統美學範疇「道」「氣」「形」「神」「言」「意」「象」「情」「志」「虛實」「有無」等都蘊含著意象美學萌發的因素。《周易．繫辭下》：「古者包犧氏之王天下也，仰則觀象於天，俯則觀法於地，觀鳥獸之文，與地之宜，近取諸身，遠取諸物，於是始作八卦，以通神明之德，以類萬物之情。」〔註1〕其論奠定了「象」在《周易》中的核心地位，「聖人」仰觀天象以知時、知世、知事、知勢。正如《周易．繫辭下》所說：「易者，象也。」〔註2〕《周易》之「象」具有多種含義，一是指自然物象，如《周易．繫辭上》：「在天成象，在地成形，變化現矣。」〔註3〕「懸象著明莫大乎日月。」〔註4〕「見乃謂之

〔註1〕王弼、韓康伯注，孔穎達疏：《周易正義》，阮元校刻《十三經注疏》，北京：中華書局1980年版，第86頁。

〔註2〕王弼、韓康伯注，孔穎達疏：《周易正義》，阮元校刻《十三經注疏》，北京：中華書局1980年版，第87頁。

〔註3〕王弼、韓康伯注，孔穎達疏：《周易正義》，阮元校刻《十三經注疏》，北京：中華書局1980年版，第76頁。

〔註4〕王弼、韓康伯注，孔穎達疏：《周易正義》，阮元校刻《十三經注疏》，北京：中華書局1980年版，第82頁。

象。」〔註 5〕二是指卦爻符號之象。如《周易・繫辭上》:「聖人設卦觀象繫辭焉，而明吉凶。」〔註 6〕《周易・繫辭下》:「八卦成列，象在其中矣。」〔註 7〕第三指觀取物象的動作和方式。如《周易・繫辭上》:「聖人有意見天下之賾，而擬諸形容，象其物宜，是故謂之象。」〔註 8〕「天垂象，見吉凶，聖人象之。」〔註 9〕第四指象徵的手法。如《周易・繫辭上》:「吉凶者，得失之象也；悔吝者，憂虞之象也；變化者，進退之象也；剛柔者，晝夜之象也。」〔註 10〕「象」的這四種含義，使《周易》作為「卜筮之書」在意義、判斷的生成、傳達、領悟上形成自成一體的閉環。主體通過觀天象預測事物發展的趨勢，再取象於天地萬物、編製卦象符號傳達某種語言不能實現的意義。如此，卦象符號本身已是形式和意義的結合體，對於「讀者」而言，可以通過參悟其形式所象徵的意義並指導自身的行動。

「象」在《周易》中的以上四種意義蘊含了客觀物象、形象（形式）、主體象思維和象徵手法等意象美學思想的原初形態，對於形成意象創構和意象特徵的相關理論具有潛在的建構作用。但是，「象」最根本的應用價值在於「尋象觀意」「立象以盡意」，將「象」與「意」視為一對範疇是意象觀的必然要求。《韓非子・解老》:「人希見生象也，而得死象之骨，案其圖以想其生也，故諸人之所以意想者皆謂之象也。」〔註 11〕由「死象之骨」來推測大象生前的形貌，這個推測、想像出來的「意想者」就是「象」。這裡所謂的「象」已經不是物種、生物學意義上的大象了，而是抽象為「意中之象」了。「按其圖以想其生」的思維運動，正是意象生成過程中，主體情感、想像等主觀心理活動主動參與的過程。《韓非子》此論在意象的基本內核和生

〔註 5〕王弼、韓康伯注，孔穎達疏:《周易正義》，阮元校刻《十三經注疏》，北京：中華書局 1980 年版，第 82 頁。
〔註 6〕王弼、韓康伯注，孔穎達疏:《周易正義》，阮元校刻《十三經注疏》，北京：中華書局 1980 年版，第 76 頁。
〔註 7〕王弼、韓康伯注，孔穎達疏:《周易正義》，阮元校刻《十三經注疏》，北京：中華書局 1980 年版，第 85 頁。
〔註 8〕王弼、韓康伯注，孔穎達疏:《周易正義》，阮元校刻《十三經注疏》，北京：中華書局 1980 年版，第 79 頁。
〔註 9〕王弼、韓康伯注，孔穎達疏:《周易正義》，阮元校刻《十三經注疏》，北京：中華書局 1980 年版，第 82 頁。
〔註 10〕王弼、韓康伯注，孔穎達疏:《周易正義》，阮元校刻《十三經注疏》，北京：中華書局 1980 年版，第 76 頁。
〔註 11〕王先謙撰，鍾哲點校:《韓非子集解》，北京：中華書局 1998 年版，第 148 頁。

成過程方面已大備於後世。

「意中之象」在理論上將「意」與「象」聯繫起來，使「立象盡意」「尋象觀意」成為審美追求。《周易．繫辭下》:「古者包犧氏之王天下也，仰則觀象於天，俯則觀法於地，觀鳥獸之文，與地之宜，近取諸身，遠取諸物，於是始作八卦，以通神明之德，以類萬物之情。」〔註 12〕這句話首先交代了聖人「所立之象」是對天地自然萬物（天地、鳥獸以及人自身）的模仿，「立象」的目的「表意」，即通達神明的德性，類推鬼神的情理。同樣，「是故聖人以通天下之志，以定天下之業，以斷天下之疑」〔註 13〕，也是對「立象以盡意」的表達，即通過「觀象」瞭解天下人的心智，成就天下人的事業，判定天下人的疑慮，也就是說，通過觀象形成對事情發展態勢的判斷。再如，《周易．繫辭上》:「然則聖人之意其不可見乎？子曰:『聖人立象以盡意，設卦以盡情偽，繫辭焉以盡其言，變而通之以盡利，鼓之舞之以盡神。』」〔註 14〕即聖人有意識地創製易象表達其對世事萬物的判斷，以供人們觀象知意，這是《周易》中典型的自覺運用「立象盡意」、「尋象觀意」的例子。從《韓非子》由「死象之骨」想像大象生前的情狀到易象的「尋象觀意」，先秦意象觀念由大象之「象」抽象為「意中之象」，「象」與「意」的結合，是物種意義上的「象」逐漸被美學意義上的「意中之象」取代的過程，其中突出的變化是人文和審美因素的不斷增長。

《周易》除了揭示了「意象」範疇之「象」「意」兩個主要方面及其關係之外，還論及「意」「象」融合生成「意象」和「象外之意」的過程，即就是通過「占」「玩」「通」「感」的感性體驗方式做出「元、亨、利、貞、吉、凶、悔、吝」的判斷，以用於指導國家或個人的行為。「占」（觀物象而判斷吉凶）、「玩」（反覆體會物象的意義）、「通」（主體把握物象之意）、「感」（物我之間的感通），非常形象地呈現了主體與客體之間體察和審視的關係，而元、亨、利、貞等，則是根據對「象」的觀察得出的結論。分析這個認知過程，我們會發現，在《周易》中，聖人將「胸中之意」外化為卦象符號，卦象符號作為聖

〔註 12〕王弼、韓康伯注，孔穎達疏：《周易正義》，阮元校刻《十三經注疏》，北京：中華書局 1980 年版，第 86 頁。

〔註 13〕王弼、韓康伯注，孔穎達疏：《周易正義》，阮元校刻《十三經注疏》，北京：中華書局 1980 年版，第 81 頁。

〔註 14〕王弼、韓康伯注，孔穎達疏：《周易正義》，阮元校刻《十三經注疏》，北京：中華書局 1980 年版，第 82 頁。

人之意的載體，經被觀察、體悟，完成意義的傳達。由卦象符號得出「象外之意」的過程，是邏輯理性和感性直覺共同作用的結果，運用分析、判斷、情感、想像，解析卦象符號所象徵和譬喻的意義。總體來說，《周易》不僅蘊含了意象範疇之「象」「意」的基本元素，而且在觀取方式的直覺性、體驗性，易象創構的情感性、想像性、譬喻性等方面堪稱意象美學思想之濫觴。

與《周易》相比，老莊更具有意象的美學特徵。老莊的思想體系以「道」為認知和審美的最高對象，並認為「道」是不可名狀的「大象」，具有虛實相生，有無相成的特徵。如《老子》：「道可道，非常道。名可名，非常名。無名天地之始；有名萬物之母。故常無欲，以觀其妙；常有欲，以觀其徼。」〔註15〕這句話指出，「道」的虛通和無限，不是語言可以表明的。天地始於形而上的「無」，從無到有，產生了形而下的萬物。對形而上世界的認識和把握，要感受其玄虛微妙；對形而下萬物的認識，要觀察其細微的形式差別。因此，「道」是無名無形的形而上存在，因此，對它的認知和審美必須超越現象世界的呈現，向「象外」的無限境域探索。《莊子》論「道」，寓思辨於形象，言抽象以具體，創造了一系列意象，使人在對意象的體察中，領略象外之意，即「道」。《莊子》主動構象，使人在對一系列意象感悟中，獲得超越意象本身的審美感受。從主體的外在體驗到內在超越，《莊子》的意象觀在道—境、形—象、言—意等多個層面展開，包含了意象範疇的諸多元素。舉例來說明老莊的意象觀。《老子》：「道之為物，唯恍唯惚。忽兮恍兮，其中有象；恍兮忽兮，其中有物。」〔註16〕這裡講「道」是什麼，認為「道」是恍惚不定，虛實變幻的，它雖然虛通流佈，但是又有「物」有「象」在其中。這個「物」和「象」，就是由虛到實，從無到有轉變的關鍵，可以理解為「氣聚而成形」之前的勢態。所以，《老子》有云：「天下萬物生於有，有生於無。」〔註17〕「道生一，一生二，二生三，三生萬物。萬物負陰而抱陽，沖氣以為和。」〔註18〕就是對「道」從虛無到產生萬物的過程，並且提到這個過程是陰陽二氣的聚

〔註15〕王弼注，樓宇烈校釋：《老子道德經校注》，北京：中華書局2008年版，第1頁。

〔註16〕王弼注，樓宇烈校釋：《老子道德經校注》，北京：中華書局2008年版，第52頁。

〔註17〕王弼注，樓宇烈校釋：《老子道德經校注》，北京：中華書局2008年版，第110頁。

〔註18〕王弼注，樓宇烈校釋：《老子道德經校注》，北京：中華書局2008年版，第117頁。

散運動造成的。由此，奠定了「象」在中國傳統哲學中的本體地位：「道」是至虛至大的「象」，萬物的產生就是由「象」而「形」的過程。同時，對世界最高本體「道」的認識，也要以「觀象」的方式進行。《老子》還提出了「有無」「陰陽」「氣」「和」的概念，由此生發了在陰陽二氣摶聚成「象」，離「無」入「有」的「物生之初」之境，這在「意象」範疇的起源和生成方面具有建構意義。

在此基礎上，《莊子》指出「道」是虛實、有無的矛盾統一體，是不可言說的。「夫道，有情有信，無為無形。」〔註19〕這句話是說「道」是虛實相參的，「情」通「精」，《康熙字典》解「情」為「實也」，解「精」為「凡物之至純者皆曰精」，「信」則是「不疑」的意思。因此，「有情有信」實質上是說「道」是客觀存在的，而且是由極其精微的物質構成。「無為無形」不難理解，是指「道」虛無的特徵。所以《莊子》說「夫大道不稱，大辯不言」〔註20〕，認為「道」是不可言說的。實有之物，我們可以從形狀、顏色、質地、尺寸等多種角度去描述它，但是「虛」則是難以用語言呈現的。「道」虛無的特徵，是它不可言說的根本原因，「氣也者，虛而待物者也，唯道集虛。」〔註21〕這裡用「氣」的概念解釋了「道」為何是「虛」中有「實」的——「氣」是虛柔流動的，「虛而待物」指「氣」保持著生成客觀具體事物的「勢」，「唯道集虛」講明了「道」具有「氣」的虛通特徵，同時又具有從「無」到「有」、化生萬物的趨勢。

既然「道」是「虛」又是「實」，是「無」又是「有」，如此抽象的存在，怎麼才能說明它、把握它呢？《莊子》認為要通過比實在客觀的「形」更具意義延展性的「象」才能「體道」「得意」，他用「象」「立象」的方式在有形的物象世界和無形的意義世界之間搭起了橋樑。《秋水》：「夫精粗者，期於有形者也；無形者，數之所不能分也；不可圍者，數之所不能窮也。可以言論者，物之粗也；可以意至者，物之精也；言之所不能論，意指所不能察致者，不期粗精也。」〔註22〕這裡，《莊子》將世界分為「有形」和「無形」兩個基本層次，並認為「有形」事物是「言」「意」可以表述的，而「無形」

〔註19〕郭慶藩撰，王孝魚點校：《莊子集釋》，北京：中華書局1961年版，第246頁。
〔註20〕王先謙撰：《莊子集解》，北京：中華書局1954年版，第21頁。
〔註21〕郭慶藩撰，王孝魚點校：《莊子集釋》，北京：中華書局1961年版，第147頁。
〔註22〕郭慶藩撰，王孝魚點校：《莊子集釋》，北京：中華書局1961年版，第572頁。

因其極其「精」「微」而不可窮「數」，不能盡「意」的。在《莊子》裏，他的做法是以層次豐富的意象為媒介，如大鵬、南冥、大椿、草芥、螻蟻、神人、畸人等，來「盡意」「體道」。在「言—意」關係上，「言」在「盡意」「體道」上具有侷限性，由此引發言不盡意，立象盡意的言說策略。我們可以發現，與《周易》以「象—意」關係為主要討論對象相比，《莊子》還關注到「言—意」關係，並且莊子所立之象，是主體情感、想像、認知等主觀體驗遷移的對象，所以，「象」作為主客、物我的統一體，很自然地進入詩學和美學的研究領域。

下面我們通過例子來分析《莊子》言不盡意，立象盡意的理論和實踐。《莊子》:「道不可聞，聞而非也；道不可見，見而非也；道不可言，言而非也。知形形之不形乎！道不當名。」〔註23〕很明顯，《莊子》在陳述「言」在呈現「道」方面具有侷限性，「道」是「形形」者，即是生成「有形」之物的本體，「形形之不形」是說「形形」者（「道」）是無形的。「道不當名」即感官體驗層面的聞見之舉尚不足以把握「道」的境界。從《莊子》的整體思想建構來看，他是以無端無涯、弘深闊肆的「三言」筆法來創構意象以「體道」「盡意」的。如:「有鳥焉，其名為鵬，背若太山，翼若垂天之雲，摶扶搖羊角而上者九萬里，絕雲氣，負青天，然後圖南，且適南冥也。」〔註24〕仔細體會「鵬」這個形象，不難看出，它的體格規模絕非實然之物，而是以超越語言和形象（物象）直接訴諸審美直覺為目的的「意象」，極具形象性、超越性、想像性特徵。相對於《周易》以「象—意」為中心，突出「卦象」斷吉凶的實用性，《莊子》已經體現了以審美為目的的內在精神境界的超越。由易象的外在認識目的到《莊子》內在精神超越，以審美為目的的「向內轉」傾向奠定了意象到意境的昇華，尤其是人生境界的形成。也正是在這個意義上說，《莊子》是更具審美意味和價值的典籍。

之所以說《莊子》更具有審美意味，是因為它與人至善的精神境界養成有關。《莊子》強調意象創構主體的心理特徵、精神狀態，提出「立象」「取象」時主體應具有「心齋」「坐忘」「澡雪精神」的心理狀態。「唯道集虛。虛者，心齋也。」〔註25〕「墮肢體，黜聰明，離形去知，同於大道，此謂坐

〔註23〕郭慶藩撰，王孝魚點校:《莊子集釋》，北京：中華書局1961年版，第757頁。
〔註24〕郭慶藩撰，王孝魚點校:《莊子集釋》，北京：中華書局1961年版，第14頁。
〔註25〕郭慶藩撰，王孝魚點校:《莊子集釋》，北京：中華書局1961年版，第147頁。

忘。」〔註26〕「汝齊（齋）戒，疏瀹而心，澡雪而精神，掊擊而知！」〔註27〕「今者吾喪我，汝知之乎？」〔註28〕「無己，惡乎得有有！」〔註29〕「心齋」「坐忘」「澡雪而精神」「喪我」「無己」都是強調對外在客觀世界和自身肉體的超越，使一己之身投向無限之境，達到「天地與我並生，而萬物與我為一」的境界，這種「與道同遊」的境界實際上也是審美主體的人生境界。因此說，《莊子》美學的意象系統更完整，它包含著意境生成的因素，也使之真正具有深幽的美學意味。概言之，《周易》和老莊是先秦意象美學萌芽時期最典型的代表，我們可以從中看出比較完整的意象性特徵，甚至挖掘出其潛在的意象體系。

除了《周易》、老莊體現了鮮明的意象系統性之外，先秦諸子的思想中常常孕育著某種意象生成的因素。如「天人觀」和「性情論」的思想，對於意象美學境界論和主體論具有潛在的建構作用。先說「天人觀」。先秦哲學有把天道與人的性情聯繫起來的傳統，對於形成意象美學取消主客、物我對立而生成整體意境美的內涵具有建構意義。先秦「天人觀」的基本內容是天人關係，從自我意識產生的角度看，對這一問題的認識，經歷了混物混我、物我兩分和無物無我的階段。早期人類面對惡劣無常的生活環境，充滿恐懼和壓迫感，樸素地認為，一切存在包括人自身都受制於不可抗拒的神力——「天」，沒有自我意識，把自我混同於萬物。隨著生產力的提高，人們對自然規律的認識水平，以及改造自然保障生活的能力逐漸增強，此時，人自身的主動性和創造性被強化為自我意識，開始了對「自我」的確證，意識到自我和萬物是不同的存在，發揮自我能動性能夠對異己的存在發生影響，從而調整物我關係的生態。隨著人文因素的增長，追求人生境界與「天」的規定性的和諧統一取代了物我兩分的認知和實踐，成就了中國古代最高的人生境界：無物無我、物我兩化的境界。

對天人關係的認知水平的螺旋上升，直至物我化境的產生，有一個內在邏輯，即物我能夠感通連結為一體。如上博楚簡《太一生水》：「大一生水，水反輔大一，是以成天。天反輔大一，是以成地。天地復相輔也，是以成神明。神

〔註26〕郭慶藩撰，王孝魚點校：《莊子集釋》，北京：中華書局 1961 年版，第 284 頁。
〔註27〕郭慶藩撰，王孝魚點校：《莊子集釋》，北京：中華書局 1961 年版，第 741 頁。
〔註28〕郭慶藩撰，王孝魚點校：《莊子集釋》，北京：中華書局 1961 年版，第 45 頁。
〔註29〕郭慶藩撰，王孝魚點校：《莊子集釋》，北京：中華書局 1961 年版，第 395 頁。

明復相輔也，是以成陰陽。陰陽復相輔也，是以成四時。四時復相輔也，是以成倉熱。倉熱復相輔也，是以成濕燥。濕燥復相輔也，成歲而止。故歲者，濕燥之所生也。濕燥者，倉熱之所生也。倉熱者。四時者，陰陽之所生。陰陽者，神明之所生也。神明者，天地之所生也。天地者，大一之所生也。是故大一藏於水，行於時。」〔註30〕歐陽禎人認為：「這裡的『神明』是一種看不見摸不著的精神；它是天與地、陰與陽以及與『百物』相摩蕩，而『化』出的一種神靈之境，是一種天地、陰陽、上下、內外的感通。」〔註31〕歐陽禎人實際上是從宇宙生成論的角度解讀《太一生水》這段文字的，「……復相輔，是以成……」「……者，……之所生也」的句式，指出宇宙生成的機制是天地、陰陽、上下、內外的「感通」「轉化」，這裡涉及的「感通」「化生」而統貫萬物於一體的思想。因此說，天人觀關於天人合一的思想，其中潛在著意象生成的一個核心因素：物我關係。實際上，《周易》作為儒家經典之一，也有類似思想的表述，「天地有大德曰生」就體現了天地萬物運化生成的思想。意即天地化生一切，人的性情亦由天地化生，因此天人之間具有「感」「通」「會」「變」「化」「返」「交」「達」「配」的可能性，是為詩學所謂「感物動情」說的源起。因此可以說，天人合一思想意象觀念之物我感通而至無物無我的整體境界的理路是一致的。

關於現象世界產生的過程，《老子》稱「道生一，一生二，二生三，三生萬物」，奠定了中國傳統哲學宇宙生成論的基調：「道生萬物」。從形而上性看，中國古代經典中的「道」「天」等字具有一致性，即「生物者」「物物者」，是化生萬物的本體。至於「道」「天」與「人」及萬物的化生過程，中國傳統哲學引入了「氣」的概念，認為，萬物感通化生乃至人的性情產生的基礎都在於流動循環、充斥天地的「氣」。《老子》：「萬物負陰而抱陽，沖氣以為和。」〔註32〕此言「氣」有陰陽之分，陰氣和陽氣的沖和運動，是萬物產生的基礎。「人之生，氣之聚也，聚則為生，散則為死。」〔註33〕即氣聚而成有形的萬事萬物（包括「人」），氣散則形潰，生命終結。《太一生水》：「上，氣也，而謂之天。」直接把「天」與「氣」聯繫起來。「氣」是一個象形字，金文小篆寫作 [illegible]，金文寫作 [illegible]，極具輕薄流動、變化萬千之感。

〔註30〕荊門市博物館編：《郭店楚墓竹簡》，北京：文物出版社1998年版，第125頁。
〔註31〕歐陽禎人：《孔子研究》，2002年第1期，第14～20頁。
〔註32〕王弼注，樓宇烈校釋：《老子道德經校注》，北京：中華書局2008年版，第117頁。
〔註33〕郭慶藩撰，王孝魚點校：《莊子集釋》，北京：中華書局1961年版，第733頁。

「氣」這個概念，在中國傳統哲學中，不僅用來解釋客觀世界是如何產生的，而且因其有陰陽之分，有流變滲化於無形之中的特點，也成為「性情論」的理論基礎。明確表述「氣」與人的性情的關係的文本當屬《左傳》的「天有六氣」說：「六氣曰陰、陽、風、雨、晦、明。」〔註 34〕「民有好惡喜怒哀樂，生於六氣。……哀樂不失，乃能協於天地之性，是以長久。」〔註 35〕這裡的基本觀點是，「天」有「六氣」，即陰、陽、風、雨、晦、明六種天氣狀態，而人的好惡喜怒哀樂情緒情感狀態正是基於此產生。人的性情只有與「天道」「六氣」相配合，與天地之性協同一致，才能長生，才能使性情和心志達到理想的境界。可見，「氣」因「虛通」和「流動」的特點，決定了「摶氣而成」的萬物之間具有「感通」的可能性。而「感通」離不開情感和心理的調適，即所謂的「移情」「悟道」，修成盡善盡美人生境界的一條通途。由此，本來作為世界誕生理論的哲學概念「道」「氣」，成為了審美活動發生的理論「元點」，對於意象研究中不可迴避的主客關係問題有始發之功，而個體性情與天之大德的合一的境界，對意境觀念的研究更具有深刻的啟發性。

下面我們略費筆墨來推演「天人觀」和「性情論」是如何在物我、內外、主客統一這些方面影響意象觀念形成的。概括地說，這一問題包含三個層面，一是天人有別（對立性），「天」對「人」具有規定性、強制約束力；二是天人有合（統一性），人可以通過教化祛「欲」祛「嗜」，達到天人合一的境界；三是教化的具體方式是審美的「象教」「象喻」，比如詩教之賦比興、樂教之中的樂象等，以疏導、感化的重塑主體性情。首先，整體而言，中國傳統天人觀承認天人分立的前提，並認為「天」對「人」具有強制規定性。孔子尊「天」，他說：「唯天為大」〔註 36〕「死生有命，富貴在天」，〔註 37〕認為「天」對「人」的命運具有規定性，生老病死、貧富貴賤都有天定。《論語》：「夫子之言性與天道，不可得而聞也」，〔註 38〕對此，對「天」的敬畏之情使人不敢輕言人性

〔註 34〕杜氏注，孔穎達疏《春秋左傳注疏》，阮元校刻《十三經注疏》，北京：中華書局 1980 年版，第 2025 頁。

〔註 35〕杜氏注，孔穎達疏《春秋左傳注疏》，阮元校刻《十三經注疏》，北京：中華書局 1980 年版，第 2108 頁。

〔註 36〕何晏集解，邢昺疏《論語注疏》，阮元校刻《十三經注疏》，北京：中華書局 1980 年版，第 2487 頁。

〔註 37〕何晏集解，邢昺疏《論語注疏》，阮元校刻《十三經注疏》，北京：中華書局 1980 年版，第 2503 頁。

〔註 38〕何晏集解，邢昺疏《論語注疏》，阮元校刻《十三經注疏》，北京：中華書局

與天道。「天」的神秘和威嚴，使他始終是人認識和探索的對象，所以孔子說「五十而知天命」，〔註 39〕個體豐富的生命經驗，才是認識和把握天命與自我的基礎。同樣，孟子的性命觀認同個體之「性」與「天命」的一致性。《孟子》:「口之於味也，目之於色也，耳之於聲也，鼻之於臭也，四肢之於安佚也，性也，有命焉，君子不謂性也。仁之於父子也，義之於君臣也，禮之於賓主也，智之於賢者也，聖人之於天道也，命也，有性焉，君子不謂命也。」〔註 40〕也就是說，聲色耳目之娛，雖是人性的表現，但是也是有「天命」根源的。仁義禮智之德，雖是人所稟受，但是也有個體性情差異的原因。「性」是由「命」決定的，「命」來源於「性」，二者是對立統一的關係。

其次，教化、修身可以實現仁義禮智的人格境界，一旦個體內在的情感和行為秩序與社會禮教要求的外部秩序一致，就能夠超越個性以及個體差異，使自我以及社會秩序符合「天」的規定性。在當時的文化背景下，就是通過修養的工夫將個體的差異統一在「仁」「德」的禮教規範中。《論語·陽貨》:「性相近也，習相遠也」〔註 41〕「性」生於天，天至大唯一，因此「性」是相近的。「習」是個人特徵，是相異性存在。孔子強調個體的「人」應該與「天」相合，「克己復禮」使個人境界合於天道。這種人格境界，被儒家稱為「德」「仁」的境界。《論語》:「天生德於予，桓魋其如予何」〔註 42〕從字面意思講，這句話是指當孔子遭遇桓魋迫害時，從容大度地認為自己有德，桓魋又能把他怎樣。認真審讀，這裡能夠看出孔子對「道德」範疇的理解，「德」既是天賦予的，不是自生自有的，但是「德」同時也是修養而致的，只是如果沒有天賦，修養也無所依附。孔子下學而上達、合於天道，因此篤定不畏懼。可見，孔子所說的「德」，是自我修養與天性之「德」互相鼓舞而至的天人合一之境，相對於個體個性和現象界的各種差異，是「大」，是「道」，是儒家崇尚的價值觀。又《論語·顏淵》:「克己復禮為仁。一日克己

1980 年版，第 2474 頁。

〔註 39〕何晏集解，邢昺疏《論語注疏》，阮元校刻《十三經注疏》，北京：中華書局 1980 年版，第 2461 頁。

〔註 40〕焦循撰，沈文倬點校:《孟子正義》，北京：中華書局 1987 年版，第 990～991 頁。

〔註 41〕何晏集解，邢昺疏《論語注疏》，阮元校刻《十三經注疏》，北京：中華書局 1980 年版，第 2524 頁。

〔註 42〕何晏集解，邢昺疏《論語注疏》，阮元校刻《十三經注疏》，北京：中華書局 1980 年版，第 2483 頁。

復禮，天下歸仁焉」、〔註43〕「仁」即「恭、寬、信、敏、惠」。「仁」與「天命」是孔子天人觀的核心，關於「仁」「性」「天道」的關係，徐復觀認為性與天道「是孔子在自己的生命根源之地——性，驗證到性即是仁；而仁之先天性、無限的超越性，即是天道；因而使他感到性與天道上下貫通，這是天進入他的生命之中，從他生命之中，給他的生命以道德的要求、規定，這便使他對於天，發生一種使命感、責任感、敬畏感。」〔註44〕據此，簡單地說，個體之「性」源於天，但是千差萬別，把差異萬千的個性馴化涵養至極，就是「仁」，是個體合於天的境界。以上對「德」「仁」的辨析，可見將自我同於大一，實際上是追求主體內外、主客和諧一致的精神境界。

第三，如果「天人觀」「性情論」只強調並僅止於「天人合一」的結果，那它只是對意象範疇物我合一的整體性特徵有意義，尚不足以孵化出意象範疇圓融渾然、無我無跡的特徵。意象這一範疇之所以具有物我兩化的審美力量，在一定意義上，在於天人合一的過程不是靠強制規範個性和天性達到的，而是在充分尊重、認同個性的基礎上，強調教化、修養、疏導的結果。這種教化的作用機制核心在於，將個人體性差異統一到天地「道」境的過程中，是通過「象教」的方式進行的，即以審美的方式完成道德教化。具體來說，是通過「立象」「觀象」實現心靈、情感、認知的統一。以《詩》為例，首篇既以關雎喻君子美人，再有碩鼠喻肉食者、桃之夭夭喻女子美好且宜其室家，更不乏「昔我往矣，楊柳依依；今我來思，雨雪霏霏」這樣以景象鋪陳情感氛圍的例子，隨處可見的賦比興手法，實質是借助所立之象的象徵意義，在審美感受中完成教化人心的作用。而禮教所規定的站立、行走、用餐、人際交流等日常行為，以及宗廟祭祀等重大事件中使用的禮器等，也是「有意味的形式」，所謂「道不離器」就是指禮器與它所承載的意義。在一個充滿寄寓的時空生存，「詩化」環境本身就要求個體超越，向某種道德理想境界提升。樂教更毋庸置言，「樂者，所以象德也」「樂行而倫清，耳目聰明，血氣和平，移風易俗，天下皆寧」，視禮樂為「德」的載體，通過塑造音樂意象，「粗厲猛起奮末廣賁之音作，而民剛毅；廉直勁正莊誠之音作，而民肅敬」就是指聲象在

〔註43〕何晏集解，邢昺疏《論語注疏》，阮元校刻《十三經注疏》，北京：中華書局1980年版，第2502頁。

〔註44〕徐復觀《中國人性論史．先秦篇》，臺北：臺灣商務印書館1969年版，第99頁。

調適情感、重塑個體內在心理情感結構方面的作用。甚至連史書也使用「春秋筆法」，微言大義，在象徵、比擬、類比、鋪陳中，避免直言其事可能產生的緊張和壓迫之感，使人在委婉、隱晦的詩化語境中受到化育。

在中國傳統美學中，象教化育作用發生的最根本因素在於，人與萬事萬物之間具有「感」「通」能力。《周易》「咸」卦，「咸」即「感」，寓意天地感而萬物化生。郭店楚簡《性自命出》〔註 45〕更是建構了一套天命生成性情、個性復歸於天的理論體系。「喜怒哀樂之氣，性也」「好惡，性也」，「性」是「天命」產物，它是自然本然之物。《性自命出》主張人的性情是在外界的事物的感發下生發出來的：「喜怒愛悲之氣，性也。及其見於外，則物取之也。」「好惡，性也。所好所惡，物也。善不善，性也。所善所不善，勢也。凡性為主，物取之也。金石之有聲，弗扣不鳴；人之雖有性，心弗取不出。凡心有志也，無與不可。性不可獨行，猶口之不可獨言也。」即人的心智性情不是固定不變的，而是「見於外，則物取之」的結果，是在外物的感發下呈現出來的。可見，性情由天命而定，因後天所「習」或外物感發而呈現出「善」「惡」的不同形態，但是「性」是可以通過「德」「仁」的行為規範和「寡欲」「養」的進路達到「天人合一」的境界的，即「性」生於天，經主觀努力而又復歸於天，最終實現天人合一。

至此，以「立象」「象喻」「象教」的方式，在承認天人有別的前提下存養、修身，認同並超越個體差異，主動追求天人合一，並以天人合一為最高審美境界的思想和實踐體系就被建立起來了。這一點，孟子講得很清楚，他說：「盡其心者，知其性也。知其性，則知天矣。存其心，養其性，所以事天也。夭壽不貳，修身以俟之，所以立命也。」〔註 46〕盡心才能知性，知性才能知天，盡心養性才能安身立命。孟子不僅認同「天命」與「人性」的一致性，而且指出了「天命」與「人性」取得一致的途徑——存養、修身。同樣，孔子有「仁、義、禮、智、信」的行為規範，使自身行為合於「天」的規定性。

從天人有別，經審美教化，到天人合一，這裡蘊含了中國傳統美學美善統一理論的合理性。個體超越「小我」，成為「大我」，是人性的「至善」。「大

〔註 45〕荊門市博物館編：《郭店楚墓竹簡》，北京：文物出版社 1998 年版，第 179～181 頁。

〔註 46〕焦循撰，沈文倬點校：《孟子正義》，北京：中華書局 1987 年版，第 877～878 頁。

我」無我，與天地同流，是融於天地之大美：無物無我，大象無形，大音希聲之境。這裡，蘊含了中國傳統美學標舉的真善美統一境界的理論基礎。孟子的「性命觀」是以「美」「善」為旨歸的，「美」「善」本質上就是以物我、主客、內外統一為特徵的。何為「善」？《孟子》：「可欲之謂善，有諸己之謂信，充實之謂美，充實而有光輝之謂大，大而化之之謂聖，聖而不可知之之謂神。」〔註 47〕「可欲」是「善」的內容，那麼「可欲」是什麼呢？宋儒張栻《葵巳孟子說》卷七：「可欲者，動之端也。蓋人具天地之性，仁義禮智之所存。其發見，則為，所謂可欲也。以其淵源純粹，故謂之善。」也就是說，「可欲」乃是「動之端」，「動」與後文的「發見」所指略同，都是個體主觀情感、心理萌動、發起的初始時刻。七情六欲起，則有所行動。孟子認為這就是「善」，人性本真的表現具有惻隱、羞惡、辭遜、是非的分別，但是貴在「真」，即上文所說「淵源純粹，故謂之善」。人的本真性情「具天地之性」，也是「仁義禮智之所存」，認為只有在此基礎上才能逐步達到「大」「聖」「神」的審美境界。由此可見，「真」是一切善惡的標準，「凡人偽可為惡也」，「凡人情可為悅也。苟以其情，雖過不惡；不以其情，雖難不貴。苟有其情，雖未之為，斯人信之矣。」而「善」符合道德倫理規範的個人修養，當自我與外在的和諧一致，如儒家以「德」「仁」為個人修養的標準達到「與天地參」境界，即為「善」的最高境界「美」，這就是真善美統一的理論基礎。

總之，反觀《周易》、老莊我們可以看出，無論是儒家的「天」還是道家的「自然」，無論是儒家的「寡欲」還是道家「無情」，無論是儒家的「養」還是道家「靜」，本質上都是強調超越世俗和自身存在，達到天地境界和理想人格，換言之，都是強調天人、物我合一。在宇宙化生萬物的哲學思考中，充斥著生成論（生生不息的精神）、情感論、主體人格論、天人合一境界論，這對於「意象」生成過程中的主體之情感於外物而發、主體獨特的人格特徵和心理條件、意象圓融的審美境界等問題的建構，可謂草蛇灰線、千里伏脈、有跡可循。

再次，「意象」範疇的具體元素，如言意、形神、虛實、有無等在先秦時期都有萌芽。在言意觀方面，主要有兩種傾向，一是否定語言在表意上的侷限性，如《老子》：「道可道，非常道」。〔註 48〕《莊子・天道》：「書不過語，語有貴

〔註 47〕焦循撰，沈文倬點校：《孟子正義》，北京：中華書局 1987 年版，第 994 頁。
〔註 48〕王弼注，樓宇烈校釋：《老子道德經注校釋》，北京：中華書局 2008 年版，第 1 頁。

也。語之所貴者，意也，意有所隨。意之所隨者，不可以言傳也」，〔註 49〕「斫輪，徐則甘而不固，疾則苦而不入。不徐不疾，得之於手而應於心，口不能言，有數存焉於其間。臣不能以喻臣之子，臣之子亦不能受之於臣」，〔註 50〕這些觀念都認為語言在表意上具有侷限性，因此，強調形象的、蘊藉的言說方式，如《孟子・盡心下》：「言近而指遠者，善言也。」〔註 51〕即認為意蘊深遠的語言為佳。《申鑒・雜言下》：「或曰：『辭達而已矣。聖人以文，其隩也有五：曰玄、曰妙、曰包、曰要、曰文。幽深謂之玄，理微謂之妙，數博謂之包，辭約謂之要，章成謂之文，聖人之文，成此五者，故曰不得已。』」〔註 52〕認為聖人為文，強調「玄、妙、包、要、文」，也是基於語言表達的侷限性而不得不突出言說方式，所謂「不得已」就是這個意思。再如，《莊子》「重言、寓言、卮言」的三言筆法，不重言，而以「意」為主也是這一傾向的基本特徵。《孟子》：「文之有美過實，聖人不改，錄其意也。」〔註 53〕「梓匠輪輿，能與人規矩，不能使人巧。」〔註 54〕「盡信書不如無書，吾於武成，取其二三策而已矣。」〔註 55〕「故說詩者，不以文害辭，不以辭害志，以意逆志，是為得之。」〔註 56〕《韓非子・解老》：「所以貴無為無思為虛者，謂其意無所制也。」〔註 57〕都是強調言外之意。第二種傾向是極其重視語言的重要性，甚至將之提升到本體論的高度加以認識，《管子・心術篇》：「名，聖人之所以紀萬物也。」〔註 58〕《釋名・釋言語》：「名，明也，名實使分明也。」尤其是公孫龍的「名實之辨」，他在《指物論》中稱：「天下無指，物無可以謂物」「非指者，天下無物」「物莫非指者，而指非指也」。〔註 59〕「無指」物就不存在於人的世界，「指」是使事物呈現的關鍵，這是從本體論高度認識語言的重要性。何為「指」？顏師古注《漢書・河間獻王傳》曰：「指謂義之所趨，若人以手指物也。」意即指示、指意的作用，

〔註 49〕王先謙撰：《莊子集解》，北京：中華書局 1954 年版，第 120 頁。
〔註 50〕王先謙撰，《莊子集解》，北京：中華書局 1954 年版，第 121 頁。
〔註 51〕焦循撰，沈文倬點校：《孟子正義》，北京：中華書局 1987 年版，第 1010 頁。
〔註 52〕荀悅撰，黃省曾注：《申鑒・注校補》，北京：中華書局 2012 年版，第 193 頁。
〔註 53〕焦循撰，沈文倬點校：《孟子正義》，北京：中華書局 1987 年版，第 962 頁。
〔註 54〕焦循撰，沈文倬點校：《孟子正義》，北京：中華書局 1987 年版，第 965 頁。
〔註 55〕焦循撰，沈文倬點校：《孟子正義》，北京：中華書局 1987 年版，第 959 頁。
〔註 56〕焦循撰，沈文倬點校：《孟子正義》，北京：中華書局 1987 年版，第 638 頁。
〔註 57〕王先謙撰，鍾哲點校《韓非子集解》，北京：中華書局 1998 年版，第 131 頁。
〔註 58〕黎翔鳳撰，梁運華整理《管子校注》，北京：中華書局 2004 年版，第 776 頁。
〔註 59〕譚戒甫撰：《公孫龍子形名發微》，北京：中華書局 1963 年版，第 18～20 頁。

從這個意義上說，同「名」。《爾雅・釋言》：「指，示也。」《廣雅・釋詁》：「指，語也。」《玉篇》：「示者，語也，以事告人曰示也。」因此，公孫龍所謂「指」，意同「名」「言」。海德格爾也從本體論的意義上闡述過語言的作用，有名言曰：「語言是存在之家。」出於對「名」的重視，儒家有以禮治為目的「正名」之說。《論語・子路》：「子曰：『必也正名乎！』子路曰：『有是哉，子之迂也！奚其正？』子曰：『野哉由也！君子於其所不知，蓋闕如也。名不正，則言不順；言不順，則事不成；事不成，則禮樂不興』」，〔註 60〕《禮記・禮運》：「禮達而分定」，〔註 61〕「禮」的作用就是「區分」，「區分」就依賴於「名」。沒有「名」就不能顯示「分」，沒有「分」，就不能顯示「禮」，「名」和「名分」是禮的標誌性特徵，是「禮治」的要義。因此就產生了對「名」的自覺，即對「言」「意」的自覺。公孫龍不僅認為「物莫非指」，而且強調「而指非指」，指出「能指」和「所指」的區別，意為能指能「喚起」所指，但並非所指，允許了「想像」「象徵」而產生「言外之意」的可能性。

在中國古代美學中，除「言意」之外，第二對與「意象」關係密切的範疇是「形神」。先秦形神觀的一個重要特徵是強調形神在形上與形下、主體與客體、內外及虛實之間的對立統一關係。也正是從這個意義上說，它對「意象」學「象內」與「象外」這一關係範疇的萌芽具有建構作用。如《周易》：「在天成象，在地成形。」此處「象」與「形」相對列出，「象」並非一般客觀事物的具體形象，而是與「道」相通的「大象」，「形」才是客觀事物之「形」，是感官可以直接獲得的形式，體現出明顯的形而上和形而下的分野。《樂記》：「音之起，由人心生也。人心之動，物使之然也。感於物而動，故形於聲。」〔註 62〕「心」乃「思」之器官，雖有生理器質的「實」，但是所「思」卻是「虛」，對於音樂而言，「聲象」就是「虛」的具象化體現。《問喪》：「夫悲哀在中，故形變於外也，痛疾在心，故口不甘味，身不安美也。」〔註 63〕這裡「中」與

〔註 60〕何晏集解，邢昺疏《論語注疏》，阮元校刻《十三經注疏》，北京：中華書局 1980 年版，第 2506 頁。

〔註 61〕何晏集解，邢昺疏《禮記正義》，阮元校刻《十三經注疏》，北京：中華書局 1980 年版，第 1422 頁。

〔註 62〕鄭元注，孔穎達疏：《禮記正義》，阮元校刻《十三經注疏》，北京：中華書局 1980 年版，第 1527 頁。

〔註 63〕鄭元注，孔穎達疏：《禮記正義》，阮元校刻《十三經注疏》，北京：中華書局 1980 年版，第 1656 頁。

「外」、「心」與「身」的對舉，其實也是與內外、形神的範疇相通的。同樣，《大學》:「誠於中，形於外，故君子必慎其獨也。」〔註 64〕《非相》:「形相雖惡而心術善，無害為君子也。形相雖善而心術惡，無害為小人也。」〔註 65〕其中，「中」、「心」指「內」，「形」指「外」。即《樂記》認為「心」感於物而動，「聲」即「形」是內在之心動的外在顯現；《禮記》認為「悲哀」之情是主體內在感受，「口不甘味，身不安美」是外在表現，都體現出內心和外在的區別，是內外、形神這一審美意識的表現。在古籍中，也有形神對舉的例子，更是鮮明地體現出「形」的「物性」和「神」的精神性。《不苟》:「誠心守仁則形，形則神，神則能化矣。」〔註 66〕《天論》:「形具而神生，好惡喜怒哀樂臧焉，夫是之謂天情。」〔註 67〕《解蔽》:「心者，形之君也，而神明之主也，出令而無所受令。」〔註 68〕《通國身》:「夫欲致精者，必虛靜其形；欲致賢者，必卑謙其身。形靜志虛者，精氣之所趣也；謙尊自卑者，仁賢之所事也。」〔註 69〕《孟子・盡心上》:「夫君子所過者化，所存者神，上下與天地同流，豈曰小補之哉？」〔註 70〕《禮記・祭義》:「於是諭其志意，以其恍惚以與神明交，庶或饗之。」〔註 71〕《荀子・性惡》:「今使塗之人伏術為學，專心一志，思索孰察，加日縣久，積善而不息，則通於神明，參於天地矣。」〔註 72〕這裡的「神」或「神明」已經不同於「鬼神」，而是超越任何具體的、客觀的存在，而成為精神自由馳騁通於天地大化的澄明之境，實際上蘊含著虛實、形神、內外的審美意識和審美方式。

〔註 64〕鄭元注，孔穎達疏:《禮記正義》，阮元校刻《十三經注疏》，北京：中華書局 1980 年版，第 1673 頁。

〔註 65〕王先謙撰，沈嘯寰、王星賢點校:《荀子集解》，北京：中華書局 1988 年版，第 73 頁。

〔註 66〕王先謙撰，沈嘯寰、王星賢點校:《荀子集解》，北京：中華書局 1988 年版，第 46 頁。

〔註 67〕王先謙撰，沈嘯寰、王星賢點校:《荀子集解》，北京：中華書局 1988 年版，第 309 頁。

〔註 68〕王先謙撰，沈嘯寰、王星賢點校:《荀子集解》，北京：中華書局 1988 年版，第 397 頁。

〔註 69〕蘇輿撰，鍾哲點校:《春秋繁露義證》，北京：中華書局 1992 年版，第 182 頁。

〔註 70〕清焦循撰，沈文倬點校:《孟子正義》，北京：中華書局 1987 年版，第 895 頁。

〔註 71〕鄭元注，孔穎達疏:《禮記正義》，阮元校刻《十三經注疏》，北京：中華書局 1980 年版，第 1594 頁。

〔註 72〕王先謙撰，沈嘯寰、王星賢點校:《荀子集解》，北京：中華書局 1988 年版，第 443 頁。

先秦具體的文學藝術形式也是帶有「意象性」的，比如詩經的情感性、象徵性以及「賦、比、興」的藝術手法，《楚辭》亦然。《山海經》關於神仙怪力的傳說、《左傳》詞約義豐「春秋筆法」的應用等，雖然不可作為「意象」的理論形態，但是他們在形象性、意蘊性等方面與「意象」思維一致。臺灣學者張英俊結合中國古代的經濟、思想、學術、制度等，將整個文學史看成意象流變的歷史，他說：「從先秦的抒情歌謠與說理散文而至明清的章回小說與舞臺戲劇，在每一個不同的歷史階段，人們都有不同的觀物方式與情感、思想的特質，而這些不同的視觀與情思就具體呈現在不同的藝術形式裏。」〔註73〕隨後他以「素樸的與激情的——詩經與楚辭」、「詠懷的本質與形似之言」等為具體內容，將不同歷史時期的典型文學樣式與觀物、抒情、思維方式、人格情懷等意象性特癥結合起來，是從「意象」美學的視角考察藝術史和具體藝術形式的典範。

以上所論說明，「意象」在先秦時期雖不具有成熟的理論形態，但是，從先秦典籍、哲學觀念等方面，都可見「意象」美學的萌芽。例如《周易》、《莊子》比較完整地體現了「意象」的生成過程；先秦哲學中的宇宙生成論，體現了生生不息的生命精神和主體意識。而中國古代美學中的心物、形神、虛實、有無、言意、名實等範疇對「意象」美學的建構作用也是十分明顯的。在思維方式上，形成了感性直覺思維為主，以情感、想像為主要特徵的「象」思維模式。這些因素奠定了「意象」美學形成和發展的基礎。因此，基於先秦典籍和哲學美學思想考察「意象」相關概念存在的狀態，對於梳理「意象」範疇產生的歷史軌跡，深刻理解「意象」範疇的源流正變，以「意象」美學批評模式加強人們對傳統美學的感受，提升人們的審美感受能力和規範現代、後現代藝術創作，具有積極的意義。

〔註73〕張英俊：《意象的流變》，臺北：聯經出版事業公司民國71年版，第2頁。

第二章 「象」的起源論

引言

「象」是意象美學思想的核心，「尚象」是中國美學的突出特徵。從起源看，是由動物之「象」逐漸衍化到哲學、美學領域的。這一觀點被廣泛接受和引用，如西南大學趙天一在其博士論文《中國古典意象史論》一文中就有論證，詳實可觀。冗贅不論，本節直取美學視野中「物象」「形象」「意象」之「象」。在中國傳統美學中，關於「象」的思想極為豐富，郭店楚簡以及王弼注本《老子》和黎翔鳳注本《管子》等文獻中，都體現了以「象」論道生萬物的思想；《莊子》「象罔」的觀物方式以及《周易》「立象以盡意」和《左傳》「鑄鼎象物」說等，清晰地呈現了「尚象」的審美傾向；其後，歷代的詩論、文論、畫論乃至近當代的學者都有關於「象」的研究和闡發，使「象」真正成為貫通中國美學和審美的一個概念。

以「象」論道生萬物的思想，始於「道」無形跡可尋的特點。該論認為，從「道」之「無」到萬物之「有」，正是「摶氣成形」、由象到形的過程。郭店楚簡對「道」無形無名的特徵如是說：「先天地生，悅穆獨立不改，可以為天下母。未知其名，字之曰道。」又：「至虛，恒也；守中，篤也；萬物旁作，居以須復也。天道員員，各復其根。」〔註1〕「悅穆」，虛其形跡，靜穆不動的樣子。「至虛」「萬物旁作」，指「無」中生「有」，「道」生萬物。「居以須復

〔註 1〕荊門市博物館編：《郭店楚墓竹簡》，北京：文物出版社 1998 年版，第 112 頁。

也」則認為「有」「無」相生、「虛」「實」相成，並且「虛」、「無」是最高範疇，是萬物「復歸」之處。郭店楚簡《老子》甲本、乙本中關於道生萬物的思想，在王弼本《老子》中闡發為「道」—「象」—「形」的世界起源論。《老子》中反覆出現了「強為之名，字之曰道」「強為之容」「強為之曰大」的字樣，這裡的「強為之」之說實際上傳達了「道」無名無形不可言稱的虛無性。《老子》儘量將抽象的「道」形象化：「豫兮若冬涉川；猶兮若畏四鄰；儼兮其若容；渙兮若冰之將釋；敦兮其若樸；曠兮其若谷；混兮其若濁；孰能濁以靜之徐清？孰能安以久動之徐生？」「猶兮……儼兮……渙兮……」諸種，王弼注曰：「凡此諸者，皆言其容象不可得而形名也。」〔註2〕儘管將「道」的形象以比喻的方式具体各種事物，但是王弼仍稱「皆言其容象不可得而形名也」，即只能通過立「象」的方式臆測「道之為物」，而不能用名稱將其固化，極言「道」不繫於「實」的特徵。再如：「孔德之容，惟道是從。」王弼注曰：「孔，空也。」樓宇烈校釋曰：「空，虛無，無為。」〔註3〕以上集中表達了「道」之「虛」、「無」、「空」、「靜」的特徵，即以「無形」論「道」，而「無形」是「象」最根本的特徵。

從「無」到「有」是由「象」到「形」，道生萬物的過程。基於「氣」的理論，「道」在虛無、混同、靜止中蘊含著化生出萬物之「有」的可能性。樓宇烈在校釋「孰能濁以靜之徐清」一句時說：「晦以理」「濁以靜」「安以動」指「雖晦暗不可見，然而自有明晰之條理。」〔註4〕指出「道」在虛通之中包含著明暗、動靜相反相生的可能。樓宇烈引道藏取善集釋「濁」：「藏精匿昭，外不異物，混同波塵，故曰若濁。」〔註5〕「道」混同萬物，但「精」存其間。《老子》「道之為物，惟恍惟惚。惚兮恍兮，其中有象；恍兮惚兮，其中有物；窈兮冥兮，其中有精，其精甚真，其中有信。」〔註6〕「象」「物」「精」「信」

〔註2〕王弼注，樓宇烈校釋：《老子道德經校注釋》，北京：中華書局 2008 年版，第 33 頁。

〔註3〕王弼注，樓宇烈校釋：《老子道德經校注釋》，北京：中華書局 2008 年版，第 53 頁。

〔註4〕王弼注，樓宇烈校釋：《老子道德經校注釋》，北京：中華書局 2008 年版，第 35 頁。

〔註5〕王弼注，樓宇烈校釋：《老子道德經校注釋》，北京：中華書局 2008 年版，第 35 頁。

〔註6〕王弼注，樓宇烈校釋：《老子道德經校注釋》，北京：中華書局 2008 年版，第 52 頁。

四者並稱，為物生之初，象見而未形的狀態。《管子・內業》有關於「精」的解釋：「凡物之精，此則為生。下生五穀，上為列星。流於天地之間，謂之鬼神。藏於胸中，謂之聖人。……是故此氣也，不可止以力，而可安以德。」黎翔鳳注曰：「精，謂神之至靈者也。得此則為生。」〔註7〕可見，「象」「物」「精」「信」是極微妙又真實的存在，關乎物之生，形之成。它的本質是「氣」的聚散運動，「萬物負陰而抱陽，沖氣以為和」「大曰逝，逝曰遠，遠曰反」，王弼注曰：「逝，行也。」〔註8〕而「負陰抱陽」「沖氣」也是對「道」氣化運動的描述。總之，虛無之「道」和光同塵、一氣流佈而生萬物：「道生一，一生二，二生三，三生萬物。……周行而不殆，可以為天下母」。這一過程是從無形到有形、從整體到具體的過程。

從無到有，從「道」(「氣」) 到「形」，是以「象」為媒介的，《老子》稱之為「精象」「大象」。王弼認為「象」存在於離無入有、有無之間。他在注「道之為物」一節時說：「欲言無邪，而物由以成。欲言有邪，而不見其形，故曰無狀之狀，無物之象。」〔註9〕「無狀之狀」「無物之象」是事物還沒有具體可見的形狀時那種「恍兮惚兮」「窈兮冥兮」的狀態，《老子》稱之為「嬰兒之為孩」。「象」而未形之「象」，《老子》又稱之為「精象」「大象」。在它的宇宙生成思想中，假設了「有形」「精象」「無形」三個層次，它說：「形魄不及精象；精象不及無形。」直觀地講，「無形」是「道」的層面，「形魄」是事物形名聲色的具體層面，而「精象」則是介於兩者之間的。《老子》：「執大象，天下往」，也是指「大象」之中包蘊萬物萬形，道生萬物就是由象而形的過程。但是，「道」「象」「形」並非截然分立的，三者在循環往復的運動中自然轉化。《老子》稱之為：「轉相法也」，王弼注《老子》十六章時說：「凡有起於虛，動起於靜，故萬物雖並作，卒復歸於虛靜，是物之極篤也。」〔註10〕該說將「虛—實」「有—無」「象—形」納入一個流動不居、延綿不斷的時空中，而「精象」貫通上下，取消了兩元對立的審美可能。「象」在《老子》中的地位，方明說：

〔註 7〕黎鳳翔撰，梁運華整理：《管子校注》，北京：中華書局 2004 版，第 931 頁。

〔註 8〕王弼注，樓宇烈校釋：《老子道德經校注釋》，北京：中華書局 2008 年版，第 63 頁。

〔註 9〕王弼注，樓宇烈校釋：《老子道德經校注釋》，北京：中華書局 2008 年版，第 53 頁。

〔註10〕王弼注，樓宇烈校釋：《老子道德經校注釋》，北京：中華書局 2008 年版，第 53 頁。

「《老子》中的『象』作為『有無相生』的『意象』呈現，同時溝通者『道』、『器』二元，並以其為中介建構起關於世界存在『形』—『象』—『道』的本體論結構。」〔註11〕這是符合《老子》以「象」論「道生萬物」的實際邏輯的。

此外，《老子》「尚象」的審美傾向，不僅表現在它以「象」為「道」和「形」之媒介，還表現在它認為美的最高境界是「虛」而不是「實」，因此，審美的對象應該是「象」而不是「言」。在《老子》看來，「道」生萬物是一個「自然」過程，而不是「預設」的過程，因此，審美是對「象」的體悟，而不是對「言」的認知。王弼注《老子》第二十五章時說：「名以定形。混成無形，不可得而定也。」〔註12〕同樣，在第三十八章的注中說：「名則有所分，形則有所止。」〔註13〕「定」「分」「止」與「道」虛無無限、混同整一的狀態相悖，而《老子》認為「有分」「有止」與「道」的「無限」「道」之「大」的本質不符，因此，它主張不立「名」、「言」，以保證不失去「道」的「真」「常」。如王弼《老子指略》：「名號生乎形狀，稱謂出乎涉求。……言之者失其常，名之者離其真，……不以言為主，則不違其常，則不離其真。」何為「常」？「常之為物，不偏不彰，無皦昧之狀，溫良之象。」「意為『道』不是某一種具體事物，沒有任何具體之屬性，因此也沒有任何侷限性。」〔註14〕這樣，「言」有名有稱有具體所指，而「道之極真不可名稱」。這種矛盾，《老子》認為，「大象」是最接近「道」之「無形無名」本質的。樓宇烈校釋「大象」時說：「大象，無形之象，亦即道、樸、常。」可見，《老子》「尚象」的思想還表現在以「象」為認識和審美對象方面，這也促成了中國美學重有無相生、虛實相成、形神兼具的特點。張震如是說：「老子『象論』及其人生論的思想路向啟發了中國古典美學中的『意象』本體論和以『境界』為最高審美理想的思想。」〔註15〕此說也是對《老子》「象論」對中國美學基本審美趣味的決

〔註11〕方明，郭曉鋒：《〈老〉〈莊〉〈易〉中「象」的哲學體系及文化影響》，《遼寧大學學報》（哲學社會科學版），2013年11月，第53頁。

〔註12〕王弼注，樓宇烈校釋：《老子道德經校注釋》，北京：中華書局2008年版，第63頁。

〔註13〕王弼注，樓宇烈校釋：《老子道德經校注釋》，北京：中華書局2008年版，第98頁。

〔註14〕王弼注，樓宇烈校釋：《老子道德經校注釋》，北京：中華書局2008年版，第200頁。

〔註15〕張震：《「象」的境界與「數」的真理》，《大理學院學報》2002年10月，第78頁。

定作用的認識，頗有創見。

《老子》用「大象」論「道」，認為「無狀之狀，無物之象」正是「道」的形象，突出「道」無具體之「形」、無具體之「象」的特徵。《莊子》則直接創造了一系列又真實又虛幻的有形有象之事物，且在這些具體事象、物象上寓「意」深刻，在實踐上將「象」與「意」結合起來。在《莊子》看來，萬物之宗的「道」是通過有形有象的事物體現出來的。因此，《知北遊》回答東郭子「道」在哪裏時說：「在螻蟻，在稊稗，在瓦甓，在屎溺。」肯定了「道」寓於「物象」之中，捨物象，「道」不存。在「道」之「大象」與具體物象的關係問題上，《莊子》雖然沒有直接將其等同於「意」與「象」的關係，但是，《莊子》一書中所出現的眾多「物象」：小到螻蟻草芥，大到海天時空，有畸醜殘怪之人，有至人神人真人，顯然這些「物象」所表達的意義並不侷限於它們自身，它們隱喻著更深廣的「意」。換言之，「象」是「意」的載體，通過「象」體現「道」，即得「意」的過程。也就是說，在老莊美學中，「象」是與「道」緊密相關的概念，而「道」是老莊美學認識和審美的最高本體，可見「象」在老莊美學中的重要性。這一問題，我在《「形—象—境」：老莊美學的意象創構思想和實踐》一節中另有探討，不贅述。

「象物」「尚象」的美學傳統，在「易象」創制上尤為突出，「易象」即取象於天地萬物，《周易‧繫辭上》：「古者包羲氏之王天下也，仰則觀象於天，俯則觀法於地，觀鳥獸之文與地之宜，近取諸身，遠取諸物，於是始作八卦，以通神明之德，以類萬物之情。」又有「擬諸其形容，象其物宜，是故謂之象。」萬物之「形」都是「觀象」所得。「以製器者尚其象」，以天地萬物及人自身作為觀取「象」的藍本，通過制「象」寓「意」——事態、行為是否合宜。以「象」為媒介，意義在制象者和觀象者之間得以匯通。「象」強大的寓「意」功能和中華文化「尚象」的特徵不言而喻。這一問題在《易象與審美意象的萌芽》一文中另有論及，亦不贅述。

「鑄鼎象物」的命題也體現了「取象」「觀象」的思想。《左傳‧宣公三年》：「在德不在鼎。昔夏之方有德也，遠方圖物，貢金九枚，鑄鼎象物，百物而為之備，使民知神、姦。」〔註16〕王懷義認為，「遠方圖物」即指各方國部落圖畫山川，「物為鬼神」。把九州各方國的圖騰神獸的形象鑄在鼎上，這本身就是「象物」的藝術。神話圖騰在先民看來是萬物之所出的「大象」，具有

〔註16〕王懷義：《釋「鑄鼎象物」》，《民族藝術》，2011年3期，第53頁。

「道」的意義。所以「在德不在鼎」「使民知神、姦」則寄託了「象物」藝術形式之外的「意」——「鼎」被作為承載著善惡的道德情感、王權神權觀念、社會文化心理等「意」的「象」。這樣，「鑄鼎象物」就具備了「意」「象」的意義。再如《尚書・堯典》記載：「（帝堯）乃命羲和，欽若昊天，曆象日月星辰，敬授人時。」〔註 17〕在制定曆法時，以日月星辰的晦明及方位變化為參照的「物象」，判斷時節，也是形象思維、「尚象」傳統的體現。除了思想學說、國家政事方面，「尚象」傳統還可以進一步拓展到日常生活中去。如在判斷方位時，取「陰陽」以斷定「南北」。《說文注》：「日之所照曰陽。然則水之南，山之北為陰可知矣。」陽光能照到的地方為「陽」，即山之南、水之北。陽光照耀這一「現象」成了參照標準，形象、直觀也是「尚象」思維的一個突出特徵。

「尚象」的思想在漢代《淮南子》和《論衡》中得以深化。《淮南子・齊俗訓》：「瞽師之放意相物，寫神愈舞，而形乎弦者，兄不能以喻弟。」〔註 18〕又在《淮南子・要略》中說：「乃使攬物引類，覽取撟掇，浸想宵類，物之可以喻意象形者，乃以穿通窘滯，決瀆雍塞，引人之意，繫之無極，乃以明物類之感，同氣之應。」〔註 19〕這裡「放意相物」「物之可以喻意象形者」都有寄「意」於「物象」，使「意」與「象」匯通一致的意味。《要略》是《淮南子》作者自序，他評《說山訓》一篇時說：「假譬取象，異類殊形，以領理人之意。」繼承《周易》「觀物取象」的思想，明確將「取象」作為領會事物意義的手段。立「象」盡「意」的方式在王充《論衡》中也有體現，著名的《亂龍篇》：「夫畫布為熊麋之象，名布為侯，禮貴意象，示意取名也。」〔註 20〕某人的地位高低（「意」）是通過布帛上的猛獸的圖像（「象」）顯示出來的，「意」以「象」見。《知實篇》：「聖人據象兆，原物類，意而得之。」從聖人據「象」得「意」的實踐，再次說明了「象」在認識和審美上的重要性。

秦漢以後的歷代美學論著對「象」也有持續關注。王弼《周易略例・明象》：「夫象者，出意者也。……盡意莫若象，……意以象盡，……故立象以盡

〔註 17〕孔安國傳，孔穎達疏：《尚書正義》，阮元校刻《十三經注疏》，北京：中華書局 1980 年版，第 119 頁。

〔註 18〕何寧撰，高誘注：《淮南子集釋》，北京：中華書局 1998 年版，第 803 頁。

〔註 19〕何寧撰，高誘注：《淮南子集釋》，北京：中華書局 1998 年版，第 1443 頁。

〔註 20〕王充著，張宗祥校注：《論衡校注》，上海：上海古籍出版社 2010 年版，第 328 頁。

意」，極言「象」在傳達義理方面的重要作用，而劉勰「神與物遊」「窺意象而運斤」「象用神通」更是強調主體要創造性地運用「象」來表達情感感受。詩文藝術以「氣象」著稱的唐代，使「象」論更加成熟。王昌齡《詩格》認為「詩有三格」:「三曰取思：搜求於象，心入於境，神會於物，因心而得。」〔註21〕「搜求於象」即在藝術創作中，在主體想像中擇取「物象」，使主體之意與客體之物適會融洽。殷璠以「興象」論陶翰詩「既多興象，復備風骨」，以審美意象的生成來論詩之高下。司空圖《詩品·縝密》:「是有真蹟，如不可知。意象欲出，造化已奇。」〔註22〕說明滲透著主體縝密構思和細密情感的「意」中之「象」，在作品意境創造中的作用。宋嚴羽評盛唐詩:「如空中之音，相中之色，水中之月，鏡中之象，言有盡而意無窮」，實際是肯定盛唐詩歌意象之美。明代標舉「情」，但也強調物象、景象對情感的觸發和寄託主體之「意」的作用。王世貞《陶懋中鏡心堂草序》:「凡人之文，內境發而接於外之境者，十恒二三；外境來而接於內之境者，十恒六七。」「內境」即主體之「意」,「外境」即客觀物象、景象，兩者感興互發而成「意象」。清代王夫之以「情」「景」交融論詩之意象，《薑齋詩話》:「關情者景，自與情相為鉑芥也。情景雖有在心在物之分，而景生情，情生景，哀樂之觸，榮悴之迎，互藏其宅。」〔註23〕此論，「情」「景」之關係猶「意」「象」之關係，主客體感應興會生成詩歌審美的關鍵:「意象」。葉燮《原詩》:「必有不可言之理，不可述之事，遇之於默會意象之表，而理與事無不燦然於前者也。」〔註24〕突出「意象」在意義傳達和審美境界生成方面的特徵。

實際上，「尚象」普遍存在於中國傳統藝術思維和藝術實踐中，以上對經典論著裏關於「象」思想的梳理只是浮光掠影，但足可見「象」的重要性。上述所稱「物」「象」「景」等，都具有意象性。「象」在中國文化藝術中的地位，如朱良志所說:「作為審美構思終結的物化之象，……是道，是情，是物之精

〔註21〕王昌齡:《詩格》，葉朗主編《中國歷代美學文庫》，北京:高等教育出版社2003年版，第369頁。

〔註22〕司空圖:《二十四詩品》，何文煥輯《歷代詩話》(上)，北京:中華書局1981年版，第41頁。

〔註23〕王夫之:《薑齋詩話》，葉朗主編《中國歷代美學文庫》，北京:高等教育出版社2003年版，第331頁。

〔註24〕葉燮著，蔣寅箋注:《原詩箋注》，上海:上海古籍出版社2014年版，第194頁。

靈，是美之結晶。」〔註 25〕可以說，把「象」作為中國藝術的基元並非言過其實。那麼，「尚象」的傳統是怎麼形成的呢？從先秦時期的言意觀、禮樂社會的審美心理和認知方面，我們可以見出其根源。

第一節　先秦「言」「意」觀與「尚象」傳統

一、先秦「言」「意」「象」問題的基本觀念

概括地說，先秦「言」「意」觀與「尚象」傳統的關係表現為：言能表意但不能盡意，因此要立象盡意。在言意關係問題上，先秦諸子有過充分的思考。具體來說，其一，肯定了語言在表意方面的功能。孔子強調語言應對的重要性，並提倡「雅言」「辭達」「文言」。他說：「詩，可以興、可以觀、可以群、可以怨」，〔註 26〕「不學詩，無以言」，〔註 27〕「不知言，無以知人也」，〔註 28〕充分肯定了語言在表意和認識方面的功能。又「子所雅言，詩、書、執禮、皆雅言也。」〔註 29〕《左傳》引孔子語：「『志有之；言以足志，文以足言。』不言，誰知其志，言之無文，行而不遠。」〔註 30〕「雅言」「文言」是有別於日常語言的，「雅」「文」是譬喻、象徵的修辭手法。「夫子循循然善誘人，博我以文，約我以禮，欲罷不能。」〔註 31〕「循循善誘」則是指情理寓中的表達方式，而「欲罷不能」則是主體在這種語言情景中所獲得意韻深遠的審美感悟。甚至魯國大夫叔孫豹以「立德」「立功」、「立言」為「三不朽」。再如墨子，他的語言觀第一要義就是「致用」，即認可語言的表意功能。

〔註 25〕朱良志：《「象」——中國藝術論的基元》，《文藝研究》，1988 年 6 期，第 14 頁。

〔註 26〕何晏注，邢昺疏：《論語注疏》，阮元校刻《十三經注疏》，北京：中華書局 1980 年版，第 2525 頁。

〔註 27〕何晏注，邢昺疏：《論語注疏》，阮元校刻《十三經注疏》，北京：中華書局 1980 年版，第 2522 頁。

〔註 28〕何晏注，邢昺疏：《論語注疏》，阮元校刻《十三經注疏》，北京：中華書局 1980 年版，第 2536 頁。

〔註 29〕何晏注，邢昺疏：《論語注疏》，阮元校刻《十三經注疏》，北京：中華書局 1980 年版，第 2482 頁。

〔註 30〕左丘明傳，杜預注，孔穎達疏：《春秋左傳正義》，阮元校刻《十三經注疏》，北京：中華書局 1980 年版，第 1985 頁。

〔註 31〕何晏注，邢昺疏：《論語注疏》，阮元校刻《十三經注疏》，北京：中華書局 1980 年版，第 2490 頁。

「以言為盡悖，悖」〔註 32〕，「執所言而意得見，心之辨也」〔註 33〕，認為語言具有摹略物象、承載意義的功能。《管子》也在一定程度上承認「言」的表意功能，他將事物分為「可論」「不可論」兩種。「發於名聲。凝於體色。此其可論者也。不發於名聲。不凝於體色。此其不可論者也。」〔註 34〕即在名聲體色的具象、顯性範圍內，語言是可以勝任表意的功能，而抽象無形名的境域則是語言不能達到的。

其二，儘管語言的表意功能是顯見的，但是先秦諸子深感仍然存在著語言不能到達的意域，即語言並不能盡意，因此主張「慎言」「無言」「不言」，強調「言外」境域的追求。孔子說：「片言可以折獄」「一言可以興邦，一言可以喪邦」，將「言」與「德」、「仁」、「禮」這些治國和修身的規範聯繫起來，形成「君子欲訥於言而敏於行」的語言觀。

但是，如果僅憑「言寡尤，行寡悔，祿在其中矣」這樣的表述就將「慎言」的語言觀侷限於治國、獨善其身的角度，就偏離審美而趨於庸俗化了。因為，「無言」「不言」「罕言」的語言觀的形成，是戒於言外境域的不可言說性的。如「子罕言利與命與仁」，何也？朱熹《論語集釋》引用程子的解釋：「計利則害義，命之理微，仁之道大，皆夫子所罕言也。」〔註 35〕也就是說，「性與天道」「命」「仁」因其深微精湛、至大無形、難以名狀為特徵，使語言在形上超驗領域的無能為力表現出來，因此，孔聖人才「述而不作」。囿於言語在表現「道」方面的侷限性，才產生了對「悟」「道」的「敬畏」「齋戒」之心。再如：「天何言哉？四時行焉。百物生焉，天何言哉？」這種「無言而無不言」「言外有物」的語言觀承認了「言外」這一審美境域的存在，「言外」之境域是「言」不能盡述的，因此，「象」才呼之欲出。

除孔子之外，《孟子》也表達了明知「言」不能盡「意」又不得不「言」的無奈。例如孟子「盡信書不如無書」就是對「言」「意」必然對應的否定。他說：「世之所貴者，書也，書不過語，語有貴也。語之所貴者，意也，意有所隨。意之所隨者，不可以言傳也，而世因貴言傳書。世雖貴之，我猶不足貴也，為其貴非其貴也。故視而可見者，形與色也；聽而可聞者，名與聲也。悲

〔註 32〕吳毓江撰，孫啟治點校：《墨子校注》，北京：中華書局 1993 年版，第 542 頁。
〔註 33〕吳毓江撰，孫啟治點校：《墨子校注》，北京：中華書局 1993 年版，第 481 頁。
〔註 34〕黎鳳翔撰，梁運華整理：《管子校注》，北京：中華書局 2004 年版，第 802 頁。
〔註 35〕程樹德撰，程俊英、蔣見元點校：《論語集釋》，北京：中華書局 1990 年版，第 565 頁。

夫，世人以形色名聲為足以得彼之情！夫形色名聲果不足以得彼之情，則知者不言，言者不知，而世豈識之哉！」〔註 36〕「意有所隨」指作品的意義依據不同情境或接受者不同的生活經驗、藝術修養是變幻不居、無法固化的，因此，不可盲目認同「言」「意」的必然對應關係，實質是貶抑語言的表意性質。「言」可以通過視聽感官呈現事物的「形色名聲」，而不具「形色名聲」的「道」卻是「言」無能為力的。所以，孟子感慨：「予豈好辯哉，予不得已也。」語言的侷限性和言說的客觀需要之間的矛盾，促使作為「盡意」「體道」策略的「象」出現。

二、先秦「言不盡意」「立象盡意」的具體實踐

老莊美學最集中地體現了先秦「言」「意」觀與「象」的關係，基於言能表意卻不能盡意的矛盾，他們從思想上和實踐上一併實現了「言不盡意」「立象盡意」的美學命題。《老子》：「道可道，非常道」，王弼注曰：「可道之道，可名之名，指事造形，非其常也。故不可道，不可名也。」〔註 37〕「指事造形」，樓宇烈校釋曰：「此處藉以指可識可見有形象之具體事物。」〔註 38〕即可以言說命名的事物都是有具體形象的，而「道」不是可識可見的，因此，無法言說。「道之為物，惟恍惟惚」，「淵兮似萬物之宗」，《老子》認為，抽象、無限而又變動不居的「道」是不可言說的。「多言數窮，不如守中。」郭象注曰：「愈為之則愈失之矣。物樹其慧，事詣其言，不慧不濟，不言不理，比窮之數也。」〔註 39〕即「道」之無窮無盡與言之指實的特徵，只能愈言之愈失之，不言反而能「得其環中」。再如：「悠兮其貴言。功成事遂，百姓皆謂我自然。」校釋引道藏集注曰：「貴言，意為不輕易立言。」〔註 40〕原因何在呢？因為《老子》是把「道」作為認識的最高目的的，而「夫大道不稱」，因為「道之大」：「夫道覆載萬物者，洋洋乎大哉。」即「道」之大之廣之無限與「言」

〔註 36〕王先謙撰：《莊子集解》，北京：中華書局 1999 年版，第 120 頁。
〔註 37〕王弼注，樓宇烈校釋：《老子道德經校注釋》，北京：中華書局 2008 年版，第 1 頁。
〔註 38〕王弼注，樓宇烈校釋：《老子道德經校注釋》，北京：中華書局 2008 年版，第 2 頁。
〔註 39〕王弼注，樓宇烈校釋：《老子道德經校注釋》，北京：中華書局 2008 年版，第 14 頁。
〔註 40〕王弼注，樓宇烈校釋：《老子道德經校注釋》，北京：中華書局 2008 年版，第 42 頁。

之有實具有矛盾性，《莊子・則陽》「言之所盡，知之所至，極物而已。」〔註41〕就是說言意至多只能停留在事物的認識層面上，對於言外之境域，往往是「愈言愈疏」，以語言體道即「以有涯隨無涯，殆已。」所以就有「不言」「貴言」「少言」的傾向。《老子》：「是以聖人處無為之事，行不言之教。」〔註42〕「天地有大美而不言，四時有明法而不議，萬物有成理而不說」〔註43〕，再次印證語言在形上境域呈現上的侷限性，「道不可言，言而非也」，任其本然的無言境界才是「道」的境界。所以也形成了道家言意觀的一個基本態度：「言無言。終身言，未嘗言；終身不言，未嘗不言」，極大地肯定了「不言之言」的意義涵容量。

儘管「言」之有限與「道」（「意」）之無限具有矛盾性，但是，「道」既然是預設存在的，那麼就有言說的必要性和可能性，否則就陷入不可知論的泥潭。「道」的無限性與不言之言的境域相當，除卻「言」這個媒介，非「立象盡意」莫屬。這一點，老莊主張對於不同的認識對象，要施以不同的認識、審美方式及目的。仔細考辨老莊美學中關於「有無」的稱述，可以發現，老莊把世界萬物分為兩個層次，一是具有形色名聲的形而下具象世界，一是不具形色名聲的形而上抽象世界。對這兩個層面的認識和審美方式不同，認識和審美的目的也不同。前者在於區分其細微差別已獲得知識，後者在於以感興形象的思維方式獲得對「道」「大象」的審美體驗。《老子》：「無名天地之始，有名萬物之母。故常無欲，以觀其妙，常有欲，以觀其徼。」這裡隱含著老子對「有」「無」的認識和審美的方式及目的觀點。「有」，校曰：「萬有，指可識可見有形象之具體事物。」〔註44〕對「有」的認識方式和目的是「以觀其徼。」「徼」，《康熙字典》引《注》曰：「絲繩繫弋射鳥也。」《集韻》曰：「糾戾也。」就是從弋射活動中對飄動的觀察和判斷引申為糾偏，即以事物之間的差別為認識對象，是具體而理性的是非判斷。相對而言，作為「道」的「無」則是「以觀其妙。」「妙」，如學者所說：「繩繩不可名，復歸於無物」的「道」，認識的目的是審美的，即「妙」，「『妙』的事物或空靈、或玄遠、或精微，其感性形式總與道的某些特徵相似。因此，所謂『妙』，應該就是一

〔註41〕王先謙撰：《莊子集解》，北京：中華書局1999年版，第234頁。
〔註42〕王先謙撰：《莊子集解》，北京：中華書局1999年版，第185頁。
〔註43〕王先謙撰：《莊子集解》，北京：中華書局1999年版，第186頁。
〔註44〕王弼注，樓宇烈校釋：《老子道德經校注釋》，北京：中華書局2008年版，第2頁。

種似道之象。」〔註 45〕即以「無」為特徵的「道」，只能以感性的、審美的方式去把握。在《老子》看來，就是以「象」為審美對象的方式。《老子》：「惚兮恍兮，其中有象，恍兮惚兮，其中有物。」王弼注曰：「欲言無邪，而物由以成。欲言有邪，而不見其形，故曰無狀之狀，無物之象。」〔註 46〕即在有無之間，似有而無的「道」是以「象」的形式呈現的，即所謂的「其中有象」。

以上可見，《老子》以「象」論「道」，它所標舉的「象」是不同於具體「形色聲名」的「大象」，即「物」未形之前的狀態，是「道」「太極」，是「無形之象」。從言意關係上看，這一境域屬於「言意之表」的範疇。《莊子・秋水》稱，「言」只適用於「物之粗」的範圍，而「不期粗精」者，則是「言之所不能論，意之所不能察致」的。在「言意」不能盡述的「象境」，他認為只有「大言」才能指涉「言意之表」。《齊物論》：「大言炎炎，小言詹詹」，《集釋》注曰：「此蓋言語之異。」〔註 47〕強調不同特徵的語言與不同言說對象的適用關係。「大言」即「無用之言」「大用之言」，此一種「言」正適用於以「大象」的方式存在的「道」及其「大」「無」的特徵。成玄英疏「知無用而始可與言用矣」一句時說：「空有並照，其言弘博，不契俗心，是以惠施廣義為無用。」〔註 48〕《秋水》一節記載，惠施認為莊子之言弘博無涯，「不契俗心」，在表現事物時顯得難以理解，因此「無用」。而《莊子》認為，體「道」的語言正是以「無用」、超越具體為特徵的。所以他說，「知無用而始可與言用矣。」即以並照弘博之言乃「大用」之言。「大用」之言超越「小言」在「形名聲色」層面的表意作用，指向「物之情」「言意之表」，是為有「大用之言」。如《天道》：「夫形色名聲果不足以得彼之情」，成玄英疏曰：「遂貴言重書，不能忘言求理。……郭襄云：其貴恒在言意之表。」〔註 49〕「忘言」「言意之表」將言意問題的關注點從「言」「意」的對應關係上提升到「言」「意」之外的審美境域。

據上，「有」與「無」、「大言」與「小言」、「形色聲明」與「言意之表」實際上已經明確了不同的認識對象與不同特徵的語言之間的適用關係。在「言

〔註 45〕周甲辰：《妙——似道之象》，《集美大學學報》（哲學社會科學版），2008 年 01 期，第 98 頁。

〔註 46〕王弼注，樓宇烈校釋：《老子道德經校注》，北京：中華書局 2008 年版，第 53 頁。

〔註 47〕郭慶藩撰，王孝魚點校：《莊子集釋》，北京：中華書局 1985 年版，第 51 頁。

〔註 48〕郭慶藩撰，王孝魚點校：《莊子集釋》，北京：中華書局 1985 年版，第 936 頁。

〔註 49〕郭慶藩撰，王孝魚點校：《莊子集釋》，北京：中華書局 1985 年版，第 489 頁。

意之表」的境域選擇「立象盡意」的策略呼之欲出。具體而言，《莊子》用「三言」克服「大道不稱」的困境。何為「三言」？《莊子・天下篇》：「以卮言為曼衍，以重言為真，以寓言為廣。獨與天地精神往來而不敖倪於萬物，不譴是非，以與世俗處。」〔註50〕「曼衍」指語言不繫於物的特徵，「三言」以天地精神為自我精神的追求，它的突出特徵是「寄託」，「託物寓意」。「寓言者，以己之言，借他人之名以言之。」〔註51〕如《莊子》虛構出的支離疏、王駘、哀駘他、叔山無指、王倪、蒲衣子等，都是寓言所託之「象」。同樣，「重言者，借古人之名以自重，如皇帝、神農、孔子是也。」〔註52〕皇帝、神農、孔子也是三言所立之「象」，目的在於增加「荒誕」之言意義的可信性。「卮言」，郭象注「卮言日出，和以天倪」兩句為：「因物隨變，唯彼之從」，成玄英疏曰：「無心之言，即卮言也，是以不言，言而無係傾仰，乃合於自然之分。」〔註53〕由此，我們可見「三言」的內容曼衍廣博、無端無肆，相對於「道」之「覆載萬物者，洋洋乎大哉」的形象，「三言」所立之「象」具有強大的象徵和譬喻功能，形成深遠的意境，有效解構了「道」之大之廣之無限與「言」之有限的緊張關係。

然而，「三言」的內涵並不是我們要討論的重點，重點在於主張「無言」「不言」的《莊子》為何選擇「三言」作為與「道」適用的言說方式，即「三言」的特徵何在？概言之，第一，「三言」是「象」性的，既以取「象」為手段，同時以「象」為審美對象。試以實例觀之。所取「物象」如：「有鳥焉，其名為鵬，背若太山，翼若垂天之雲，摶扶搖羊角而上者九萬里，絕雲氣，負青天，然後圖南，且適南冥也。」〔註54〕「匠石之齊，至於曲轅，見櫟社樹。其大蔽數千牛，繫之百圍，其高臨山十仞而後有枝，其可以為舟者旁十數。」〔註55〕「支離疏者，頤隱於臍，肩高於頂。」〔註56〕所取「事象」如：莊周

〔註50〕郭慶藩撰，王孝魚點校：《莊子集釋》，北京：中華書局 1985 年版，第 1099 頁。

〔註51〕林希逸著，陳紅映點校：《南華真經口義》，南京：江蘇文藝出版社 2002 年版，第 403 頁。

〔註52〕林希逸著，陳紅映點校：《南華真經口義》，南京：江蘇文藝出版社 2002 年版，第 403 頁。

〔註53〕郭慶藩撰，王孝魚點校：《莊子集釋》，北京：中華書局 1985 年版，第 947 頁。

〔註54〕郭慶藩撰，王孝魚點校：《莊子集釋》，北京：中華書局 1985 年版，第 14 頁。

〔註55〕郭慶藩撰，王孝魚點校：《莊子集釋》，北京：中華書局 1985 年版，第 170 頁。

〔註56〕郭慶藩撰，王孝魚點校：《莊子集釋》，北京：中華書局 1985 年版，第 180 頁。

夢蝶、庖丁解牛、匠石運斤、遊魚之樂等，顯然《莊子》把我們的注意力聚焦於他所呈現的形象上，大鵬之氣魄、櫟樹之繁盛、畸人等形貌故事，立現於紙上，從而提升我們將他所立之「象」本身作為審美目的的感知。第二，「三言」不重「言」，而是通過「立象」，達到「言意之表」、「言外之意」的審美目的。魯迅《漢文學史綱要》:「莊子著書十餘萬言，大抵寓言，人物土地，皆空言無事實，而其文則汪洋闢闔，儀態萬方，晚周諸子之作，莫能先也。」〔註57〕「空言無事實」實際是指《莊子》所言不囿於客觀存在，它所創造的藝術形象，如驚世駭俗的人物、動植物和自然現象等，都不侷限於「具象」本身，而是以彰顯「言外之意」為取「象」目的的，這也是「三言」「尚象」思維的體現。正如唐少蓮所說:「莊子以『三言』敞開了一個無比豐富的『象』世界。寓言『籍外論之』，以虛構和傳說之『象』來闡發義理；重言借古喻今，通過歷史人物以『象』言『道』;『卮言』『和以天倪』，以不停運轉迴旋之『象』來『得其環中』。」〔註58〕「取象」、「立象」以盡「意」是「三言」的特徵。第三，「三言」以「象」喻「道」，具有形而上追尋的傾向，是有主體精神境界追求的。精神性是「象」從形色聲名的具體「物象」昇華到「意」「象」之「象」的必要前提。《莊子》稱「三言」是「謬悠之說，荒唐之言，無端涯之辭。」想像、誇張、務虛的立「象」手法，使「意」不囿於語言或事實本身。如莊周夢蝶的故事，傳達了對無物無我自由之境的嚮往，也是對《老子》以「大象」喻「道」傳統的闡發。《老子》:「執大象，天下往。」校釋曰:「大象，無形之象，亦即道、樸、常。」〔註59〕成玄英疏:「大象，猶大道之法象也。」〔註60〕「無形之象」「無象之象」正是包蘊萬物、至大無窮的「道」。「老子之書，其幾乎可一言以蔽之。噫，崇本息末而已矣。」〔註61〕「末」乃「言」所稱道的客觀事物，而「本」這是對「道」的形而上追求。「三言」作為喻「道」的具體方式，同樣追求意蘊無窮的形而上境域。這種超越，使「三言」所稱之「象」由具有虛實相生的美學特徵，也是「意象」的重要特徵之意。

〔註57〕魯迅:《漢文學史綱要》，南京:江蘇文藝出版社2008年版，第22頁。

〔註58〕唐少蓮:《「三言」與莊子象思維》,《廣西社會科學》，2011年第2期，第36頁。

〔註59〕王弼注，樓宇烈校釋:《老子道德經校注》，北京:中華書局2008年版，第88頁。

〔註60〕朱謙之撰:《老子校釋》，北京:中華書局2000年8月版，第140頁。

〔註61〕王弼注，樓宇烈校釋:《老子道德經校注》，北京:中華書局2008年版，第198頁。

基於「道」虛無玄遠、變幻布局的特徵，囿於「小言」的侷限性，以「象」為媒介達到「言意之表」的境域具有必然性。誠如《老子指略輯軼》指出：「夫『道』也者，取乎萬物之所由也；『玄』、『遠』也者，取乎幽冥之所出也；深也者，取乎探賾而不可究者；『大』也者，取乎彌綸而不可極也；『遠』也者，取乎綿邈而不可及也；『微』也者，取乎幽微而不可覩也。然則『道』『玄』、『深』、『大』、『微』、『遠』之言，各有其儀，未盡其極者也。然彌綸無極，不可名細；微妙無形，不可名大。是以篇云：『字之曰道，謂之曰玄』，而不名也。然則，言之者失其常，名之者離其真，為之者則敗其性，執之者則失其原矣。」〔註62〕「故使察近而不及流統之原者，莫不誕其言以為虛形。」〔註63〕這一段話，很好地解釋了「小言」「名必有所分，稱必有所由。有分則有不兼，有由則有不盡。不兼則大殊其真，不盡則不可以名」的侷限性，說明只有「誕其言以為虛形」的言說方式，即「三言」的言說方式才是與「道」之「玄遠深大」相匹配。總之，在「言」「意」觀與「象」的萌生問題上，先秦諸子的美學思想裏就已經孕育了「言」能表「意」但不能盡「意」，立「象」盡「意」的言說策略。這一策略在老莊美學裏得以實現，「三言」以「象」喻「道」，促使「意象」論的重要一維——「象」進入意象美學的視野。

第二節「比」「興」、「禮」「樂」中的「象」

研究「象」在先秦時期的存在狀態，必須還原先秦時期「象」之所產生和應用的語境，否則就容易出現望文生義、自說自話的弊病，並且難於真正理解「象」與中華審美文化精神的關係。先秦時期的社會文化生活包括宗廟祭祀、交往應對、農事戰事等諸多方面，「象」廣泛地存在於這些活動之中，具體表現為「比」、「興」「取象」寓「意」的言說策略、「禮」「樂」作為一整套具象形式符號，運用「譬喻」「象徵」實現意義的傳達，形成「象內」「象外」的審美視域。

關於先秦社會生活與「象」的關係，章學誠認為社會文化生活的各個方面在「六經」中都有體現，且「六經」所述諸事皆取「象」言「道」。他說：「『六

〔註62〕王弼注，樓宇烈校釋：《老子道德經校注》，北京：中華書局2008年版，第196頁。

〔註63〕王弼注，樓宇烈校釋：《老子道德經校注》，北京：中華書局2008年版，第197頁。

經』是上古君王政治教化典籍，用途不出天下事物，日用人倫」〔註64〕。概括了「六經」所稱述的社會內容，即「天下事物」「日用人倫」都有體現。但是，「六經」作為政治教化「文本」，它的言說方式是依「事」見「理」，即「言以為事」。對此，章學誠說：「古人未嘗離事而言理，六經皆先王之政典也。」〔註65〕「古人事見於言，言以為事，未嘗分事言為二物也。」〔註66〕這裡值得注意的是「言」「事」兩處。以文字載「道」的文本「六經」，作為「言」，都是託「事」論「道」的，而這些「事」則取象於「天下事物，日用人倫」的各個方面。也就是說，《六經》論「道」並非直言，而是託之於「事」。值得指出的是，這裡所說的「事」是具有「象內」和「象外」兩個層面的，並非一般的事件、事情。這一點，章學誠在評價「六經」「取象」的做法時說：「《易》象通於《詩》之比興，《易》辭通於《春秋》之例。」〔註67〕「辭」指《易》的卦爻辭，以「立象」為顯著特徵，章先生認為這與「《詩》之比興」相通，就是強調二者在「取象」「立象」盡意手法上的一致性。同樣，「例」指《春秋》之「凡例」，晉代杜預《春秋經傳集解序》：「其發凡以言例，皆經國之常制，周公之垂法，史書之舊章。」也就是說作為「凡例」的「經國之常制，周公之垂法，史書之舊章」都是「託物」「託事」之言，是「立象載道」的，這與「《易》辭」「立象盡意」的做法一致。「象」在「六經」中的廣泛性，章學誠說：「六經無非象也。」「象之所包廣矣，非徒《易》而已，六藝莫不兼之，蓋體道之將形而未顯著也。雎鳩之於好逑，樛木之於貞淑，甚而熊蛇之於男女，象之通於《詩》也。」〔註68〕《詩》為「六經」之首，比較「象之通於《詩》」和上述「六經」論「道」之「言」「未嘗分事言為二物」的說法，可見「六經」所載「諸事」是「立象」盡意（體道）的。也就是說，「象」存在於「六經」所記載的廣泛的社會文化生活中（諸「事」中）。具體來說，社會生活諸事之中的「象」尤以「詩」之「比興」和「禮樂」之「譬喻」「象徵」的形式存在。

〔註64〕章學誠著，嚴傑、武秀成譯注：《文史通義全譯》，貴陽：貴州人民出版社 1997 年版，第 146 頁。

〔註65〕章學誠撰，葉瑛校注：《文史通義校注》，北京：中華書局 1985 年版，第 1 頁。

〔註66〕轉引自游國恩主編：《中國文學史》，北京：人民文學出版社 1993 年版，第 31 頁。

〔註67〕章學誠撰，葉瑛校注：《文史通義校注》，北京：中華書局 1985 年版，第 20 頁。

〔註68〕章學誠撰，葉瑛校注：《文史通義校注》，北京：中華書局 1985 年版，第 18 頁。

一、「比興」與「象」

「比興」作為一種言語策略，是通過「立象」「取象」寓意，目的在於增加語言的意蘊性和審美特徵，在當時的政治環境下，降低因「直言」「斥言」而獲罪。《論語・陽貨》:「詩，可以興，可以觀，可以群，可以怨。邇之事父，遠之事君。多識於鳥獸草木之名。」〔註 69〕「詩用觀」充分說明「詩」是參與社會生活的一項重要能力，即在個人修養和社會生活中盡善盡美的能力。以交往應對的言說方式為例，《論語》:「不學詩，無以言。」「言」，交往應對，猶指「諫言」。概言之，「譎諫」，指向《詩》之「比興」在「美刺」方面的方法論價值。「詩」以「比興」「主文而譎諫」。如:「風雅頌者，詩之體；賦比興者，詩之法。」〔註 70〕該說就明確將「賦比興」作為做詩諷諫的方法，這種方法之所以具有「美」「善」的性質，在於以「象喻」的言說方式達到「溫柔敦厚」「樂而不淫，哀而不傷」的審美教化目的。

「比興」以「象喻」作為「譎諫」的具體方法，指以「比託於物」代替直言其事。《毛詩正義序》:「比者，比託於物，不敢正言，似有所畏懼。故曰：見今之失，不敢斥言，取比類以言之。」「興者，興起志意，讚揚之辭。故云：見今之美以喻勸之。」又鄭玄云:「比者，比方於物。諸言如者，皆比辭也。」「興者，託事於物。興者，起也，取譬引類，起發己心。」〔註 71〕據此可見，同為做詩方法的「賦、比、興」，相對於「賦」「直陳今之政教善惡」的方式，「比」、「興」在「託物」喻「意」方面具有深刻的一致性。

儘管「比顯而興隱」，「顯」「隱」也只是在表達效果上的差異，兩者的表達方式是一致的，即「託物」「取象」「立象」。這一點，聞一多先生在解釋「隱語」時說:「隱語古人只稱作隱，它的手段和『喻』一樣，而目的完全相反，喻訓曉，是借另一事物把本來說不明白的說得明白點；隱訓藏，是借另一事物把本來可以說得明白的說得不明白點。」可見，「借另一事物」是「比」「興」共同的特徵，即「託物」。然後聞先生又接著說:「隱在《六經》中，相當於《易》的『象』和《詩》的『興』，(喻不用講，是《詩》的

〔註 69〕何晏注，邢昺疏:《論語注疏》，阮元校刻《十三經注疏》，北京：中華書局 1980 年版，第 2525 頁。

〔註 70〕楊載:《詩法宗教》，何文煥《歷代詩話》，北京：中華書局 1981 年版，第 727 頁。

〔註 71〕王弼、韓康伯注，孔穎達疏:《周易正義》，阮元校刻《十三經注疏》，北京：中華書局 1980 年版，第 76 頁。

『比』。）」〔註72〕可見，「比」、「興」雖有「顯」「隱」之別，但是在言明事理的方式上是一樣的，仍不出於「託物」的園囿，「蓋言興而比已寓焉」恰當地概括了二者在「託物言志」上的一致性。而「託物」即「取象」，「比興」的做詩法是以「取象」的方式避免「直言」、「斥言」。如朱自清先生所說：「《正義》云『皆謂譬喻不斥言也』。那麼，比興有『風化』、『風刺』的作用，所謂『譬喻』，不止於是修辭，而且是『譎諫』。溫柔敦厚的詩教便指的是這種作用。」〔註73〕「取象」、「引類譬喻」這正是「意象」創造的要義，因此說，「比興」與「意象」觀的形成至關重要，而「溫柔敦厚」則是中華美學精神的主要方面。以下從「興必取象」和「起興寄意」兩個方面來說明「比興」與「意象」創造的關係。

1.「興必取象」

孔穎達提出「興必取象」的觀點。《詩經・周南・樛木》一篇，孔疏云：「興必取象，以興后妃上下之盛，宜取木之盛者，木盛莫如南土，故言南土也。」〔註74〕又疏《詩經・廣南・漢廣》一篇：「興者，取其一象。木可就蔭，水可方遊。猶女有可求。今木以枝高，不可休息，水可廣長，不可求渡，不得要言木本小時可息，水本一勺可渡也。」〔註75〕「興必取象」這一觀點即是對《詩》之「興」這一概念的理論概括：志意居中，託外物以言之。以聞一多先生之見，「興」是「隱」，不直言，而通過「取象」來呈現「意義」。「象」在「意義」呈現中至關重要，從「興」產生的「諷諫」語境上講，它以「象」隱婉曲致的審美認知代替了「言」直切分明的強勢態度。

何為「象」？《周易・繫辭上》：「是故夫象，聖人有以見天下之賾，而擬諸其形容，象其物宜，是故謂之象。」〔註76〕也就是說，「象」是對「道」之「幽深」「玄妙」形象的摹取。它的特徵，正如劉勰《文心雕龍・比興》：「詩文弘奧，……比則蓄憤以斥言，興則環譬以託諷。……稱名也小，取類

〔註72〕聞一多：《說魚》，《詩經研究》，成都：巴蜀書社2002年版，第66頁。

〔註73〕朱自清：《詩言志辨》，北京：北京古籍出版社1956年版，第46頁。

〔註74〕王弼、韓康伯注，孔穎達疏：《周易正義》，阮元校刻《十三經注疏》，北京：中華書局1980年版，第278頁。

〔註75〕王弼、韓康伯注，孔穎達疏：《周易正義》，阮元校刻《十三經注疏》，北京：中華書局1980年版，第282頁。

〔註76〕王弼、韓康伯注，孔穎達疏：《周易正義》，阮元校刻《十三經注疏》，北京：中華書局1980年版，第83頁。

也大。」〔註 77〕「興」依託「象」來達到譬喻的效果，所以「稱名也小，取類也大」，強調「象」在超越具體所取「物象」之外，具有強大的意蘊性。章學誠《文史通義》：「『象』雖包六藝，與《詩》之比興尤為表裏。……然戰國之文深於比興，即其深於取象者也。」〔註 78〕章先生繼而以《莊》《列》之寓言、《離騷》之抒情為例，說明「比興」與「象」的關係，並強調如《莊》《列》寓言和《離騷》「香草美人」等「愈出愈奇」的「象」在興寄胸臆方面無所能出其右。

「象」及其特徵，決定「取象」寓「意」的合理性和必要性。《史記‧太史公自序》記載孔子作《春秋》的態度：「夫子自述《春秋》之所以作，則云：『我欲託之空言，不如見諸行事之深切著明』。」〔註 79〕眾所周知，孔子一貫「述而不作」，其意在於「性與天道」之幽微，但立文字，難免其促狹固化，與「道」之生息變幻、流動不居的特徵相悖。而《春秋》何以作得？孔子的策略是「見諸行事」，「事」即「事象」，可見，「象」較之於「言」，在「寓意」上的優越性。章學誠說：「《易》以天道而切人事，《春秋》以人事而協天道，其義例之見於文辭，聖人有戒心焉。」〔註 80〕「以……而切」、「以……而協」的句式，暗示了「託物」、「立象」寄意的言說方式。即《易》取象於自然物象而譬喻人事的做法和《春秋》以社會人生的「事象」而比諸天道做法，正出於聖人對「天道難言」、唯恐「言之不盡」的戒心。換言之，章先生認為，即使是「述而不作」的聖人，以「象」言「道」也是可為的，可見比興「託物」「立象」寓意的特徵和功能。

「興必取象」論深刻揭示了「興」「取象寓意」的美學本質，也是後世「意象」學的發展舉足輕重。殷璠「興象」論，以「象」釋「興」。「興」為「起意」，將「意」付諸於「象」，「意象」既出。王昌齡《詩中密旨》：「興者，立象於前，然後以事喻之。」〔註 81〕皎然：「興者，立象於前，然後以

〔註 77〕劉勰著，范文瀾注：《文心雕龍注》，北京：人民文學出版社 1978 年版，第 601 頁。
〔註 78〕章學誠撰，葉瑛校注：《文史通義校注》，北京：中華書局 1985 年版，第 18 頁。
〔註 79〕章學誠撰，葉瑛校注：《文史通義校注》，北京：中華書局 1985 年版，第 132 頁。
〔註 80〕章學誠撰，葉瑛校注：《文史通義校注》，北京：中華書局 1985 年版，第 20 頁。
〔註 81〕陳應行主編：《吟窗雜錄》，北京：中華書局 1997 年版，第 251 頁。

人事喻之。」〔註 82〕王夫之更是對「取象」寓「意」極大讚賞，他說：「捨象而無所徵。」與章學誠先生一樣，將「象」擴展到「六經」：「盈天下而皆象矣。詩之比興，書之政事，春秋之名分，禮之儀，樂之律，莫非象矣。」〔註 83〕考之，誠然！《集韻》以「象」釋「興」：「興，象也。」由此，我們可以確定，在「興」範疇內，「象」居極為重要的一維。

2. 起興寄意

上文已明確「象」是「興」的一維，而「意」才是「興」的真正旨歸，託物寓意，寄意於象，才能成其為「意象」。《毛詩正義序》開篇點明，《詩》乃「感興」之作：「六情靜於中，百物蕩於外。情緣物動，物感情遷。」〔註 84〕又：「興者，興起志意。」這裡所謂「六情」「志意」相當於聞一多先生所說的「詩言志」的「志」。朱自清《詩言志辨》：「聞一多從字源上考『志』，卜辭㞢，從『止』下『一』，停止在心上，即藏在心裏。認為『詩言志』、『是可以言志』的『志』指的是『懷抱』。」「六情」「志意」「懷抱」之說，本是「靜於中」「停止在心上」的，突出了「興」在寄託主體情感方面的特徵。「興」是「物感」而「情遷」，「情動於中而形於外」的過程，指明感於「物象」的「意」才是「興起」、「興發」的對象。對於「興」所包含的「象」、「意」兩端，朱自清斷然說道：「毛傳『興』也的『興』有兩個意義，一是發端，一是譬喻；這兩個意義合在一起才是『興』。」〔註 85〕可見，在朱先生看來，情志為發端和取象以譬喻是「興」成之為「興」的兩個必要條件，這其實也是「意象」論常見的主客、情境兩元結構論的雛形。

把「興」放在古代歷史語境下復原，更有利於理解「意」在「興」這一概念中的重要性。「興，本與祭司相關。甲骨文的『興』字：卜辭用為地名，亦為祭名。……『興祖庚』，『興妣戊』，『興子庚』……均用作祭名之例。」〔註 86〕在祭祀活動中，「興」具體表現為「陳物而贊誄」，即由祭祀禮器等實物開

〔註 82〕弘法大師：《文鏡秘府論校注》，北京：中國社會科學出版社 1983 年版，第 159 頁。

〔註 83〕王夫之：《船山全集》第一冊，《周易外傳》卷六，長沙：嶽麓書社 1996 年版，第 1039 頁。

〔註 84〕毛亨傳，鄭元箋，孔穎達疏：《毛詩正義》，阮元校刻《十三經注疏》，北京：中華書局 1980 年版，第 261 頁。

〔註 85〕朱自清：《詩言志辨》，北京：古籍出版社 1956 年版，第 49 頁。

〔註 86〕于省吾：《甲骨文字詁林》第四冊，北京：中華書局 1996 年版，第 2852 頁。

始,「即物起興」,歌舞娛神的做法。周縱策:「漢代注家所謂『興者託事於物』,正說明了十個起興與陳物而贊詠的關係。」又「『興』的情感性與原始宗教如圖騰崇拜、祖先崇拜有關。」〔註 87〕即「興」是古人「即物」(觀及圖騰、祖先牌位等具體物象)表現心中情感和訴求的活動。由此,陳「情」寄「意」才是「興」的根本旨趣所在。

繼《毛詩正義序》所提出的「物感說」之後,後世以「心」「物」關係、「情」「景」關係論「興」,也是對「興」「意」「象」兩端的闡發。葉嘉瑩先生以心物關係區分「賦、比、興」,她說:「賦、比、興乃《詩經》和中國古代詩歌借物象與事象傳達感動並引起讀者感動的三種表達方式,是心物之間互動關係的反映。興是由物及心,比是由心及物,賦是即物即心。」〔註 88〕「心」「物」兩端其實是「意」「象」的異名同實之說,於此相應的還有「情」「景」說。如王世貞將「心」「意」稱作「內境」,「物」「象」稱為「外境」,認為:「凡人之文,內境發而接於外之境者,十恒二三;外境來而接於內之境者,十恒六七。」又在《藝苑卮言》中用:「遇境即際,興窮即止」來評價阮籍《詠懷》是「情」「景」興發之作。而將「情」「景」關係講得最為明白莫過於王夫之,他主張「情」與「景」之間存在著微妙的感應關係:「景以情合,情以景生,初不相離,唯意所適。」「興在有意無意之間,比亦不容雕刻。關情者景,自於情相為珀芥也。情景雖有在心在物之分,而景生於情,情生景,哀樂之觸,榮悴之迎,互藏其宅。」王夫之極言「情」「景」互藏互現在形成審美意興中的作用。這種觀點並非獨標新意,沒有「意」依託的「象」,沒有「情」依附的「景」,沒有「心」依存的「物」,都是不可能進入審美視域的存在。張戒《歲寒堂詩話》如是說:「大抵句中若無意味,譬之山無煙雲,春無草樹,其復可觀?」〔註 89〕「意味」的形成,必然是情中景、景中情、情景交融、無物無我的境界使然。

總之,「興」與「意象」的關係在於:由於「興」具有「意」和「象」兩個方面,並且兩個方面是「觸發而宣」的關係,因此詩論中常以「興發」「興

〔註 87〕周縱策:《古巫醫與六詩考》,葉宗憲《詩經的文化闡釋》,西安:陝西人民出版社 2005 年版,第 402 頁。

〔註 88〕葉嘉瑩:《中國文論視域下的賦、比、興》,《河北學刊》,2004 年第 3 期,第 116 頁。

〔註 89〕張戒:《歲寒堂詩話》,吳文治《宋詩話全編》(卷三),南京:江蘇古籍出版社 1998 年版,第 3235 頁。

作」「感興」「興象」「興味」論詩。從意象學的角度，這恰是意象創造和審美的過程。正如當代學者葉朗所說：「『賦』、『比』、『興』這組範疇則涉及詩歌藝術中，『意』和『象』之間以何種方式互相引發，並互相結合成統一的審美意象，而這種審美意象又以何種方式感發讀者。也就是說，它們涉及審美意象產生的方式與結構的特點。」〔註 90〕除此之外，李澤厚也注意到「興」所包含的「意」與「象」兩個方面，在意象創造中表現為「主觀情感的客觀化」。他說：「主觀情感必須客觀化，必須有特定的想像、理解相結合統一，才能構成具有一定普遍性的藝術作品，產生相應的感染效果。所謂『比』、『興』正是這種使情感與想像、理解相結合而得到客觀化的具體途徑。」〔註 91〕至此，我們說，「比」「興」的本質「意」與「象」以及寄「意」於「象」的兩元關係，與「意象」創構和審美的過程密切相關。因此，在中國古代美學中，「比」「興」「取象」寓「意」的做法，不僅達到「言之者無罪，聞之者足以戒」的諷喻效果，而且在審美上，實現了「不淫」「無邪」的雅正、溫柔敦厚之美，堪為「意象」學發生的一個重要基礎，也奠定了中國傳統美學的審美趣味和傾向。

二、「禮樂」與「象」

「禮樂」具有「象內」、「象外」兩個層面。具體而言，「禮」的一系列行為、動作規範和「樂」的宮商之音調等是為具象形式符號，而「禮樂」所要彰顯的「意」則是具象形式之外的最終追求。「禮樂」之興始於「正名」的政治統治需要，其具體實踐就是「興禮樂」。「正名」的實質是規定了一定階層對應著相應的生活、行為規範，即強調符號及其象徵意義的應用。從文藝美學的角度講，可稱之為內容與形式、符號與意義、「象」與「意」的關係。《禮記‧曲禮上》：「夫禮者，所以定親疏，決嫌疑，別同異，明是非也。」〔註 92〕說明「禮」具有「區別」「分辨」的作用，這種作用機制就在於「禮」作為「符號」「具象」所對應的「意義」以及人們對這種意義的認同。同樣，「樂」也有類似的作用機制，區別在於「禮」在於形式層面的「區分」，「樂」在於精神層

〔註 90〕葉朗：《中國美學史大綱》，上海：上海人民出版社 1985 年版，第 89 頁。
〔註 91〕李澤厚：《美的歷程》，合肥：安徽文藝出版社 1999 年版，第 62 頁。
〔註 92〕鄭玄注，孔穎達疏：《禮記正義》，阮元校刻《十三經注疏》，北京：中華書局 1980 年版，第 1231 頁。

面「和同」。如《禮記・樂記》:「禮樂刑政，其極一也；所以同民心而出治道也。」〔註93〕所謂「禮樂行政，其極一也」，就是指「禮樂」作為政治統治的手段，其建立完備合理的政治秩序的目的是一致的。再此目的下，《禮記・樂記》:「樂者為同，禮者為異。同則相親，異則相敬。樂勝則流，禮勝則離。合情飾貌者，禮樂之事也。」〔註94〕即相對於「禮」用於區別階層高下而言，「樂」適用於同化人的思想意識，禮樂互相作用，才能達到「合情飾貌」的效果。對此，聶振斌先生說:「先王之樂，其性能和實質就是禮。樂的感性形式就是禮的儀式規範，樂的內容則是尊卑貴賤的等級觀念和仁孝親敬的倫理觀念。……先王作樂並不是為了審美享受，而是為了治國平天下。」〔註95〕此言對「禮」「樂」的關係和目的認識極為精道，指出「禮」與「樂」名異實同，作為形式、手段，二者在教化人心、傳達倫理觀念方面的終極目的上是一致的。尤其重要的是，此言將「禮樂」視為「內容」(「意義」)和「形式」(「符號」)的兩位一體，實質上是對「禮樂」作為「意」與「象」的兩元結構的認同，也啟發了「禮樂」作為「象」具有「內」「外」兩端的研究視角。

「禮樂」作為具象符號，本身具有「器」「用」的意義。但是，儒家的理論旨趣，並不停留在「器」「用」的層面，它始終保持著「一以貫之」的「道」的追求，即對「象外」境域的追求。儒家解釋「禮樂」，並不止於具體的形式手段，而是「一以貫之」地追求其本體意義，將「禮樂」置之於「天」「地」「人」的結構中。也就是在這種追求中，「禮樂」「象內」和「象外」的層面體現出來，以具體的禮樂形式象徵抽象的意義，是意象性的體現。《禮記正義序》:「夫禮者，經天緯地，本之則大一之初，原始要終，體之乃人情之欲。夫人上資六氣，下乘四序。賦清濁以醇醨，感陰陽而遷變。……故乃上方圖像，下參方載。道之以德，齊之以禮。」〔註96〕「禮」「經天緯地」即是把「禮」視作天地運行的具體化，而人「資六氣」、「乘四序」，亦為天地之所生。人情感於

〔註93〕鄭玄注，孔穎達疏:《禮記正義》，阮元校刻《十三經注疏》，北京:中華書局1980年版，第1527頁。

〔註94〕鄭玄注，孔穎達疏:《禮記正義》，阮元校刻《十三經注疏》，北京:中華書局1980年版，第1529頁。

〔註95〕聶振斌:《禮樂文化與儒學藝術精神》，《江海學刊》，2005年第3期，第14頁。

〔註96〕鄭玄注，孔穎達疏:《禮記正義》，阮元校刻《十三經注疏》，北京:中華書局1980年版，第1222頁。

物而遷變，「禮」便模仿、參照天地的規則「道之」、「齊之」。如此，便使「禮」在「取象」方面具有了形而上意味。再如《禮記・樂記》：「天高地下，萬物散殊，而禮制行矣。流而不息，合同而化，而樂興焉。……仁近於樂，義近於禮。樂者敦和，……禮者別宜，……故聖人作樂以應天，制禮以配地。禮樂明備，天地官矣。」〔註 97〕天生萬物，由一及多，由靜及動，「樂」「禮」各有所出各有所用。「樂」，「天之大齊，中和之紀也」，是為「仁」，即人在進學、去蔽的過程中，逐漸超越人性之哀樂而達到與「天」之「大齊」「中和」境界一致的內在道德高度。「禮」，區分人事及萬物，它區分的依據是「義」，即「道義」，「事理」，「義」為「仁」之一端。將「禮」「樂」之別取消在「仁」「義」的層面上，實際上是對禮樂制度作為具象形式規範的形而上超越。在「經天緯地」的層面上為「禮」「樂」立論，從言說策略上說，就是要將形而上的「道」具象化。章學誠《文史通義》：「故道不可見，人求道而恍若有見者，皆其象也。」〔註 98〕從這個角度考察，「禮樂」也確有「表裏」，具體來說，「象」為「禮樂」之表；「仁」為「禮樂」之實。

1.「象」為「禮樂」之「表」

「禮樂」與「象」關係，表現在「禮樂」乃「取象」而作，並且以「象」的方式譬喻象徵。首先，「禮樂」乃是「觀物取象」的產物。《禮記・禮運》：「故聖人作則，必本與天地，以陰陽為端，以四時為柄，以日星為紀，月以為量，鬼神以為徒，五行以為質。」〔註 99〕「是故夫禮，必本於大一，分而為天地，轉而為陰陽，變而為四時，列而為鬼神。」〔註 100〕「天高地下，萬物散殊，而禮制行矣。」「樂者，天地之和也；禮者，天地之序也。」〔註 101〕「聖人作則」即是說周公制禮作樂，是基於對「天象」的模仿，《繫辭上》云：「懸象著明，莫大乎日月」〔註 102〕，因此，制禮作樂「取象」於天地陰陽，四時五行。

〔註 97〕鄭玄注，孔穎達疏：《禮記正義》，阮元校刻《十三經注疏》，北京：中華書局 1980 年版，第 1531 頁。

〔註 98〕章學誠撰，葉瑛校注：《文史通義校注》，北京：中華書局 1985 年版，第 18 頁。

〔註 99〕鄭玄注，孔穎達疏：《禮記正義》，阮元校刻《十三經注疏》，北京：中華書局 1980 年版，第 1424 頁。

〔註 100〕鄭玄注，孔穎達疏：《禮記正義》，阮元校刻《十三經注疏》，北京：中華書局 1980 年版，第 1526 頁。

〔註 101〕鄭玄注，孔穎達疏：《禮記正義》，阮元校刻《十三經注疏》，北京：中華書局 1980 年版，第 1530 頁。

〔註 102〕王弼、韓康伯注，孔穎達疏：《周易正義》，阮元校刻《十三經注疏》，北京：

「取象」的基本原則，還體現在「禮樂」的具體細節中。以樂器而言，要依據樂象創構的要求選擇不同音色的材質。《荀子・樂論》:「聲樂之象：鼓大麗，鐘充實，磬廉制，竽笙簫和。……故鼓似天，鐘似地，磬似水，竽笙簫和管籥，似星辰日月，鞉柷、拊鞷、椌楬似萬物。」〔註103〕「取象」、創構樂象因材質音色而異。再如：《樂記》:「故鐘鼓管磬，羽籥干戚，樂之器也。屈伸俯仰，綴兆舒疾，樂之文也。簠簋俎豆，制度文章，禮之器也。升降上下，周還裼襲，禮之文也。」〔註104〕又及《樂論》:「治俯仰、詘信、進退、遲速，莫不廉制，盡筋骨之力，以要鐘鼓俯會之節。」〔註105〕這裡實際上向我們呈現了一個生動的歌舞場面，所謂「鐘鼓管磬，羽籥干戚」是樂器，「屈伸俯仰，綴兆舒疾」是舞蹈動作和節奏，「簠簋俎豆，制度文章」是禮器禮服，「升降上下，周還裼襲」以及「俯仰、詘信、進退、遲速」都是具體的舞蹈動作。之所以極盡身體之能事與音樂配合，都是在模仿「天之清明、地之廣大、四時之周旋」,「取象」的意識昭然若見。

「經禮三百，曲禮三千」，冗繁的禮儀規範不僅是對天象的摹取，而且還取象於生活中的事象物象。如《禮運》篇:「言偃復問道:『夫子極言禮也，可得而聞與』？孔子曰:『……夫禮之初，始諸飲食，其燔黍捭豚，汙尊而抔飲，蕢桴而土鼓，猶若可以致其敬於鬼神。』」〔註106〕「飲食」是日常生活最司空見慣的活動，孔子認為「禮」於此滋生。再如《樂記》:「故歌者，上如抗，下如隊，曲如折，止如槁木，倨中矩，句中鉤，累累乎端如貫珠。」〔註107〕「上」「下」「曲」「止」「倨」「句」「累累」描述聲音長短、高低、曲直、疏密的狀態，而聲音的這種表達也是取象槁木、矩鉤、貫珠之類的具體事物。總之，「禮樂」取象於天地萬物，這是《禮記》、《樂論》等文獻的基本觀點，這一觀點與《易》「觀物取象」說一脈相承。「在天成象，在地成形；如此，則禮者天

中華書局1980年版，第82頁。

〔註103〕王先謙:《荀子集解》，北京：中華書局1988年版，第383頁。

〔註104〕鄭玄注，孔穎達疏:《禮記正義》，阮元校刻《十三經注疏》，北京：中華書局1980年版，第1530頁。

〔註105〕王先謙:《荀子集解》，北京：中華書局1988年版，第384頁。

〔註106〕鄭玄注，孔穎達疏:《禮記正義》，阮元校刻《十三經注疏》，北京：中華書局1980年版，第1415頁。

〔註107〕鄭玄注，孔穎達疏:《禮記正義》，阮元校刻《十三經注疏》，北京：中華書局1980年版，第1545頁。

地之別也。」〔註 108〕「故樂者，審一以定和，比物以飾節。」〔註 109〕「審」和「比」的動作性，尤其形象地說明「禮樂」對天地萬物之象審慎觀取的結果。

其次，「禮樂」具有象徵性。趙天一在《中國古典意象史》一文中指出，廣泛的「象徵性」和「形上」思考是「象」具有美學意義的重要條件。實際上，「禮樂」之所以能夠發揮其規範作用，就在於它普遍的「象徵性」。《尚書·皐陶謨》：「天秩有禮，自我五禮有庸哉！」鄭玄注曰：「五禮：天子也，諸侯也，卿大夫也，士也，庶民也。」〔註 110〕「庸」，《孔傳》曰：「常也。」即「五禮」的制定有「天」的規定性，「天秩」是「常」，「五禮」亦為與之相對應的「常」。這就建立了「禮樂」譬喻象徵的可能性。進而，「禮樂」的象徵性就俯拾皆是了。如日常生活中，「三揖」、「三讓」表示尊敬；盥手，洗爵表示絜敬；拜至、拜洗等表示致敬；尊讓、絜、敬則表示不慢不爭，遠於爭鬥。這些禮儀動作本身就是「有意味的形式」，是具有象徵意義的「象」。再如刑法上，有「象刑」之說，楊倞注《荀子·正論》：「象刑，異章服，恥辱其形象，故謂之象刑也。」〔註 111〕意為給觸犯刑罰的人穿上特別的服裝等，與肉刑相比，以服裝、標記等象徵懲罰。以及祭禮中的「尸」以及「傭」，毋庸多言，都是「象徵」的具體應用。至於「樂」，也一樣在「象徵」中發揮其教化和審美價值。如《樂記》：「宮為君，商為臣，角為民，徵為事，羽為物。……鄭衛之音，亂世之音也，比於慢。」〔註 112〕「宮、商、角、徵、羽」聲調分別代表「君、臣、民、事、物」，這種「A 為 B」的句式，見於《周易》，其意義在於譬喻象徵，尤其是「比於慢」的說法，更可作「比方」、「比喻」解。《樂記》將「禮樂」象徵的特點，稱為「樂以象德」「樂觀其深矣。」「樂者，所以象德也。禮者，所以綴淫也。」「律小大之稱，比終始之序，以象事行。使親疏貴賤、長幼男女之理，皆形見於樂」，故曰：「樂觀其深矣。」「樂以象德」「以象事行」

〔註 108〕鄭玄注，孔穎達疏：《禮記正義》，阮元校刻《十三經注疏》，北京：中華書局 1980 年版，第 1531 頁。

〔註 109〕鄭玄注，孔穎達疏：《禮記正義》，阮元校刻《十三經注疏》，北京：中華書局 1980 年版，第 1545 頁。

〔註 110〕鄭玄注，孔穎達疏：《尚書正義》，阮元校刻《十三經注疏》，北京：中華書局 1980 年版，第 139 頁。

〔註 111〕王先謙：《荀子集解》，北京：中華書局 1988 年版，第 326 頁。

〔註 112〕鄭玄注，孔穎達疏：《尚書正義》，阮元校刻《十三經注疏》，北京：中華書局 1980 年版，第 1527～1528 頁。

「皆形見於樂」，都是對「禮樂」象徵性的直接表述。「樂觀其深矣」的感慨正是針對「禮樂」有「象內」「象外」之別而言的，由此分別，才使「禮樂」不止於制度規範，「深矣」正是針對「象外」之廣之深而言的。《樂記》記載了賓牟賈請教孔子《大武》的故事〔註 113〕，孔子解說了《武》各節的動作、節奏及其象徵意義，這也足見「樂象」之「深」了。同樣，魏文侯與子夏談論「古樂」和「新樂」時，子夏批評「新樂」：「樂終不可以語，不可以道古。」〔註 114〕也是針對「新樂」在不能借古諷今，沒有意蘊的問題而言的。鄭玄注：「觀其禮可知……觀其器可知……觀其發可知」云：「國亂禮慢而樂淫也。」〔註 115〕「禮樂」的表象象徵著國家治亂，「象」有內外、表裏，所以，「禮樂之象」是「意象」的一大本質特徵。

2.「仁」為「禮樂」之「實」

「禮樂」以「仁義」為本，也即「禮樂」之「象」最終要達到通於「仁義」的目的。「禮樂之象」是具象形式，「仁」「義」才是「象外」所指。在中國傳統美學中，「仁義」是「德」於「天」的，也是主體精神境界同於天地大化的本然狀態。從具象層面講，「禮樂」極為精細繁雜，所謂「經禮三百，曲禮三千」的說法並不誇張。「禮」規定著生活的各個方面，迎送嫁娶，交往應對，無所不適。如《曲禮上》：「凡為長者糞之禮，必加帚於箕上。以袂抱而退，其塵不及長者。」〔註 116〕「車上不廣咳，不枉指。」等，可謂細緻入微。「禮」何其所以然？上文已經說過「禮樂」「取象」於「天地」，自然是肯定了「禮樂」的先在性依據。這一點，從「象外」層面講，就是「禮樂」本於「大一」，也復歸於「大一」。本於「大一」是指「禮樂」之象的創制是取象於天地自然萬物的，復歸於「大一」是在「禮樂」之象的教化下，是主體內在精神境界達到與天地大化相參不二的境界，即「仁」「義」的主體精神境界的養成。「仁」「義」作為「禮樂之象」的根本，《禮記．禮運》稱：

〔註 113〕鄭玄注，孔穎達疏：《禮記正義》，阮元校刻《十三經注疏》，北京：中華書局 1980 年版，第 1541 頁。

〔註 114〕鄭玄注，孔穎達疏：《禮記正義》，阮元校刻《十三經注疏》，北京：中華書局 1980 年版，第 1540 頁。

〔註 115〕鄭玄注，孔穎達疏：《禮記正義》，阮元校刻《十三經注疏》，北京：中華書局 1980 年版，第 1441 頁。

〔註 116〕鄭玄注，孔穎達疏：《禮記正義》，阮元校刻《十三經注疏》，北京：中華書局 1980 年版，第 1239 頁。

「禮也者，義之實也。協諸義而協，禮雖先王未之有，可以義起也。」又及：「仁者，義之本也，順之體也。」〔註 117〕這裡指出，「義」是「禮」之「實」，即使沒有先王所制定的禮儀規範，只要本於「義」，「禮」依然可以興起。而「仁」是「義」之「本」，「順之體」。理解這句話，必須結合儒家一貫的本體思想。對此，宋儒認為：「仁者以天地萬物為一體。」〔註 118〕又有朱熹注「依於仁」時說：「依者，不違之謂。則私欲盡去而心德之全也。」〔註 119〕這樣，我們可以得出，「仁」是主體經教化而形成的合於「大一」的德性，而「義」是「仁」的一端。也就是說，從理論上講，「禮樂」的深意在於教化去除七情六欲之激蕩淫發而形成合於天地自然的德性，即「成仁」的過程。反之，沒有「仁」、「義」附著的「禮樂之象」，就只是「器」「用」，沒有審美和教化的價值，更不具「意味」。《禮記・郊特牲》：「禮之所尊，尊其義也。失其義，陳其數，祝史之事也。」〔註 120〕《荀子・榮辱篇》：「循法則、度量、刑辟、圖籍、不知其義，謹守其數，慎不敢損益也；父子相傳，以持王公，是故三代雖亡，治法猶存，是官人百吏之所以取祿職也。」〔註 121〕兩者都表達了相同的意思，即「禮」以「義」為本，捨去「義」的本質追尋，「儀式」「禮儀」的形式只是官吏取俸祿的工具而已，「禮樂」具象體系的規範和教化作用就無法實現。可見，「仁」「義」作為禮樂之象的「象外」層面，是使具象符號具有審美價值的根本。也可以說，無「意」，禮樂之「象」徒然虛設。

「禮樂」以「仁」「義」為追求，實際上是「立象」「導情」的教化過程，目的在於達到美善相樂的審美境界。「導情」是制禮作樂的出發點，「立象」的做法，以「象」的象徵和譬喻功能，避免了指斥、譴責造成的言說困境。《禮記正義序》：「人生而靜，天之性也。感物而動，性之欲也。喜怒哀樂之志於是乎生，動靜愛惡之心於是乎在。……道之以德，齊之以禮。」〔註 122〕《禮

〔註 117〕鄭玄注，孔穎達疏：《禮記正義》，阮元校刻《十三經注疏》，北京：中華書局 1980 年版，第 1426 頁。

〔註 118〕程顥、程頤：《二程遺書》，上海：上海古籍出版社 2000 年版，第 65 頁。

〔註 119〕朱熹：《四書章句集注》，北京：中華書局 1983 年版，第 94 頁。

〔註 120〕鄭玄注，孔穎達疏：《禮記正義》，阮元校刻《十三經注疏》，北京：中華書局 1980 年版，第 1455 頁。

〔註 121〕王先謙：《荀子集解》，北京：中華書局 1988 年版，第 59 頁。

〔註 122〕鄭玄注，孔穎達疏：《禮記正義》，阮元校刻《十三經注疏》，北京：中華書

記・曲禮》:「敖不可長,欲不可縱,志不可滿,樂不可極。」〔註123〕此言指出,「人生而靜」是「近乎道」的狀態,而人情感於物則會廝長淫發,距「道」日遠。人之私欲不可放縱,所以要立「禮樂」之「象」引導它。《荀子・樂論》:「先王惡其亂,故制雅頌之聲以道之。」〔註124〕「夫聲樂其入人也深,其化人也速,故先王謹為之文。」〔註125〕就是針對制禮作樂(「象」)以「導情」的出發點而言的,「象」具有內外、形式與意義兩元,是象徵性的,其意蘊耐人尋味。觀者據「象」度「意」,這一審美過程就消解了「縱情」所引起的有違天地「大一」的不雅不正之舉。「象」的象徵、譬喻性是禮樂立「象」施「教」的依據。

「禮樂」的意象性,還可以從主動「制象」的過程反應出來。所立之「象」與所寓之「意」是「制禮作樂」關注的重點,「禮樂之象」的觀取和製作尤其強調合適的「形式」。原則上,將「仁」「義」教化的理性目的寓諸「禮樂之象」的感性形式,使「禮樂之象」的「客觀形式」要符合主體情感自發表達的需要,以達到理性疏導人情實施教化的目的。《禮記・檀弓上》:「曾子謂子思曰;『伋!吾執親之喪也,水漿不入於口者七日。』子思曰:『先王之制禮也,過之者,俯而就之;不至焉者,跂而及之。故君子之執親之喪也,水漿不入於口者三日,杖而後能起』。」〔註126〕曾子本來要以自己行孝禮時間達七日之久彰顯品行,而子思卻說,先王制禮,「過」或「不至」都不妥當。漿水不進,人三日後就要拄著拐杖才能站起了,批評曾子不以人的自然本性為準的過度哀傷,認為「三日」之喪的禮儀形式是理性的。又如,《禮記・檀弓上》:「弁人有其母死而孺子泣者,孔子曰:『哀則哀矣,而難為繼也。夫禮,為可傳也,為可繼也。故哭踴有節』。」〔註127〕孔子認為這種孺子之「哀泣」,雖然有利於宣洩哀思之情,但是「禮」必須「哭踴有節」,如何哭泣,如何頓足,必須有適當的形式,才能為人傳承。「三日之喪」以及「哭踴有節」的故事,都是

局1980年版,第1222頁。

〔註123〕鄭玄注,孔穎達疏:《禮記正義》,阮元校刻《十三經注疏》,北京:中華書局1980年版,第1230頁。

〔註124〕王先謙:《荀子集解》,北京:中華書局1988年版,第379頁。

〔註125〕王先謙:《荀子集解》,北京:中華書局1988年版,第380頁。

〔註126〕鄭玄注,孔穎達疏:《禮記正義》,阮元校刻《十三經注疏》,北京:中華書局1980年版,第1282頁。

〔註127〕鄭玄注,孔穎達疏:《禮記正義》,阮元校刻《十三經注疏》,北京:中華書局1980年版,第1289頁。

主張以適當的禮儀形式（「象」）達到理性抒發及約束情感（「意」）的目的。《禮記．禮運》：「何謂人情？喜怒哀懼愛惡欲七者，弗學而能。何謂人義？父慈、子孝、兄良、弟弟、夫義、婦聽、長惠、幼順、君仁、臣忠十者，謂之人義。講信修睦，謂之人利。爭奪相殺，謂之人患。故聖人所以治人七情，修十義，講信修睦，尚辭讓，去爭奪，捨禮何以治之？」〔註128〕聖人「治人七情」「修十義」並不是強制壓抑「七情」或者強制推行「十義」，而是擬定一個適當的「禮樂」形式（「象」），引導人情的自然表達。「制禮作樂」這一主動、有意識地「制象」過程，也說明制象者對「禮樂之象」的「象—意」「形—神」「體—用」「內—外」結構的深刻理解。

「仁」「義」德性是「樂教」的結果，「樂教」通過「樂象」實現。「樂象」與人之性情互相引發，互相影響，這就是「樂教」的理論和實踐依據。《禮記．樂記》：「樂也者，情之不可變也者。」〔註129〕「夫樂者，樂也，人情之所不能免也。樂必發於聲音，形於動靜，人之道也。聲音，動靜性術之變，盡於此矣。」〔註130〕人之性情和心理的各種活動狀態是樂象表現的原因和對象。「樂象」能夠疏導人情「無常」的狀態，《樂記》：「是故先王本之情性，稽之度數，制之禮義。合生氣之和，道五常之行，使之陽而不散，陰而不密，剛氣不怒，柔氣不懾，四暢交於中而發作於外，皆安其位而不相奪也；」〔註131〕極言「樂象」對於人之性情的平撫疏導作用。因此，先王區分「樂象」之「正聲」「順氣」之別：「凡姦聲感人，而逆氣應之；逆氣成象，而淫樂興焉。正聲感人，而順氣應之；順氣成象，而和樂興焉。」〔註132〕「是故其哀心感者，其聲噍以殺。其樂心感者，其聲嘽以緩。其喜心感者，其聲發以散。其怒心感者，其聲粗以厲。其敬心感者，其聲直以廉。其愛心感者，其聲和以柔。」〔註133〕

〔註128〕鄭玄注，孔穎達疏：《禮記正義》，阮元校刻《十三經注疏》，北京：中華書局1980年版，第1422頁。

〔註129〕鄭玄注，孔穎達疏：《禮記正義》，阮元校刻《十三經注疏》，北京：中華書局1980年版，第1537頁。

〔註130〕鄭玄注，孔穎達疏：《禮記正義》，阮元校刻《十三經注疏》，北京：中華書局1980年版，第1544頁。

〔註131〕鄭玄注，孔穎達疏：《禮記正義》，阮元校刻《十三經注疏》，北京：中華書局1980年版，第1535頁。

〔註132〕鄭玄注，孔穎達疏：《禮記正義》，阮元校刻《十三經注疏》，北京：中華書局1980年版，第1536頁。

〔註133〕鄭玄注，孔穎達疏：《禮記正義》，阮元校刻《十三經注疏》，北京：中華書局1980年版，第1527頁。

利用「樂象」與「情感」關係，達到「其入人也深，其化人也速」的「樂教」目的。「化」是將自我泯與大一的審美感受，以「樂象」實施「樂教」，不僅達到「善」的目的，而且具有「美」的高度。

總之，在「禮樂」與「象」的關係問題上，由於「禮樂」是出於「情感」的理性抒發，所以可以說「禮樂」是源於「情感」「興發」的客觀需要。而「禮樂」形式即「禮樂」之「象」是情感興發的具體形式。因此，王秀臣說：「六經均包含『象』，而禮儀之『象』最為普遍，也最為人所忽略。禮儀是『興』的藝術演示，『儀』通過『興』表達，『興』通過『象』實現，禮儀中的『興象』是詩歌『興象』論的實踐來源和理論來源。」〔註 134〕此言清楚地揭示了「禮樂」與「興」「象」的關係。制禮作樂作為「取象」和「象徵」的藝術，以「禮樂之象」引導情感的理性興發，達到與天地同德的「仁義」之人格境界，這也是「樂教」的美善境界。正如《禮記》云：「不知音者，不可與言音。……禮樂皆得，謂之有德。德者得也。」〔註 135〕即「禮樂」作為形式（「象」），其根本在於塑造「得天」「近道」的人之德性。「禮樂之象」在「器」「用」的層面上表現為一整套形式規範；在「體道」的層面上，旨在主體「成己」「成仁」的「德性」精神境界的形成。可以說，「禮樂之象」的譬喻和象徵，使之具有「象內」和「象外」兩個層面，這正是「意象」不可或缺的特徵。

以上內容是基於尊重概念所提出的具體語境的考察，這樣不僅能夠呈現概念的本義，源流正變，而且能夠引證「象」與中國文化精神的關係。其一，「取象」「立象」使「言說」及一切就有言說性質的藝術形式呈現出委婉含蓄、溫柔敦厚的風格。以「禮器」為例。章學誠說：「道不離器，猶影不離形也。」〔註 136〕指出凡「器」皆有「道」。此處，「器」當為禮器。「禮器」的形式作為「取象」「觀象」「制象」的智慧，目的在於呈現微妙玄遠的「道」。「禮器」在「制象」作為「體道」的媒介這一方式，較之「言」，它的形象本身就能引發主體情感和想像，使「象外」之道境這一層面在主體體驗中更具有隱婉委曲，意味無窮的特徵。據「象」觀「意」，主體將「自我」投諸「象」，形成「澄明」「大同」「大和」的審美教化是「直言」「斥言」或者王權強制規範不能達到

〔註 134〕王秀臣：《禮儀與興象》，北京：社會科學文獻出版社 2014 年版，第 18 頁。

〔註 135〕鄭玄注，孔穎達疏：《禮記正義》，阮元校刻《十三經注疏》，北京：中華書局 1980 年版，第 1527 頁。

〔註 136〕章學誠撰，葉瑛校注：《文史通義校注》，北京：中華書局 1985 年版，第 132 頁。

的。換言之，「立象盡意」已達到意蘊無窮、含蓄委婉的審美效果，成就了中國文化精神和心理的一大特徵。這一點，龐樸說：「在『形而上者謂之道，形而下者謂之器』之外或中間，更有一個『形而中』者，它謂之『象』。」將「象」置於「道」、「器」之間是符合古代哲學和美學觀念和實踐的。他繼而又說：「道無象無形，但可以懸象或垂象；象有象無形，但可以示形；器無象有形，但形中寓象寓道。」〔註 137〕這裡關於「象」、「形」、「道」、「器」關係的認識，實際上是對虛實、有無的感知。中國美學的審美傳統是須臾不離虛實、有無、形神等範疇的，而這些範疇都在「象」中生成。「象」因其不繫於成物，所以具有含蓄深遠的意蘊空間，從這個角度來說，「立象」的策略對傳統美學的影響是不可小覷的。

其二，中華美學所孜孜以求的「真、善、美」境界，也與「象」思維息息相關。這個問題，我們通過比較「樂象」與「言象」和「禮象」的區別，看出以「樂象」、「樂教」為最佳的原因就在於「樂象」是始於人情之「真」，終於「美善相樂」的藝術。「真」就是「不偽」、「不矯」。孔穎達在《毛詩注疏・關雎序》中疏「情發於聲，生成文，謂之音」一句時說：「設有言而非志，謂之矯情；情見於聲，矯亦可識。」〔註 138〕此言指出，離開源出胸臆的「情」「志」，表現在「詩」、「樂」的具體形式上就是「矯」「偽」。這是孔穎達對「詩」之「象」的認識，但是，「詩」之「象」和「樂」之「象」有別，因為在「言象」可「矯」，而「樂象」難「矯」。如錢鍾書說：「謂詩樂性有差異，詩之『言』可『矯』而樂之『聲』難『矯』。」指出「情發乎聲與情見乎詞之不可等同。」〔註 139〕孔穎達和錢鍾書對於「言象」和「樂象」的觀點，概括地說，就是反對「矯」，並且認為在「體道」方面，「言」「象」可「矯」，而「樂」「象」難「矯」。「樂象」較之「言象」，更直觀、更生動、更具有象性，更能夠在感性情感和想像中實現理性說教達不到的藝術效果，它是以「美」來代替「禮」教，更能感化人心。這一點在典籍自身也有申明，如「有言者未必有德」「樂象」「入人也深，化人也速」等。原因何在？仔細斟酌「興於詩，立於禮，成

〔註 137〕龐樸：《一分為三》，《龐樸文集》第四卷，濟南：山東大學出版社 2004 年版，第 232 頁。

〔註 138〕鄭玄注，孔穎達疏：《禮記正義》，阮元校刻《十三經注疏》，中華書局 1980 年版，第 270 頁。

〔註 139〕李友益：《錢鍾書〈管錐篇・毛詩正義〉導讀》，武漢：湖北人民出版社 2014 年版，第 35 頁。

於樂」一句可見，「詩」「禮」「樂」這三種藝術形式，雖然都是「立象」的藝術，但是它們處於人之情感活動的不同階段。「興（象）於詩」，「興」是「起」，起情、動情（心）的階段；「立（象）於禮」，用「禮」規範「情」，使之處於理性狀態；「成（象）於樂」，較之「禮」，「樂」不是理性規範，而是在承認人情善惡的基礎上以感性形式疏導。「樂象」的塑造是在具有一定長度的時間軸上、在具有一定空間範圍的情境中完成。「樂象」作為一種直觀、持續不斷、跌宕有致的時空藝術，符合人情感變動不居的特徵。因此，也是最好的教化和審美方式。同時，對於「詩」「禮」「樂」三種藝術的高下，《樂記》提出了一個標準：「德成而上，藝成而下。」這就是強調在音樂立象盡意的藝術創作中，較之具體的藝術形式，要把人的真性情與「天地」一致作為第一藝術標準，強調對人之「真性情」的疏導。「德，得也」，同為「立象盡意」的藝術，「樂象」不僅以真美善的追求為終極目的，而且其藝術形式更加符合人的本性。它教化和審美的依據是在認同「人情之所不免」的前提下，使「心之動也」的藝術。因此，在比較「樂象」與「言象」和「禮象」的過程中，我們可以看到，以「樂象」為「樂以象德」「樂以象成」的標準，實際上是強調尊重人之本真性情，在施以審美教化形成真善美的最高境界。正如聶振斌先生所說：「禮樂文化體現了儒學藝術精神，表現在四個方面：一是『人文化成』的人文精神；二是『激情導欲』的理性精神；三是陽剛之美的人格精神；四是『美善相樂』的自由精神。」〔註 140〕譬之「象」與中國文化精神，亦然。

第三節　「三玄」中的「象」觀念

《老子》《莊子》《周易》被魏晉玄學研究並稱「三玄」。從宇宙生成論的視角看，「三玄」中有豐富的「象」觀念。具體而言，「三玄」通過「幾」「微」「妙」「神」「復」「沖」「會」「變」「化」「返」「交」等論述，體現了「象」「形」互相蘊發：由「象」到「形」、由「形」到「象」循環往復的宇宙生成過程，其中也體現了以「象」為認知和審美對象的思想觀念。

《周易》提出「知幾其神」論，認為在認識和把握事物發生發展和轉變的過程中，能夠於及其微小的徵兆中準確地判斷一切變化的趨勢並做出應對，

〔註 140〕聶振斌：《禮樂文化與儒學藝術精神》，《江海學刊》，2005 年第 3 期，第 14 頁。

就是臻於神妙的人生境界了。這一論斷，是基於「幾」與「象」、「象」與「形」的辯證關係上而言的。從「三玄」相關表述來看，「象」與「形」、「神」的關係是在萬物生生不息的循環運動中體現出來的。首先，事物發生之初是以「象」、「幾」的狀態呈現的。「幾者，動之微」，從事物發生及變化的最初過程看，「幾」是事物從無到有、從「象」到「形」轉變的初始狀態，具有「象見而未形」的特徵。其次，「象」以傳「神」，老莊美學都認同「象」化生萬物的過程是一個陰陽「會」「通」「沖」「往」「復」「返」「遠」的運動變化過程。依於「動」並具有形上性使「象」生萬物的過程變現為「若有若無」「虛實相生」的美學特徵，即所謂的「神」。「神」正是對「形」、「名」之「實」具體存在的超越，而指向感官難以把握、虛實變幻、神秘莫測、只可意會不可言傳的「象」境，即「幾」「象見而未形」的神妙狀態。第三，「知幾」就是據「象」得「意」，是對細微、「未形」之「變」的把握。「三玄」中可見，「知幾」是具有一定難度的審美過程，它依賴於獨特的尚「象」思維方式。「知幾」思維方式的獨特性和複雜性決定據「象」得「意」的過程離不開主體超越的精神境界的養成。

以上，無論是物生之初即「動之微」時「象見而未形」的狀態，還是以「象」顯現的萌兆因不具形名而表現為「神妙」的特徵，以及據「象」得「意」對事物發生發展做出正確判斷的過程，都是以「象」為審美對象的。即，從「象」的起源論考察，作為萬物之所出的「象」，既是本體，又是主體認識和審美過程接近本體的方式，即據「象」得「意」。從宇宙生成的角度看，主體認識事物發生發展的過程，是以觀「象」為主要審美方式的，因此，也是「象」起源的一個方面。

一、老莊「象」觀念探析

「象」是中國傳統美學的核心要素。從「象」本體觀、「象」方法論、構象方式以及「境」思想的萌發等方面剖析，能夠揭示莊子「象」觀念的基本內涵及其與「意象」範疇的深刻聯繫。具體來說，莊子的「象」本體觀，指以道生萬物、萬物復歸於道的哲學觀為基礎，以「象」為萬物之所「出」和萬物之所「入」的本然存在。莊子的「象」方法論，表現在它通過「三言」立象盡意，寓思辨於形象，言抽象以具體，使哲學理念得以感性呈現的過程。在構象方式上，莊子以物觀物的審美關照法、純粹直覺的感知方式和譬喻象徵的具體手法，實現了超越現象世界本身，達到透視「道」這一本體的認知和審美的目的，使其美學具有深刻的哲學意味。同時，莊子以審美內在超越為旨歸，提出「言象之表」和「無竟」的概念，二者以虛通、物我兩化為主要特徵，在意義傳達上具有無限性和超越性，是「境」「意境」觀發生的濫觴。概言之，莊子「象」觀念的本體性和方法論意義，及其相關的「道」「形」「言」「意」「境」等問題，體現了中國傳統哲學向美學轉向的路徑，是中國傳統美學範疇發生的重要源頭。

對莊子「象」觀念的有關研究認為，它是從對世界本體的哲學認知中生發出來的美學概念。「道」「氣」「象」及「虛實」「有無」「常」與「變」等一系列具有哲學意味的概念，奠定了莊子對世界本體及其特徵的認知基礎。如，陳之斌《論莊子哲學的本喻：渾沌》〔註141〕指出莊子的人生觀、價值觀是由他對「渾沌」這一喻體的認知決定和建構起來的。世界本體作為有無相生、虛實相成的先驗存在，必然選擇與之同構同質的認知方式才能顯現。如，王玉彬《「無用」與「遊世」——莊子哲學中的生存方式之論析》、〔註142〕黃克劍《莊子「不言之辯」考繹》，〔註143〕均選取某一問題為管鑰，說明莊子哲學在認識和把握世界的方式上，強調無關利害的純粹體驗，在忘我忘言的審美自由中臻於「與道同遊」的境界。此外，鄭翠仙《中國美學中的純粹美感辨析》〔註144〕、梁曉萍《論「技」與「藝」與莊子的審美主體觀》〔註145〕、陶東風《從超邁到隨俗：莊子與中國美學》〔註146〕等論文論著，探討了莊子美學的感性特徵及其對中國藝術精神的影響。

以上可知，莊子美學精神是由其哲學觀決定的，並影響了中國傳統藝術精神。但是，莊子哲學是如何發生美學轉向的，又如何通過美學的方式回歸到哲學的形而上性，有待進一步澄清。從「象」本體觀、「象」方法論、構象方式以及「境」思想的萌發等方面剖析，能夠揭示莊子「象」觀念的基本內涵及其與「意象」範疇的深刻聯繫，莊子哲學由此實現其美學轉向。而「觀物取

〔註141〕陳之斌：《論莊子哲學的本喻：渾沌》，《中國哲學史》2016年第3期。

〔註142〕王玉彬：《「無用」與「遊世」——莊子哲學中的生存方式之論析》，《哲學研究》2014年第4期。

〔註143〕黃克劍：《莊子「不言之辯」考繹》，《哲學研究》2014年第4期。

〔註144〕鄭翠仙、魏東方：《中國美學中的純粹美感辨析》，《江漢論壇》2019年5期。

〔註145〕梁曉萍：《論「技」與「藝」與莊子的審美主體觀》，《中國藝術評論》2018年11期。

〔註146〕陶東風：《從超邁到隨俗：莊子與中國美學》，首都師範大學出版社1995年版。

象」「連類譬喻」、想像與象徵等構象方式的妙用，彰顯了超越「方式方法」本身的意義，在直觀體驗中生成大美之境，呈現了莊子美學向哲學形而上之境昇華的過程。

（一）莊子的「象」本體觀

「象」是中國傳統美學的核心要素。莊子的「象」本體觀，以道生萬物、萬物復歸於道的哲學觀為基礎，指以「象」為萬物之所「出」和萬物之所「入」的本然存在。莊子的「象」本體觀是通過它對「道」「氣」「象」「形」「無」「有」等概念及其關係的闡述體現出來的。具體而言，莊子的「象」本體觀是建立在「道」生萬物的過程就是由「象」而「形」的過程這一認知上的。莊子認為「道」之「虛」「無」緣於「氣」之「虛」「無」，氣聚而成象，由「氣」到「象」到「形」是從無形到有形的過程，即道生萬物的過程。換言之，離無入有、由虛入實的過程就是由「象」到「形」的過程。如《人間世》：「氣也者，虛而待物者也。唯道集虛。」〔註 147〕也就是說，「氣」充乎天地之間，「氣」之「虛」亦「道」之「虛」。然而，「道」雖「虛」但並不是真正的「無」，而是「氣充其間」的。所謂「虛而待物」，就是指「虛」中有「實」、「無」中生「有」的萬物化生運動趨勢。

莊子多次表達了「氣變而有形」的思想，他把介於無形與有形之間，虛實相生的狀態稱為「芒芴」「有象」的狀態。如《至樂》：「雜乎芒芴之間，變而有氣，氣變而有形」，疏曰：「夫道在恍惚之內，造化芒昧之中，和雜清濁，變成陰陽二氣；二氣凝結，變而有形。」〔註 148〕意思是「氣」的聚變生成萬物，是一個由「氣」之「虛」到「物」之「實」的過程。這一過程正是萬物有無相生、虛實相成之際的存在狀態，是「成象」的過程。有例證如《至樂》篇，在講述天地生萬物時說：「芒乎芴乎，而無從出乎！芴乎芒乎，而無有象乎！」疏曰：「尋其從出，莫知所由；視其形容，竟無相貌。」高岐注曰：「忽恍，無形之象。」〔註 149〕即「道」生萬物的過程，並非一蹴而就完成虛實的轉變，而是基於氣的聚散運動，從虛無的「道」「氣」到虛實、有無相參的「象」再到具體可感「形」，在「未形」之際，是「無相貌」的，是以「無形之象」的形態存在的。由以上可見，「象」與「道」「氣」異名而同質，都屬於形而上

〔註 147〕王先謙：《莊子集解》，中華書局 1954 年版，第 36 頁。
〔註 148〕郭慶藩：《莊子集釋》，王孝魚點校，中華書局 1985 年版，第 615 頁。
〔註 149〕郭慶藩：《莊子集釋》，王孝魚點校，中華書局 1985 年版，第 613 頁。

的本體範疇，作為化生萬物的本體存在，都是以「虛」「無」為本質特徵，並體現著道生萬物的動態過程。與此相對，則是有形有名的形而下具象世界。

以上說明，莊子以「象」為萬物之所「出」。所謂本體，它的另一要旨是萬物之所「入」。《至樂》稱：「萬物皆出於機，皆入於機。」〔註150〕此處，僅就句式而言，「機」被作為萬物的最高本體，實際上，它與「象」一樣，體現了物生之初、摶氣成形之際，有無相生、虛實相成的特徵。關於「機」，林自《莊子解》：「機者，動靜之主，出無入有，散有反無，靡不有之。」〔註151〕即「機」是事物運動變化過程中，從「無」到「有」、從「有」到「無」運動變化的瞬間，是有無、虛實互相轉化的瞬間，意同今文所謂「契機」「時機」之「機」。同時，「機」與「幾」為異體字，〔註152〕而「幾」是事物化生運動「象而未形」的瞬間。如《繫辭下》：「幾者動之微。」〔註153〕所謂「動之微」，就是事物初生之際微妙的變化。孔穎達《正義》曰：「『幾』是離無入有，在有無之際。」〔註154〕即「幾」是事物化生運動之初，介於有無、虛實之間的瞬間。同樣，韓伯康注曰：「幾者，去無入有，理而未形，不可以名尋，不可以形睹。」〔註155〕再次說明「幾」是事物化生之初「象而未形」的特徵。也就是說，莊子所稱「萬物皆出於機，皆入於機」的「機」，正是事物動靜變化之初，即「動之微」的「幾」。「機」（「幾」）與「象」一樣，都是事物運動變化、生滅循環中有無相生、虛實相成、在有形和無形之間變幻的瞬間性存在。莊子之「機」及其異體字「幾」，它們的運動變化實際上是虛象和具象之間的轉化。虛象是大道無形之象，也從邏輯上驗證了莊子以「象」為本體的思想。

由此可見，莊子以「道」「氣」哲學觀念為基礎，肯定了「象」本質上是道生萬物之際有無、虛實相生相成的存在，並從事物生滅循環的角度，指出似有似無、即虛即實、在有形和無形之間的「象」，正是萬物之所出入的本體，這就是莊子「象」本體觀的基本內涵。

〔註150〕郭慶藩：《莊子集釋》，王孝魚點校，中華書局1985年版，第625頁。
〔註151〕胡道靜等選輯：《道藏要籍選刊》，上海古籍出版社1989年版，第553頁。
〔註152〕李申：《「知幾其神」說》，《船山學刊》2014年第4期。
〔註153〕韓伯康、孔穎達：《周易正義》，阮元校刻：《十三經注疏》，中華書局1980年版，第88頁。
〔註154〕韓伯康、孔穎達：《周易正義》，阮元校刻：《十三經注疏》，第88頁。
〔註155〕韓伯康、孔穎達：《周易正義》，阮元校刻：《十三經注疏》，第88頁。

（二）「象」作為方法論

所謂「象」的方法論意義，是指以「象」為認知和審美的媒介、手段，《周易》提出「立象以盡意」，就具有鮮明的方法論意義。一方面，莊子的「象」觀念繼承了老子「大象無形」的思想，如上文所述，認為「象」與「道」同屬於本體範疇；另一方面，莊子的「象」觀念也吸收了《周易》「立象以盡意」的思想，以「象」為具體的認知和審美方法，主張通過「立象」「觀象」達到「體道」「盡意」的言說目的。具體來說，莊子以「象」為認知和審美方法論的思想指通過「三言」立象盡意，寓思辨於形象，言抽象以具體，使哲學理念得以感性呈現。換言之，「象」既是認知和審美的媒介，又是審美主體的思維方式。

莊子在「體道」的理論和實踐上，堅持以「象」而非「言」為媒介。原因在於，莊子認為，「言」的能指範圍是有限的，而「意」是無限的，「以有涯隨無涯，殆矣。」在「言」的有限性方面，《秋水》疏曰：「夫言及精粗者，必期限於形名之域，而未能超於言象之表也。」〔註 156〕認為「言」適用於「形名之域」，但是卻不能達到「言象之表」。「言象之表」的「表」，對應的是語言所立之「象」本身。莊子認為，語言所立之「象」和「言象之表」是認知和審美的兩個層面，如莊子取象於「鯤鵬」，「鯤鵬」這一事物本身屬於「言象」的層面，而「鯤鵬」以忘我的境界遊於無窮則是「言象之表」所指涉的範疇。也就是說，「言象之表」是「意」「道」的境界，是「無限」的，而「言象」是有限的。因此，莊子否定以「言」為媒介論「道」。再如《知北遊》：「道不可言，言而非也。知形形之不形乎？道不當名。」〔註 157〕此處「形形者」指生成有形之物的本體，即「道」。一切「有形」出於「無形」，「有形」可以以「言」論，而「無形」則「辯不若默」「聞不若塞」，也鮮明地否定了「言」在體「道」上的可能性。

但是，莊子否定「言」在表意上的絕對性，並非意味著他是不可知論者。實際上，莊子只是強調以獨特的言說方式「盡意」「體道」。具體來說，就是以寓言、重言、卮言「三言」的方式「盡意」「體道」，而「三言」的實質是「立象盡意」，即莊子主張以「立象」「觀象」為認知和審美的途徑。通過「立象」獲得超以象外的審美感受，在莊子裏隨處可見。如《逍遙遊》：「有鳥焉，其名

〔註 156〕郭慶藩：《莊子集釋》，王孝魚點校，中華書局 1985 年版，第 573 頁。
〔註 157〕王先謙：《莊子集解》，中華書局 1954 年版，第 36 頁。

為鵬，背若太山，翼若垂天之雲，摶扶搖羊角而上者九萬里，絕雲氣，負青天，然後圖南，且適南冥也。」〔註158〕再如《人間世》:「匠石之齊，至於曲轅，見櫟社樹。其大蔽數千牛，絜之百圍，其高臨山十仞而後有枝，其可以為舟者旁十數。」〔註159〕《人間世》:「支離疏者，頤隱於臍，肩高於頂。〔註160〕以上可見，莊子把我們的注意力聚焦於他所呈現的物象上，大鵬之氣魄、櫟樹之繁盛、畸人之形貌，立現於紙上，極具形象性，從而提升物象本身作為審美目的的感知，使審美主體不至於僅將注意力侷限在物象本身，而產生超越物象之外的聯想和想像。這種「觀象」的心理狀態，促成了「道」之無與「象」之有、「道」之抽象與「象」之具體互相引發之勢，通過「三言」所立之「象」,「道」的玄妙意味自然呈現出來。從這個意義上說,「三言」的言說方式正是「立象盡意」這一傳統的具體實踐。

實際上,「三言」「立象」的行為本身就是「寄寓」性的，它的目的在於通過「象內」與「象外」的層次對比，把人的審美注意力引向「象外」的層面，即「立象」具有鮮明的言說策略的性質。成玄英疏「三言」:「卮言，不定也。曼衍，無心也。重，尊老也。寓，寄也。」〔註161〕指出了「三言」所立之象不實不繫的特點。究其原因可見，莊子取「象」之「大」,「獨與天地精神往來而不敖倪於萬物」，取象「不定」「無心」，流漫無常，不知所云，無非是為了達到「無言」而「無不言」的目的，即「體道」「盡意」的目的。莊子只是借「三言」所立之象作為認識對象世界的媒介和方式，正如龐樸說:「在『形而上者謂之道，形而下者謂之器』之外或之間，更有一個『形而中』者，它謂之『象』。」〔註162〕莊子對「道」的體認，也是借「形而中者」——「象」來實現的。從認知和審美的方法論意義上，莊子是以立「象」為手段，以獨特的尚象思維方式，創造了雖在「言」而「忘言」、充斥著情感、想像，含蓄變化而又意味無窮的意義世界，實現了抽象理念的感性顯現，這就是莊子以「象」為方法論的具體內涵。

值得一提的是，莊子的尚象思維方式並不等於莊子所立之「象」都是具象，就「三言」來說，作為認知媒介的「象」，不僅有具象，如螻蟻、尿溺等，

〔註158〕郭慶藩:《莊子集釋》，王孝魚點校，中華書局1985年版，第12頁。
〔註159〕郭慶藩:《莊子集釋》，王孝魚點校，中華書局1985年版，第170頁。
〔註160〕郭慶藩:《莊子集釋》，王孝魚點校，中華書局1985年版，第180頁。
〔註161〕郭慶藩:《莊子集釋》，王孝魚點校，中華書局1985年版，第1100頁。
〔註162〕龐樸:《一分為三》,《龐樸文集》卷四，山東大學出版社2004年，第232頁。

更是主動創設的「意中之象」，如南冥、大鵬等。但是，無論是具象（客觀存在）還是「意中之象」（主觀想像），都具有象徵意味，能夠引發人們對「象內」「象外」多重意義的關聯想像。也正是在這個意義上，我們說，莊子的「象」不僅是認知方式，更是思維方式。

（三）莊子構象的具體方式

莊子所立之象並不是生活中真實存在的事物，而是主體主動創構的。所謂「主動」，是指為了達到「盡意」「體道」的審美境界，而有意識地運用某種策略、方式。就莊子的意象創構過程而言，是藉以物觀物的審美關照法，運用直覺思維，通過譬喻象徵的具體手法，進行意象創構的。

1. **以物觀物的審美關照法**。何為「物」？《周易》:「盈天地之間者唯萬物。」〔註 163〕《達生》:「凡有貌相聲色者，皆物也。」〔註 164〕這裡，「物」指有具體形象的、可聞可見可感的事物，是「實」的，等同於客觀事物、具體形象。《周易》:「精氣為物，遊魂為變，是故知鬼神之情狀。」〔註 165〕這裡的「物」則是「精氣」，即微小玄妙、由微而顯、化生萬物的「大象」。應該說，「物」在文獻中的意義，既可以指客觀存在、有形有名的具體事物，也可以是萬事萬物之所由出的「物物者」。何為以物觀物？作為一種體察和把握世界的方式，胡雪岡說:「中國人欣賞外物的極境，不是『以我觀物』，而是『以物觀物』。」〔註 166〕「以我觀物」是將自然人化，以「我」之感受推及自然萬物;「以物觀物」則是主體自覺消解客觀存在的「我」，把自我物化、自然化，觸類旁通，以實現自我與世界無差別地共存。顯然，在胡雪岡先生看來，「無我」「忘我」的觀物方式更勝一籌。

《逍遙遊》最能體現莊子「以物觀物」的認知和審美原則。關於「逍遙」，郭慶藩對《逍遙遊》這一篇的篇名注曰:「小大雖殊，而放於自得之場，則物任其性，事稱其能，各當其分，逍遙一也，豈容勝負於期間哉？」〔註 167〕即「逍遙」是物任其性，自適自得，不累於勝負等標準的存在狀態。顧桐柏說:「逍者，銷也；遙者，遠也。銷盡有為累，遠見無為理，以思而遊，故曰逍

〔註 163〕王弼、孔穎達:《周易正義》，阮元校刻:《十三經注疏》，中華書局 1980 年版，第 95 頁。
〔註 164〕王先謙:《莊子集解》，中華書局 1954 年版，第 157 頁。
〔註 165〕黃壽祺、張善文:《周易譯注》，上海古籍出版社 2001 年版，第 535 頁。
〔註 166〕胡雪岡:《意象範疇的流變》，百花洲文藝出版社 2002 年版，第 236 頁。
〔註 167〕郭慶藩:《莊子集釋》，王孝魚點校，中華書局 1985 年版，第 1 頁。

遙。」〔註 168〕此種解釋可以說是很有見地的，「銷盡有為累」就是出世的人生態度，「以思而遊」指出「逍遙遊」的精神性特徵，將無所纍之心放之於天地間，即為「逍遙」，也體現了「虛己」「遊心」的審美心理特徵。

再如，莊子主張「虛室生白」而反對「機事」「機心」，即以「墮肢體，黜聰明，離形去知」的態度，去感知世界，其實質仍然是自覺消解自我，以物觀物。《人間世》：「瞻彼闋者，虛室生白，吉祥止止。」〔註 169〕瞻，闚照也，闋，空也。夫視有若無，虛室者也，虛（室）而純白獨生矣。虛，空也；室，指人心（室）；白，即道。與之相應，莊子反對投機取巧的心理和行為。《天地》：「有機械者必有機事，有機事者必有機心。機心存於胸中，則純白不備；純白不備，則神生不定；神生不定者，道之所不載也。」〔註 170〕關於「機心」，朱良志先生解釋說：「機心就是巧，而純白的境界則是道之拙。」他說，「機心」意味著目的性活動而非自由的境界創造；知識的活動從而形成對生命真性的遮蔽；以「定法」而形成的活動，法定而澄明之心不存。〔註 171〕可見，在莊子看來，「機心」是與「體道」的境界背道而馳的。達到「道」的審美境界，只能是運用「心齋」「坐忘」等方法，使自己達到「無我」「虛心」的精神狀態，以自我同於萬物，從而與「道」之虛無的特徵交接旁通。

2. **純粹直覺的感知方式**。純粹直覺是一種現象學的原則和方法，它要求回到事物本身，重新發現世界。這種感知方式的特點是不依靠概念、邏輯、推理等方式對直覺對象進行分析或取捨，而是以一種超感性的思維方式，從現象直達本質，揭示直覺對象的本質客觀。感知是以身體感官的感受為基礎的，但是，莊子否定一般意義上的感官感知，而主張以純粹直覺的方式感知。例如，《人間世》描述了「聽覺」這種感知方式應該有的純粹性：「若一志，無聽之以耳而聽之以心，無聽之以心而聽之以氣。聽止於耳，心止於符。氣也者，虛而待物者也。唯道集虛。虛者，心齋也。」〔註 172〕「一志」即包括知、情、意在內的一切心理、情感、意識等主體思維活動集中在一處的狀態，莊子認為，在這種感知方式下，是可以「聽氣」「聽虛」的，相對於耳朵和心的

〔註 168〕成玄英：《莊子注疏·序》引顧桐柏語。引自郭慶藩：《莊子集釋》，王孝魚點校，中華書局 1961 年版，第 7 頁。

〔註 169〕郭慶藩：《莊子集釋》，王孝魚點校，中華書局 1985 年版，第 150 頁。

〔註 170〕郭慶藩：《莊子集釋》，王孝魚點校，中華書局 1985 年版，第 433 頁。

〔註 171〕朱良志：《真水無香》，北京大學出版社 2009 年版，第 94 頁。

〔註 172〕郭慶藩：《莊子集釋》，王孝魚點校，中華書局 1985 年版，第 147 頁。

認知範圍，才是對事物本真狀態的把握。

再如，視覺的感知方式，《庖丁解牛》提出「以神遇而不以目視」主張：「臣之所好者道也，進乎技矣」「臣以神遇而不以目視，官知止而神欲行」。在莊子看來，「道」是認知的最高境界，感官止於形名聲色的認知，而「神」才是可以超越現象把握本質的。這裡的「神」實際上是一種精神性的「觀」，同「觀物取象」之「觀」。《說文》：「觀，諦視也。」《穀梁傳》曰：「常事曰視，非常事曰觀。」〔註173〕「諦視」有意向性、選擇性注意力關注的精神體察，對象是「非常事」，即肉眼不可見的某種本質。何為「非常事」？如《周易》「觀」卦，《正義》曰：「王者道德之美而可觀者也。」《本義》曰：「觀者，有以示人，而為人所仰者也。」〔註174〕再如：《周易》「賁」卦《彖》曰：「觀乎天文，以察時變；觀乎人文，以化成天下。」《集解》引干寶曰：「觀日月而要其會通，觀文明而化成天下。」〔註175〕「道德之美」「天文」等觀察對象，有一種隱含的深意有待「顯示」，需要主體以「敬」「仰」之心去領會，即「滌除玄覽」以「會通化成」。可見，這種「觀」，不同於日常的「看」，而是以回到事物本身，發現意義為目的的本質直觀。

3. 譬喻象徵的具體手段。譬喻和象徵二者都具有「託物言志」的特點，從形式上看，具有表裏、內外、隱顯的意義結構。象徵經常以符號的形式使言說對象獲得更大的闡釋空間。比喻，聞一多先生在解釋「隱語」時說：「喻訓曉，是借另一事物把本來說不明白的說得明白點。」〔註176〕劉向《說苑》記載了惠子「言事也善譬」的故事，他向梁王解釋「彈之狀」時，用了「彈之狀如弓」的比喻，證明自己「無譬不能言」「夫說者，故以其所知諭其所不知而使人知之」〔註177〕的言說策略，也體現了「喻」的特徵和作用。

莊子大量使用譬喻象徵的手法，說明深奧的道理。如《應帝王》講述「七竅開而渾沌死」的故事，寓言通過以耳目口鼻加之於渾沌，以期渾沌獲得對具體客觀世界的體驗，卻導致渾沌死亡的故事，生動地揭示「道」渾然一體，不同於具體事物有差別性地存在的本質。再如「濠梁之辯」講了「遊魚之樂」

〔註173〕白本松譯注：《春秋穀梁傳》，貴州人民出版社 1998 年版，第 22 頁。
〔註174〕黃壽祺、張善文：《周易譯注》，上海古籍出版社 2001 年版，第 172 頁。
〔註175〕黃壽祺、張善文：《周易譯注》，第 189 頁。
〔註176〕聞一多：《說魚》，《詩經研究》，巴蜀書社 2002 年版，第 66 頁。
〔註177〕劉向：《說苑全譯》，王瑛、王天海譯，貴州人民出版社 1992 年版，第 471 頁。

的故事，通過類似詭辯的形式，揭示拘泥於具體事物之分別的認知方式的侷限性，以及「以道觀之」「萬物與我為一」的至境。此外還有「白駒過隙」「吾生天地間，猶小石小木之在大山也」等，譬喻象徵在莊子「立象盡意」的實踐中可謂俯拾皆是。這種取象於一物，譬之以另一物，使鑒賞者在兩個物象的想像與聯想中生成新的審美感受和體驗的做法，使得所取之「象」具有深微而廣大的意義涵容量。

（四）「言象之表」與「境」觀念的萌發

麻天祥在禪宗思想淵源的研究中認為，禪宗核心觀念「離相」「無念」「見性」是不斷擷取、創造性轉化老莊思想而成的，「禪宗是大眾化的老莊哲學」〔註 178〕。換言之，就超越物我二元對立、創造心靈化的意境而言，雖然禪宗之「空」與老莊之「境」是一對相似的概念，但是後者更具有「起源」意義。莊子「境」觀念的要義確已包含在「言象之表」「有境」「無竟」等概念之中。《秋水》在疏「粗精」一句時提出了「言象之表」和「有境」兩個概念，認為「粗精」之論「未能超於言象之表」「並未出於有境」。〔註 179〕這裡，「未能超於言象之表」是指語意所指仍停留在事物大小、形態、顏色等客觀實在上，仍屬於有名有形、可觀可感的「形名之域」，即「有境」。「有境」不是認知和審美的最高層次，老莊始終保持著對「道」虛無之境的審美趣味。比如，莊子《齊物論》提出了「無竟」的概念：「忘年忘義，振於無竟，故寓諸無竟。」〔註 180〕「竟」，《說文》解：「疆也。」「樂曲盡為竟。」可見，「竟」指邊界的盡頭，「無竟」的「無」應為「竟」的定語，是沒有盡頭、無限之意。對此，明人釋德清解釋道：「無竟者，乃絕疆界之境。即大道之實際，所言廣漠之鄉，曠埌之野，皆無竟之義。」〔註 181〕「絕」，為否定，即沒有界限的境域。由此可見，「無竟」的特徵之一是時空的無限性，莊子把這種境域比喻為廣漠之鄉、曠埌之野。同時，「無竟」與「道」之境域相通，即所謂「大道之實際」，而「道」是以虛無為特徵的，是「無竟」，「無竟」乃「有境」之所出，才是認知和審美的最高追求。通過對「言象之表」「有境」「無竟」這三個概念的分析，我們可以看出，「境」觀念的內涵實際上與「言象之表」（「言象」，就莊子而

〔註 178〕麻天祥：《中國禪宗思想發展史》，武漢大學出版社 2007 年版，第 1 頁。
〔註 179〕郭慶藩：《莊子集釋》，王孝魚點校，中華書局 1985 年版，第 573 頁。
〔註 180〕郭慶藩：《莊子集釋》，王孝魚點校，中華書局 1985 年版，第 108 頁。
〔註 181〕陳鼓應：《莊子今注今譯》，中華書局 2009 年版，第 99 頁。

言，是「三言」所立之象）、「無境」是一致的。換言之，「象表」「象外」所指涉的就是超越物象本身無限自由的審美之境。

既然莊子的「象表」之說是「境」觀念的萌芽，那麼，有必要進一步講清楚莊子是如何實現由「象」到「境」的超越的。分析莊子所立之象，可見其不實不係、玄幻恣肆的特點。具體來說，一是無限的「自然之象」，即道生萬物之初，未分形名之際，陰陽蘊藉、在有無和虛實之間的「大象」，如太虛、玄冥、六極之外、無何有之鄉等；二是主動創構的「意中之象」，如鯤鵬、大椿樹、畸人形象等。這兩類「象」，共同的特徵是不屬於耳目官感認知的客觀真實，而是需要審美主體投入情感、想像才能體驗的主觀真實。在主體調動心理、情感、想像等主觀因素，主動去把握莊子所立之象時，就產生了不侷限於客觀真實、「與道同遊」、物我兩化的審美體驗。這種審美體驗，從審美主體的人格方面來說，是「境界」，從審美和藝術精神來說，是「意境」。

首先，莊子所塑造的「自然之象」，是不憑依於外物而自發存在並按其規律自覺運行的「自然」，是主體感官體驗的對象。考察莊子對「自然之象」的描述，可見「時空」的無限性是其表現的重點。郭象《莊子序》說：「獨化於玄冥之境而淵源深長也」，「經崑崙，涉太虛，而遊忽怳之庭矣」，其中「玄冥之境」「崑崙」「太虛」「忽怳之境」都具有虛無、無限的特徵。再如「遂綿邈清遐，去離塵埃而返冥極者也」，〔註 182〕以及《莊子集解》：「楚之南有冥靈者，以五百歲為春，五百歲為秋；上古有大椿者，以八千歲為春，八千歲為秋。」〔註 183〕此處所謂「冥極者」「冥靈者」以及八千歲為一瞬的「春秋」都是「時空之象」，所以說，莊子所稱述的「自然之象」，實際上是時空的無限之境。大鵬翱翔之高遠，大樹蔭庇之廣袤，南冥北冥之遙遠，「六極之外」「無何有之鄉」「壙埌之野」，莊子以詩意的眼光，塑造了一個容納生命及其運化不息的自然時空，其間大化流行無始無終，足以令審美主體從外在感官體驗方面頓生慷慨之情。客觀地說，主體的思維和意識總是指向某一審美對象的，在莊子而言，這一審美對象就是由具體物象所形成的無限時空，即「自然」。莊子對無限的「自然之象」的審美體驗，是莊子美學由呈現物象世界到生成象外之境的第一階段，它最終要完成從外在「物象」到內在「意境」的超越。

〔註 182〕郭慶藩：《莊子集釋》，王孝魚點校，中華書局 1985 年版，第 3 頁。
〔註 183〕王先謙：《莊子集解》，中華書局 1954 年版，第 3 頁。

其次，從「象」到「境」，是無物無我、忘情去智的過程，這一過程就是主體通過精神境界的昇華，最終實現超以象外、物我融合的大美「道」境的審美體驗，即主體精神「自由之境」。具體而言，莊子的「氣」論思想奠定了物我兩化的基礎。「氣」是「物物者與物無際」的關鍵，即「氣」的貫通循環是物我兩化，實現無我之境（「自由」）的基礎。從形而上的層面講，人與萬物雖殊異，但都以「氣」的形式參與大化流行。「人之生，氣之聚也，聚則為生，散則為死。」〔註 184〕按照莊子的「氣化」邏輯，主體不僅可以在時空之境中生存，而且可以以「氣」的形式「與道同遊」，入於無限之境。「氣」具有「虛」「通」和流動的特點，「道」亦如此。因此，「氣之所聚」的主體，都可超越時空、超越現實和自我形骸，融入宇宙本體之中，體驗主體生命與宇宙本體冥契無間的化境，從有限的感性生命中感受無限的生命自由，從而生成「悠然而往，悠然而來」，「乘天地之正，而御六氣之辯，以遊無窮」的自由境界。

除「氣」的形而上哲學基礎決定了自然之象具有向自由之境超越的可能之外，莊子認為，由無限的自然物象到大美「道」境和主體精神的「自由之境」，還必須審美主體去除「認知心」「嗜欲心」和「仁義心」桎梏的「有待」狀態〔註 185〕，這實質上是主體精神境界的養成。如徐復觀先生所言：「他們所追求的最高境界『道』這一問題上，……只從他們由修養的工夫所到達的人生境界去看，……本無心於藝術，卻不期然而然地會歸於今日之所謂藝術精神之上。」〔註 186〕顯然，此說「修養的工夫」是指莊子所謂「心齋」「坐忘」「喪我」「無己」的「虛靜」狀態，能夠拋卻自身侷限和現世之累，才能真正實現「得道」「體道」的精神自由之境。在強調主體修養方面，莊子亦把人生作為審美對象，他審美地關照現實，通過內在的反思涵養超越現實，實現人生體驗之無限。這些論述，都表現了莊子「境」觀念在主體精神自由和人格境界方面的美學思想，使莊子的「境」不只停留在自然時空的層面上，而且拓展到主體心靈、人格境界上，即心靈的「自由之境」，這才是莊子「無竟」思想的真正意義所在。

以上我們主要分析了莊子的「象」觀念，在其哲學思想中，具有近乎「道」

〔註 184〕郭慶藩：《莊子集釋》，王孝魚點校，中華書局 1985 年版，第 733 頁。
〔註 185〕蒙培元：《心靈超越與境界》，人民出版社 1998 年版，第 209～211 頁。
〔註 186〕徐復觀：《中國藝術精神》，商務印書館 2010 年版，第 57 頁。

的本體意義。而對本體的把握，是哲學的最高目的。在莊子的哲學體系中，不可知不可說的本體，要用非常態化的物象去呈現，因此就出現了「三言」「立象盡意」的言說策略，即以「象」為通向本體認知的方法。在立象、觀象時，意象的創構主體和審美主體，都必須在「忘我」「去智」的狀態下，以虛靜之心關照物象，感受象外之意。以「象」為媒介，當自我與宇宙大化貫通之際，就是審美的自由之境。這個過程，是人主動參與的過程。人文因素的增長，改變了哲學極為克制、理性、思辨的特徵，轉向以一種充滿生機和情感的詩性方式把握世界。

而且，莊子構象的具體手法是充滿詩意的，既自覺以萬物一體的審美關照法為原則，同時以超感性的認知方式把握事物本質，並運用譬喻象徵的手法，將難以稱名的本質化為一系列意象，使人在「觀象」中「知意」。可以說，莊子構象的過程，從受眾的角度說，就是對莊子所立之象的理解和闡釋過程。以物觀物的審美關照法、純粹直覺的感知方式和譬喻象徵的具體手法，也實現了超越現象世界本身、達到透視「道」這一本體的認知和審美的目的。即，莊子以詩性的、美學的方式實現了對世界本體的哲學思考。

以莊子的「象」觀念為核心的考察，能夠展現莊子哲學影響下中國美學和藝術精神的特點。第一，莊子基於「道」而闡發出「言」「象」「言意之表」（「象外」）等思想，在「象」本體、「象」方法論、構象方式以及「境」觀念的萌發等方面的內容，與中國傳統美學「道」「氣」「名」「言」「心」「象」「虛實」「有無」「形神」「意境」等範疇息息相關，有助於我們在多元文化中確認自我，保持自信。第二，莊子「取象」「立象」「構象」的實踐，體現了中國美學高昂的主體意識和生命精神。自然、社會、人生都是莊子的審美對象，以「三言」「立象盡意」，將有形有限的物象世界拓展到無形無限的「道」的境界。這一昇華，是建立在人的自我與世界同一性上的，從而將人生境界、人的主體性最大化。這一點，使其極具美學意味。第三，莊子在論人生境界的超越時，不迴避人性慾念，以「氣」化理論夯實了人生境界超越的可能性，以「心齋」「坐忘」等方式作為個體與世界「化」而「同」的過程，為物我兩化的人生境界，構建了理論基礎和實踐路徑。相對於封建道德、禮教規範對「善」的單向度立法，莊子此論對中國傳統美善觀之盡善盡美、美善合一的要義具有發明之功。

二、《周易》「觀象」與「知幾」之辨析

觀象」語出《周易》:「仰則觀象於天，俯則觀法於地」，強調以心靈精神省察，據「象」得「意」，把握細微、「未形」之「變」。「知幾」也語出《周易》:「知幾其神」，認為「知幾」是一個有難度的認知和判斷過程，能夠於運動變化之中，把握時機，則堪稱合於神道。「觀象」和「知幾」具有共同的美學內涵，一是兩者都強調審美及美感是一個動態生成的過程；二是兩者都證實了審美活動以「象」為核心；三是兩者都強調主體獨特的審美和認知心理在美感生成中的作用。但是，兩者也有明顯的差異，即「觀象」強調美感生成的過程性，「知幾」強調美感生成的瞬間性。意象創構是主體在對「象」的感悟（「觀象」）的基礎上，瞬間完成美感生成（「意」「象」融合）的過程。通過比較「幾」與「象」的概念，辨析「觀象」與「知幾」的異同，指出兩者與意象動態「生成」的特徵、意象兩元基本結構、尚象思維以及主體獨特的審美認知能力、意象生成的瞬間性特徵密切相關。「觀象」和「知幾」都是先秦時期的重要美學概念，從意象創構的視角解讀，有助於豐富和充實意象研究的成果。

「意象」理論研究，是當前學界的一個熱點。以中國古代意象思想的產生和流變，以及近代朱光潛、王國維、宗白華、錢鍾書等人對意象理論的闡釋為基礎，近年來，朱志榮先生在汪欲雄先生「意象三書」的基礎上，發起了「美是意象」問題的大討論，眾多學者包括蘇保華、何光順、簡聖宇、郭勇健、韓偉等參與了討論。討論以「美是意象」說為論爭的中心，諸位學者從多角度切入問題，在「意象」範疇價值重估、「意象」與「美」的關係、「意象」與「現象學」、中西意象理論比較、以及學術研究的方法和邏輯等問題各抒己見，對於充實中國傳統意象思想、辨析與「意象」相關的概念和範疇起到積極作用。

就「美是意象」說而言，朱志榮先生提出該問題的本意在於重申中國傳統「意象」範疇的核心地位，及其與中國美學精神的關係，建構其以「意象」為核心的中國特色美學理論體系。這一學說在學界引起了廣泛的討論，「照著說」「接著說」蔚為壯觀。但是，回歸「意象」發生的語境可知，「意象」的發生始於「道」生萬物的哲學背景，「象」是事物尚未成「形」之前的存在狀態，是一個虛實相生、有無相成的形而上概念。人對世界的認知和審美過程是「觀象」「得意」的過程。「象」作為「觀」「感」的對象，本身就是「意中之象」，

是「意象」。在此前提下，討論意象的審美特徵和意象創構的過程，才是最貼近「意象」本意的。

先秦時期是藝術和審美的萌芽階段，尚未形成確定的美學概念或體系，甚至在表述相同或相近的思想時，使用了不同的詞語。因此，我們在考察某一問題的時候，要關注和辨析此類現象。此部分以「觀象」和「知幾」為辨析考察對象，分析二者是如何體現意象創構過程性及其瞬間性特徵的。「觀象」語出《周易》:「聖人設卦觀象」「古者包犧氏之王天下也，仰則觀象於天，俯則觀法於地」，〔註 187〕所觀之「象」無論是卦象，還是自然之象，目的在於明吉凶、通神明之德或類萬物之情。「知幾」也語出《周易》:「知幾其神乎？……幾者，動之微，吉之先見者也。……君子見幾而作，不俟終日。」〔註 188〕「知幾」就是要根據事物發展變化的某種徵兆，做出正確的判斷和應對。先秦時期，受制於社會發展水平，《周易》中的「觀象」和「知幾」都帶有明顯的「目的性」，尚不能視為純粹的審美活動。但是，從今天意象創構的理論反向觀察，我們發現，意象創構過程中的重要因素，如「物象」「事象」、主體的感悟、判斷和創造以及主客、物我、意象融合而生成美感等，都蘊含在「觀象」「知幾」的基本內涵中。本文從審美及美感的動態生成、「象」的核心地位以及審美和認知心理三個方面分析「觀象」和「知幾」的相似之處。同時，「觀象」和「知幾」又各有側重，從意象生成的過程性和瞬間性來看，「觀象」更側重於意象創構的過程，是由量變到質變的醞釀階段，而「知幾」更側重於意象生成的瞬間。概言之，「觀象」和「知幾」既有相成之處，又各有畛域，本文立足文本，從三個方面討論其共同之處，分析其不同之處，並從簡析兩者意象創構理論的建構意義。

（一）「觀象」與「知幾」的三個共同特徵

1. 就「幾」與「象」的概念而來，兩者都是動態變化的審美過程。先看「幾」的變化屬性。

《繫辭下》:「幾者，動之微」。〔註 189〕

〔註 187〕王弼、韓伯康注，孔穎達疏:《周易正義》，阮元校刻:《十三經注疏》，中華書局，1980 年，第 81 頁。

〔註 188〕王弼、韓伯康注，孔穎達疏:《周易正義》，阮元校刻:《十三經注疏》，中華書局，1980 年，第 88 頁。

〔註 189〕王弼、韓伯康注，孔穎達疏:《周易正義》，阮元校刻:《十三經注疏》，中華書局，1980 年，第 88 頁。

周敦頤《通書．聖》:「動而未形，有無之間者，幾也」。〔註 190〕

王夫之《周易外傳．屯》:「陽方來而交陰，為天地之初幾，萬物之兆始」〔註 191〕。

「動之微」的「動」，是指陰陽交匯、消長化生萬物的循環運動。「幾」與「動」是相即不離、互相發明的關係，是道生萬物之初萌發、萌動之勢。程頤更是賦予「幾」以「生物」者的意義。他說：

「一陽復於下，乃天地生物之心也。先儒皆以靜為天地之心，蓋不知動之端乃天地之心也。」〔註 192〕

「生物」亦即宇宙萬物化生運動，依程氏之見，相對於「靜」，這種化生運動是天地最根本的狀態。而「動之端」與「動之微」一樣，是事物從無到有的初始時刻。再如，牟宗三先生說：

「『幾』這個觀念就是採取最開始最具體最動態的觀點看。……任何一件事，開始一發動就是『幾』。」〔註 193〕

也把「幾」作為一個動態過程的初始狀態。可見，「幾」與「動」互相依存，在生生不息的動態過程中，「動」中有「幾」，「幾」中有「動」。

同樣，「象」也是不斷運動變化的。「象」是道生萬物的過程中，由「道」到「形」的中間狀態。它具有虛實相生、有無相成的特徵，是事物生滅循環的過渡和媒介。「觀象」也是在變化之中預知事態的發展、判斷吉凶、調整行動，《周易》多處體現了「象」的變化莫測、玄之又玄。例如：

《說卦傳》:「八卦相錯。數往者順，知來者逆，是故《易》逆數也。」〔註 194〕

《繫辭下》:「夫《易》，彰往而察來，而微顯闡幽」。〔註 195〕

「數」乃天數、玄機，即易象在交錯、斷連的形式中，隱含著過去和未來的玄機。以上兩句以「往」「來」為喻，彰顯出現時時空之「實」的有限性和歷時時空之「虛」的無限性，「通」、「幽」使「象」在虛實之間呈現的意味

〔註 190〕周敦頤：《周敦頤集》，中華書局，1985 年，第 87 頁。

〔註 191〕王夫之：《周易外傳》，中華書局，1977 年，第 15 頁。

〔註 192〕程頤：《二程集．周易程氏傳．復》，中華書局，1981 年，第 819 頁。

〔註 193〕牟宗三：《周易哲學演講錄》，華東師範大學出版社，2004 年，第 9 頁。

〔註 194〕王弼、韓伯康注，孔穎達疏：《周易正義》，阮元校刻：《十三經注疏》，中華書局，1980 年，第 94 頁。

〔註 195〕王弼、韓伯康注，孔穎達疏：《周易正義》，阮元校刻：《十三經注疏》，中華書局，1980 年，第 89 頁。

突顯出來。這樣，在有無、虛實之間，「象」的「幽隱」、「神妙」使它在事物生生不息的運動變化中，顯示出事物盈虛消長、存在與虛無，呈現與非呈現動態變化。

綜上，「象」和「幾」都具有「動」的意味，這是由道生萬物的氣化運動哲學思想決定的。孔穎達《周易正義》曰：

「幾者，去無入有，理而無形。」〔註 196〕

一語道盡「幾」蘊含在有無變幻之間的特徵。唐華《中國易經哲學思想原理》也說：

「宇宙間一切物象、事象，無有一刻不變。因其有變，而有生、長、衰、滅，新陳代謝。」〔註 197〕

明確指出「象」的運動變化特徵。所以，「觀象」或「知幾」都具有在有無、虛實此消彼長、交互運動中見微知著，在已然和未然之間做出判斷的涵義。

2. **二者都以「象」為審美和認知活動的核心。**「觀象」和「知幾」都以「象」為審美和認知活動的核心。「象」介於「道」和「器」之間，它無形到有形、由虛入實、氤氳化生的狀態。龐樸曾經這樣描述「象」在「道」化生萬物過程中作用。他說：

「在『形而上者謂之道，形而下者謂之器』之外或之間，更有一個『形而中』者，它謂之『象』。」〔註 198〕

這個「形而中者」的「象」，從特徵上看，是陰陽二氣絪結，事物從無到有、由虛入實、有無相生、虛實參半的一種存在狀態。參照林方直所說：

「《易》之原初的『象』便具有『幾』的性質」。〔註 199〕

這一說法，筆者認為，「幾」就是原初之「象」，「知幾」審美和認知活動的核心也在於對「象」的感悟、判斷。

理論上講，「幾」乃「動之微」、「象見而未形」，此處「微」和「未形」正是「象」的虛實參半、若有若無的根本特徵。《繫辭下》：

〔註 196〕王弼、韓伯康注，孔穎達疏：《周易正義》，阮元校刻：《十三經注疏》，中華書局，1980 年，第 88 頁。

〔註 197〕唐華：《中國易經哲學思想原理》，弘揚圖書有限公司，2013 年，第 231 頁。

〔註 198〕龐樸：《一分為三》，《龐樸文集》第四卷，山東大學出版社，2004 年，第 232 頁。

〔註 199〕林方直：《「幾」的藝理》，《陰山學刊》，2015 年第 6 期，第 5 頁。

「幾者，動之微，吉之先見者也。」〔註200〕

意指「幾」是一切變化的趨勢、徵兆和苗頭，尤其強調這一趨勢、徵兆和苗頭微乎其微的特徵。無獨有偶，張載《張子・正蒙》：

「凡幾微者，乃從無向有，其事未見，乃為幾也。」〔註201〕

將「幾微」並稱，即凸顯了「幾」是從無到有的變化，又指出「幾」微乎其微的特徵。又有孔穎達《周易正義》：

「『幾』是離無入有，在有無之際。」韓伯康注曰：「幾者，去無入有，理而無形，不可以名尋，不可以形睹。」〔註202〕

都意在指出「幾」是從「無」到「有」的發端，是事物化生運動的初始狀態，不具形質，極其微妙以至不可以形名稱述。以上所謂「微」「幾微」「有無之際」「無形」等都是對「象」的稱述。我們可以確定地說，無論是從審美經驗上講，還是從理論上講，「知幾」「研幾」都是以對「象」的感悟、判斷，「象」正是審美活動的關鍵。

「幾」在事物尚未形成之前以「象」的形式呈現，這一點，張載《張子・正蒙》如是說：

「幾者，象見而未形也。」〔註203〕

實際上，「幾」「象見而未形」的美學內涵，在《老子》《莊子》《周易》中均可得到印證，《老子》所言「大象」「精象」、《莊子》所言「天機」、《周易》所言「道」「器」都以「象」為立論的核心。首先，《老子》雖未明確提出「幾」的美學範疇，但是他所稱述的「精象」「大象」也是以「微」「象見」「未形」為特徵的，這與「幾」「象見而未形」的特徵一致。王弼注「凡有皆始於無，故未形無名之時，則為萬物之始」一句時說：

「妙者，微之極也。萬物始於微而後成，始於無而後生。」〔註204〕

「始於微而後成」與「始於無而後生」以互文的手法揭示「微」與「無」

〔註200〕王弼、韓伯康注，孔穎達疏：《周易正義》，阮元校刻：《十三經注疏》，中華書局，1980年，第88頁。

〔註201〕張載：《張子・正蒙》，上海古籍出版社，2000年，第20頁。

〔註202〕王弼、韓伯康注，孔穎達疏：《周易正義》，阮元校刻：《十三經注疏》，中華書局，1980年，第88頁。

〔註203〕張載：《張子・正蒙》，上海古籍出版社，2000年，第121頁。

〔註204〕王弼注，樓宇烈校釋：《老子道德經校注釋》，中華書局，2008年，第1頁。

都是「無名無形之時」、「萬物之始」的狀態，極微則無形而「象」見：

「道之為物，唯恍唯惚。惚兮恍兮，其中有象；恍兮惚兮，其中有物。」〔註 205〕

從宇宙氤氳化生的角度講，《老子》第十四章認為「恍惚」是事物發生之初「無狀之狀，無物之象」的存在狀態，它不具形名而以「象」為表徵。又：

「大象無形」，注曰：「故象而形者，非大象。」〔註 206〕

從反面說明了「大象」是「未形」之象。可見，《老子》所謂「精象」「大象」在事物發生之初「極微」、「象見」、「未形」的特徵，與張載所謂「象見而未形也」的「幾」是相通的，都強調觀「象」在認知活動中的核心地位。

其次，《莊子》也強調事物初發於「無形之象」，並以其「無形」「忽怳」而稱之為「天機」。何為「天機」？《至樂》：

「萬物皆化。芒乎忽乎，而無從出乎？忽乎芒乎，而無有象乎？」《集釋》引高岐注：「忽怳，無形之象。」〔註 207〕

「乎芒」同「忽怳」，高岐以之為「無形之象」，並視之為萬物變化之始。這種「無形之象」的「忽怳」之境，《莊子》稱之為「天機」。「天機」是事物由「象」到「形」轉化的開端。張湛注：

「天機，形骨之表所以使蹄足者。」〔註 208〕

「形骨」「蹄足」都是對有名有形的具體事物的指稱，而「使蹄足者」即「天機」則是萬物所由出的玄妙「象境」。同樣，《至樂》稱「種有幾」，這裡「種」是指萬物，而「幾」則是「物物者」萌發分化萬物的狀態。正如胡適所說：

「『種有幾』的『幾』字，當作『幾微』的『幾』字解。」〔註 209〕

即認同「幾」作為萬物萌發的兆象這一性質。林自《莊子解》：

「機者，動靜之主，出無入有，散有反無」。〔註 210〕

即「機」存在於有無變幻中，我們從老子的「精象」、「大象」說中知道，

〔註 205〕王弼注，樓宇烈校釋：《老子道德經校注釋》，中華書局，2008 年，第 52 頁。
〔註 206〕王弼注，樓宇烈校釋：《老子道德經校注釋》，中華書局，2008 年，第 113 頁。
〔註 207〕郭慶藩撰，王孝魚點校：《莊子集釋》，中華書局，1985 年，第 613 頁。
〔註 208〕楊伯峻：《列子集釋》，中華書局，1979 年，第 257 頁。
〔註 209〕錢鍾書：《管錐篇》，中華書局，1979 年，第 45 頁。
〔註 210〕胡道靜，陳蓮笙，陳耀庭選輯：《道藏要籍選刊》，上海古籍出版社，1989 年，第 553 頁。

事物的產生是由「象」而「形」的過程，「象」是出無入有的初始狀態。所以，《莊子》所說的「天機」，實際上也是以變化莫測的「象」為基礎的，出無入有、由象到形，任何一個轉折點實際上都是「象」的變化使然。

再次，《周易》也以「象」為事物發生及變化之初的微小徵兆，並通過「見乃謂之象」與「形乃謂之器」的對比，說明事物未成形之前的「象」是最具玩味價值的。《繫辭上》：

> 「見乃謂之象」，韓伯康注曰：「兆見曰象」。孔穎達疏曰：「『見乃謂之象者』，……露見萌兆。乃謂之象。言物體尚微也。」〔註 211〕

即「象」是從無形到有形的微小徵兆。由於「象」以極小的變化徵兆呈現，所以《周易》有言：「君子所居而安者，《易》之序也；所樂而玩者，爻之辭也。」六十四卦的順序和卦爻辭，都是以「物象」「事象」呈現的，「觀」「玩」的對象就是「象」。又《繫辭上》：

> 「形乃謂之器」，孔穎達疏：「『體質成器，是謂之器物』，故曰形乃謂之器。言其著也。」〔註 212〕

「言其著」是說「形」指明白顯見、具體有形之器物，事物一旦有形有名，就成為具體客觀的現實存在，相對於「象」氤氳虛通的無限性，「形」就是認知的固化和極限。所以《繫辭下》在闡述「《易》之為書也，不可遠」的原因時說到：

> 「為道也屢遷，變動不居，周流六虛，上下無常，剛柔相易，不可為典要，唯變所適。」〔註 213〕

易象豐富而變化不定，是居處應對等一切活動的象徵，「不可遠」正是對「易象」在認知、決斷中核心地位的認同。

綜上，「幾」是事物發生及變化之初的趨勢、徵兆、苗頭，它具有微乎其微、「象見」、「未形」的本質特徵。「知幾」就是通過對「象」的感悟、判斷，抓住事物發生轉變的關鍵時機並付諸行動。無論是《老子》的「精象」、「大象」、《莊子》所謂的「天機」還是《周易》「見乃謂之象」之說，都強調「象」

〔註 211〕王弼、韓伯康注，孔穎達疏：《周易正義》，阮元校刻：《十三經注疏》，中華書局，1980 年，第 82 頁。

〔註 212〕王弼、韓伯康注，孔穎達疏：《周易正義》，阮元校刻：《十三經注疏》，中華書局，1980 年，第 82 頁。

〔註 213〕王弼、韓伯康注，孔穎達疏：《周易正義》，阮元校刻：《十三經注疏》，中華書局，1980 年，第 89 頁。

是事物發生及變化時極其微妙的存在狀態，即「動之微」。而事物的發生發展變化，是一個連續的過程。如果把這個過程比作無限延伸的時間軸，那麼，任意一個時間點都是前一個時間點發生質變的結果，同時，又是下一個時間點量變的開始。每一個時間點都可以視為「象」，同時，「象」一旦發生變化或者說發生變化的瞬間便是「幾」。由此可見，「幾」是某個時間點上的「象」，把握時機或者做出事物發展趨勢的判斷，都要以事物發生過程中極其微小、在有無和虛實之間變幻的「象」為審美和認知的核心。

3.「觀象」與「知幾」具有共同的審美心理。從上面的論述，我們可以知道，「幾」就是事物發生之初的「象」，「知幾」即據「象」得「意」，是主體以「物之初」、「動之微」為審美對象，在特定的審美心理和思維方式下，把握事物發展變化的徵兆於「未形」之際，於變而未變的瞬間知變化之道，即得「意」的過程。這種特定的審美心理和思維方式，其一是尚「象」思維，原因在於「象」是介於「道」和「形」的中間狀態，對世界的審美和認知活動要通過「象」這個媒介完成。其二準確判斷的理性思維，原因在於「知幾」是對某一關鍵時機的把握，這需要理性思維果斷而準確地參與。「三玄」對這種複雜的思維和心理，用「不二」「見獨」「抱一」等語辭，描述主體修養工夫在物我合一、神合體道的審美境界生成中的作用。

首先，「尚象」思維是直觀、形象的思維方式，在《周易》突出表現在「以己觀物」的觀取方式上，即以人自身及其感受推衍至對外在事物的認知判斷上。《周易》「咸」卦，從初六爻起至上六爻止，分別直觀地取象於身體的各個部位，如「拇」、「腓」、「股」、「脢」、「頰舌」等，簡明貼切，揭示事物感應之道和男女交感之理，是直觀、形象地「以己觀物」思維方式的典範。而《繫辭下》：

> 「古者包犧氏之王天下也，仰則觀象於天，俯則觀法於地，觀鳥獸之文於地之宜，近取諸身，遠取諸物，於是始作八卦，以通神明之德，以類萬物之情。」〔註214〕

仰觀俯察的人體動作，本質上是將身體的感覺和體驗對象化在「神明之德」、「萬物之情」上，從自身身體推演開來以認識和把握事物並做出吉凶的判斷，這是「尚象」思維直觀、形象特徵的突出體現。

〔註214〕王弼、韓伯康注，孔穎達疏：《周易正義》，阮元校刻：《十三經注疏》，中華書局，1980年，第86頁。

其次，「知幾」的思維方式還具有理性的特徵。具體而言，表現在「占玩」「研幾」「引而伸之，觸類而長之」的推理過程中。《繫辭上》：

「是故君子所居而安者，《易》之序也；所樂而玩者，爻之辭也。是故君子居則觀其象而玩其辭，動則觀其變而玩其占。」〔註 215〕

「占玩」的動作在時間中展開，顯示出認知的複雜性和過程性，也即是理性思維適用的範圍。「研幾」，《周易》如是說：

「夫易，聖人之所以極深而研幾也。」〔註 216〕

「探賾索隱，鉤深致遠。」〔註 217〕

「究」「探」「索」「極」「研」為動詞，「理」「深」「幾」等為名詞，交代了思維和動作的對象。對此，孔穎達疏曰：

「至精，精則唯深也。」「至變，變則唯幾也。」「至神，神則微妙無形，是其無也。」〔註 218〕

即主體「極深而研幾」的動作行為，目的是要達到「至精」、「至變」、「至神」的認知和審美境界。因此說，「探」「索」「極」「研」這類有時間長度的動作，充分體現了認識過程中的主動性和創造性，而主動創造是離不開理性思維參與的。

上述可見，「知幾」的思維方式既有尚「象」思維的直觀性、形象性特徵，同時又有理性思維的參與。「知幾」思維方式的獨特性和複雜性決定主體要具備據「象」得「意」的能力，必須養成獨特的審美心理和超越的精神境界。這種人格境界的修養工夫，在中國古典美學中多有稱述。以《老子》《莊子》和《周易》為例，《老子》稱之為「抱一」：

「載營魄抱一，能無離乎？專氣致柔，能嬰兒乎？滌除玄覽，能無疵乎？」注曰：「玄，物之極也。」〔註 219〕

「物之極」是天地生物之初「有無」、「虛實」渾然未分的至境。「抱一」、

〔註 215〕王弼、韓伯康注，孔穎達疏：《周易正義》，阮元校刻：《十三經注疏》，中華書局，1980 年，第 77 頁。

〔註 216〕王弼、韓伯康注，孔穎達疏：《周易正義》，阮元校刻：《十三經注疏》，中華書局，1980 年，第 71 頁。

〔註 217〕王弼、韓伯康注，孔穎達疏：《周易正義》，阮元校刻：《十三經注疏》，中華書局，1980 年，第 82 頁。

〔註 218〕王弼、韓伯康注，孔穎達疏：《周易正義》，阮元校刻：《十三經注疏》，中華書局，1980 年，第 81 頁。

〔註 219〕王弼注，樓宇烈校釋：《老子道德經校注釋》，中華書局，2008 年，第 22 頁。

「滌除玄覽」則是忘卻物我之分，泯然入於大一之境的心理狀態。《莊子》稱之為「見獨」：

《天地》：「視乎冥冥，聽乎無聲。冥冥之中，獨見曉焉；無聲之中，獨聞和焉。」〔註220〕

《大宗師》：「朝徹，而後能見獨；見獨，而後能無古今；無古今，而後能入於不死不生。」成玄英疏曰：「夫至道凝然，妙絕言象，非無非有，不古不今，獨往獨來，絕待絕對，覩斯聖境，謂之見獨。」〔註221〕

意即「道」具有超出言象之外的玄妙性，「見獨」就是人的視聽感官不受制於具體有形的事物，而以虛通、整一的「道」為感知對象的審美境界。《周易》也強調「得一」「不二」：

「易曰：「三人行，則損一人。一人行，則得其友。言致一也。」注曰：「致一而後化成也。」〔註222〕

一人行而得其友，是指在「不二」的精神狀態下與天地為友，強調審美主體專注於「道」「天地」的精神狀態。「三人行，則損一人」，「三」之數，是排除干擾物我合一之外的一切因素，實質上就是要以最直觀、超驗的方式「體道」。「得一」見孔穎達疏「天地絪縕，萬物化醇」一句：

「絪縕相附著之義，言天地無心自然得一。……天地若有心為二，則不能使萬物化醇也。」〔註223〕

即一切有形生於無形，能「得一」「不二」才能得萬物變化之道。所以，「抱一」、「見獨」、「不二」意即主體守持精神自我與天地合一的修養工夫。

綜上，「知幾」和「觀象」具有共同的審美心理特徵，即直觀、形象的尚象思維與準確果斷的理性思維的統一。這種思維方式的複雜性，決定了它必須依賴於一定的主體修養和精神境界，即在「抱一」「見獨」「不二」的心理狀態下「遊心於物之初」，達到天人合一的境界。入於道境者，以己之身參與大化流行，無物無我，這才是「知幾」和「觀象」的最高境界：不做刻意的「知」

〔註220〕郭慶藩撰，王孝魚點校：《莊子集釋》，中華書局，1985年，第411頁。

〔註221〕郭慶藩撰，王孝魚點校：《莊子集釋》，中華書局，1985年，第252頁。

〔註222〕王弼、韓伯康注，孔穎達疏：《周易正義》，阮元校刻：《十三經注疏》，中華書局，1980年，第88頁。

〔註223〕王弼、韓伯康注，孔穎達疏：《周易正義》，阮元校刻：《十三經注疏》，中華書局，1980年，第88頁。

「觀」，而無所不知無所不觀，個人行為無須規範而自然合於規範。

（二）「觀象」與「知幾」的區別

與「象」「觀象」的高頻研究相比，「幾」「知幾」是不甚常見的概念。較之「象」和「觀象」，「幾」和「知幾」更傾向於認知和審美過程的轉折點、契機的意義，強調瞬間性。《哲學大辭典．中國哲學史卷》釋「幾」：

「事物出現前的細微徵兆。」〔註 224〕

這一解釋準確地將「幾」的意義溯回到它產生的原始語境，即道生萬物之初，由「微」到「顯」、由「象」到「形」的瞬間。現有研究從考察字源字形出發，認為「幾」與「機」通。「幾」的小篆寫作「几」，《說文》：

「踞幾也，象形。」注曰：「象形。象其高而上平可倚。」〔註 225〕

即「幾」本是坐具，字形象物形之高下、緩急。由此，「幾」引申出轉折點、契機、時機等意義。又《說文》：

「主發之謂機。」〔註 226〕

「發」意為啟動，蓄勢待發，同「時機」「契機」之「機」。今人李申說：

「幾，是尚未形成，但即將形成的機。」〔註 227〕

肯定了「幾」同「機」，以及它作為事物變化過程中轉折點、關鍵點的意義。

「幾」的瞬間性特徵，在《周易》中也有體現。《繫辭下》：

「君子見機而作，不俟終日。」注曰：「言君子見事之微則須動作應之，不得待終日也……言赴幾之速也。」〔註 228〕

「速」，極言「知幾」思維方式的瞬間性。「作」是動作回應，「赴幾之速」強調動作要快。可見，「知幾」則是對物象運動變化的瞬間的把握。《繫辭上》：

「《易》無思也，無為也，寂然不動，感而遂通天下之故。」〔註 229〕

〔註 224〕馮契：《哲學大辭典．中國哲學史卷》，上海辭書出版社，1985 年，第 658 頁。

〔註 225〕許慎著，段玉裁注：《說文解字．十四篇》上，上海古籍出版社，1981 年，第 715 頁。

〔註 226〕許慎著，段玉裁注：《說文解字．十四篇》上，上海古籍出版社，1981 年，第 262 頁。

〔註 227〕李申：《「知幾其神」說》，《船山學刊》，2014 年第 4 期，第 82～86 頁。

〔註 228〕王弼、韓伯康注，孔穎達疏：《周易正義》，阮元校刻：《十三經注疏》，中華書局，1980 年，第 88 頁。

〔註 229〕王弼、韓伯康注，孔穎達疏：《周易正義》，阮元校刻：《十三經注疏》，中華書局，1980 年，第 81 頁。

「無思」「無為」，不依賴於邏輯分析的認知過程，「寂然不動」「感而遂通」是主體滌除玄覽、超越繁雜的物象直達事物本質的審美過程。這一過程極為短暫，是美感和審美境界生成的瞬間，是審美和認知過程經過一段時間的醞釀、量變達到質變的瞬間。

「觀象」則更強調認知和審美的過程性特徵。之所以說「觀象」強調美感生成的過程性，「知幾」強調美感生成的瞬間性，原因可以通過辨析「觀」的獨特意義呈現出來。古人十分重視言意關係，有「信、雅、達」之說，在用字方面不流湎於一般。就「觀」而言，它不同於「看」或「看見」，《說文》：「觀，諦視也」，是具有一定時間長度的精神和心靈參悟的審美觀察。如《周易》「賁」卦《彖》曰：

> 「觀乎天文，以察時變；觀乎人文，以化成天下。」《集解》引干寶曰：「觀日月而要其會通，觀文明而化成天下。」〔註 230〕

「觀」天象如日、月，「觀」人文如聖人之文章，目的在於「會通化成」。「會通化成」的過程，是主體情感、想像、認知、判斷等心理因素共同參與的過程，「觀象」就是「味象」「玩象」，是「心與物遊」，物我貫通、意象融合的過程。我們依然從《周易》來看這個問題，《繫辭下》：「是故君子居而安者，《易》之序也；樂而玩者，爻之辭也」，六十四卦的秩序以及爻辭所立之象，都是具有象徵意味的，所以君子「把玩」「品位」以獲得某種「意義」。

概言之，「觀象」是一種審美觀察，是主體將視覺、聽覺、味覺、觸覺等感官體驗到的事象物象，在主體心理和情感中內化的過程。這一動態變化的過程，在超越物我、超越具體物象的瞬間獲得認知判斷或進入審美境界，即為「知幾」。正如《玉篇》「知，識也，覺也」和《莊子》「心徹為知」所言，「知」是「識」、是「覺」，是認知活動已然的結果，而「心徹」則是滌除玄覽、忘乎物我、與道為一的境界。這種境界的實現，是在「觀象」量變的基礎上的，所以《周易》說：「惟神也，故不疾而速，不行而至」，正是對審美境界生成過程與瞬間辯證關係的描述。

（三）「觀象」與「知幾」對意象理論的貢獻

從意象創構的角度看，「觀象」和「知幾」兩個概念對意象理論的貢獻，

〔註 230〕黃壽祺、張善文撰：《周易譯注》，上海：上海古籍出版社 2001 年版，第 189 頁。

可以通過對二者的比較見出。承上，簡要回顧一下「觀象」和「知幾」辨析的結論可知，一是兩者的運動變化屬性，這正是意象動態「生成」特徵的本源。二是都以「象」為審美和認知的核心，則奠定了意象「意」「象」、「主」「客」、「物」「我」兩元基本結構的理論基礎。三是思維模式方面，兼具直觀形象的「象」思維模式和準確果斷的理性思維方式。這種思維模式及其養成過程，正是意象創構對主體尚象思維、形象思維以及獨特的審美認知能力的要求。同時，本文指出「觀象」和「知幾」在審美境界生成的過程性和瞬間性之區別，這正是意象生成過程中，審美感知由量變、醞釀到質變的過程。

具體來說，「觀象」和「知幾」兩個概念對意象理論的貢獻可以概括為三個方面，第一是孕育了意象的基本要素和美學特徵，包括意象主客兩元結構、意象的美學特徵、意象生成的心理條件等。「觀象」和「知幾」的概念，以「道」、「氣」為其思想的基石，由此形成了「形」「象」「有無」「虛實」「言意」「顯隱」「內視」和「遊心」等觀念，這些觀念正是「意象」虛實相生，有無相成美學特徵的源頭。通過上文的比較，我們可以看出，「觀象」和「知幾」實質都是據「象」得「意」，是主體在特定的審美心理和精神狀態下，將主觀情感和體驗投諸客觀物象或事象，以形成某種審美感受或認知判斷的過程，這一過程，與意象理論「象」「意」、主體和客體兩元基本結構及其融合的過程是一致的。

其中，尤其是虛實關係，是意境理論的關鍵。「象」與「幾」的內涵，都具有「物生之初的細微徵兆」這一意義。《周易》稱：

> 「知幾其神」，孔穎達疏曰：「知幾其神者乎，神道微妙，寂然不測。人若能豫知事幾微，則能與其神道合會也。」〔註231〕

也就是說，「知幾」能預知事之幾微，堪稱合於「神」了。這裡的「神」，用以說明天地、陰陽變化的微妙，「神道」言「道」的神秘不可測，它是審美活動的最高目的和境界。基於此，「觀象」和「知幾」重體驗的感性直觀致思方式和生生不息、運動變化的美學觀，如「觀取」、「占玩」、「通」、「感」、「會」、「沖」、「變」、「化」、「返」、「交」、「達」、「配」、「和」等，都揭示了審美和認知過程對細微、玄妙之「象」的感悟，以及意象融合、超以象外的意境的產生。

〔註231〕王弼、韓伯康注，孔穎達疏：《周易正義》，阮元校刻：《十三經注疏》，中華書局，1980年，第82頁。

現有研究也關注到「幾」與審美境界的關係，如李天道《論中國文藝美學之「幾」範疇與「知幾」說》〔註 232〕等文，將「幾」作為文藝美學的一個範疇，強調其隱微性、不可言說性，並由此引發「感悟」、「神會」在審美境界生成中的作用。再如，孫學堂《「天機」：一個被忽視的古文論概念》〔註 233〕、張晶《中國古代畫論中的「天機」說》〔註 234〕等，從歷史探源的角度，將畫論中的「天機」說，文論中的「妙悟」「神思」以及宋明理學「工夫論」與「幾」聯繫起來。這裡強調「幾」的隱微性、不可言說性，強調審美和認知過程的直觀感悟，與「象」和「幾」本質上是「物生之初的細微徵兆」緊密相關，奠定了審美活動在虛實、有無之間感悟、創造而生成意境的理論基礎。

揭示了意象生成的瞬間性問題。朱志榮先生在《意象論美學及其方法》一文中說：

> 「主體的心靈在瞬間對物象或事象及其背景進行審美感悟、判斷、創造，最終體現為美的本體，即意象。」〔註 235〕

指出了意象生成的瞬間性特徵，即主體對事物的感悟、判斷、創造是在瞬間完成的。意象生成的瞬間性問題，我們可以對照現象學的「直觀」「懸置」來說明，以便使問題獲得更清晰的解讀。現象學所謂的直觀，是在意向性的引導下，對事物本質或普遍性、一般性的感知和把握。「觀象」的「觀」是一種意識行為，帶有鮮明的意向性特徵，意向指向的對象即為「象」，它是某種本質或真相的象徵。而「知幾」則可以視為現象學本質直觀的結果，即「回到實事本身」。這個過程，就是我們通常所說的「觀象」「知意」（「得道」），以把握「象」所預示的事物發展的徵兆，調整自己的行為，達到天人合一的境界。可見，「觀象」和「知幾」兩個概念，與現象學所說的「直觀」「直覺」有著深刻的一致性，清晰地印證了意象生成的瞬間性特徵。換言之，意象的生成是經過一段時間的「觀象」醞釀，由量變到質變的自然結果。只不過，這個過程

〔註 232〕李天道：《論中國文藝美學之「幾」範疇與「知幾」說》，《四川師範大學學報》（社會科學版），2011 年第 11 期，第 97 頁。

〔註 233〕孫學堂：《「天機」：一個被忽視的古文論概念》，《文藝理論研究》，2003 年第 1 期，第 72～80 頁。

〔註 234〕張晶：《中國古代畫論中的「天機」說》，《藝術百家》，2013 年第 2 期，第 132～137 頁。

〔註 235〕朱志榮：《意象論美學及其方法》，《社會科學戰線》，2019 年第 6 期，第 190 頁。

是極短的瞬間，「不行而至」，「不疾而速」，主體必須「見機而作，不俟終日」，才能體驗到與道為一，物我兩化的審美境界。

第三，奠定了「象」的形而上性質，「意象」不能等同於具體之物。「觀象」與「知幾」產生的語境，離不開世界的產生過程以及人與世界的關係這個背景，「三玄」集中地闡述了道生萬物的過程，是「道」—「象」—「形」的過程，人對世界的認知和審美也以「象」為媒介，以「道」為最高境界。「道」是人們的意向對象，「象」作為「道」的顯現，它是主體純粹意識中顯現的東西，主體以懸置的方法分析、描述，以接近「道」的本質。也就是說，「象」在顯現之前，已經是主體的意向對象了，只有從「道」的符號和象徵這個角度去把握「象」，才能使「觀象」「得道」的意義發生機制獲得更加充分的闡釋。由此，形象、物象，乃至詩歌意象、影視意象、敘事意象等文學形象或典型，因其客觀性性、具體性，都不屬於意象研究的範圍，意象研究必須保持超象顯現、象外之象的向度，才具有美學意義上的探尋。

「觀象」與「知幾」是《周易》中兩個既有區別又有聯繫的概念，通過辨析「幾」與「象」，可以看出，在道生萬物的語境下，「觀象」與「知幾」都是在運動變化的過程中，通過對「象」的感悟和判斷，實現某種美感體驗或認知。但是，單純的微觀研究，不能夠體現這兩個概念在中國傳統美學中的理論建構意義，將他們置於意象創構的視角考察，正好印證了意象的動態生成特徵、意—象兩元基本結構特徵、意象創構的瞬間性特徵等。同時，對「觀象」與「知幾」這類傳統美學概念入手梳理當代美學研究的熱點問題，也是從源頭考察「意象」範疇的本義，有助於釐清意象的內涵和外延，促進中國傳統美學核心範疇研究的深入。

本章小結

本章主要討論先秦時期「象」思想的起源和表現形態。由於先秦時期認識的最高境界是對「道」的追尋，而「道」是主觀上客觀存在的，不形不名，這就產生了以「象」譬喻象徵的必要性。這種思想發生的軌跡，首先表現在言意觀上，「言能表意」，但「不能盡意」的困惑正是「道可道，非常道」的困惑，也由此開始了「比」、「興」以「象」喻意的言說方式和《周易》、「老莊」「立象盡意」的實踐。其次，在先秦時期廣泛的社會生活層面，由於古人認

為「道生萬物」,「天、地、人」及一切秩序都是「道」的體現，所以在國家初創的時期，在「道」的秩序和政治秩序之間，以禮樂文化「立象盡意」，是國家秩序的合理性達到「大樂與天地同和，大禮與天地同節」的高度。第三，「三玄」作為先秦時期最為重要的典籍，在世界生成問題上，以「象」為萬物化生的本體，同時認為，也只有以「觀象」的方式才能達到物生之初的「道」境。把「象」作為宇宙化生和認知、審美基本方式的一個核心概念，這種思想更能印證尚「象」傳統形成的脈絡。此外，由於傳統文化話語體系常常出現多個詞語具有相同意義內核的現象，因此，辨析被關注較少但與「意象」範疇密切相關的詞語，能夠激活傳統話語體系的現代性，豐富意象觀念的內涵。以上幾個方面，從言意觀的哲學層面到詩學美學層面，到社會文化生活的各個層面，再到「三玄」中既以「象」為本體又以「象」為認知和審美方式的觀念，覆蓋了先秦時期「象」所由存的各個角度。同時，也簡單分析了「尚象」的美學傳統的形成及其對中華美學精神的建構和影響。

第三章　先秦天人觀與意象的結構特徵

引言

關於「意象」構成這一問題，緒論第二部分「『意象』的基本結構和構成元素研究」一處，在回顧前人研究成果的基礎上，認為：「意象」是一個由「言」「象」「意」等元素和「意—象」「情—景」等關係範疇以及「象外」之「境」構成的多層次結構。其中，「言」「意」「象」三者，在第一章闡述先秦時期「言意觀」與「尚象」傳統的關係時，已有論及。所以，本章的重點在「意象」的兩元基本結構特徵、「意象」的整體性結構特徵和「象」思維在溝通「天人」、「物我」兩端上的橋樑作用以及由此形成的「象外」結構層四個問題上。

審美趣味和藝術觀念的形成往往依託於一個特定的語境，「天人」觀是先秦時期一切觀念和意識發生的最大語境，人類對自我與世界的認識集中體現在「天人」關係上。「天人」觀念與藝術和審美的關係，如朱志榮先生說：「藝術在中國古人的精神生活中有著特別重要的地位。古人是將藝術作為人生去追求的，他們把藝術境界的追求看成是人生境界的追求的一個有機組成部分。」〔註 1〕依朱志榮先生之見，古人以「藝術」為「人生」，把「藝術境界」視為「物我合一」的「人生境界」的一部分。因此，美學和藝術領域的

〔註 1〕朱志榮：《中國藝術哲學》，上海：華東師範大學出版社 2012 年版，第 2 頁。

「意象」觀與生俱來就體現了這種物我合一，人生境界與審美境界一體的特徵，這就為從「天人」觀念考察「意象」觀念的形成提供了合理的基礎。又如黃毓任說：「中國藝術意境的『情景交融』，反映了中華民族『獨與天地精神往來』或『天人合一』的宇宙精神。」〔註 2〕該論更加明確地指出，「意象」作為中國美學的核心範疇，它情景交融、虛實相生、物我兩化的整體性特徵源自「天人合一」的觀念。誠然此言。以「物我」關係為核心，在先秦「天人觀念」中尋跡「意象」觀念的結構特徵，是符合中國傳統美學理論和實踐的。

「天人」觀念是在「物我」這一關係範疇上影響「意象」結構特徵的，換言之，「意象」結構的「兩元」與「天人」觀一樣，本質都是「物我」關係。「意象」範疇的「主—客」「意—象」的二元基本結構，與先秦時期的天人觀念所包含的「物—我」觀念密切相關。如陳伯海說：「我們民族視意象為『天人合一』理念下的詩性生命本體」，「意象……是『心物交感』的產物，……構造原則當為『意與象合』」。「在中國傳統詩學看來，意象是情與境的統一，心與物的混融。」「這樣的意象，可說是人與造化合成的生命之體。」〔註 3〕「意象」二元結構及其與先秦時期「天人」觀的淵源關係極具考究的可行性，上述論點，以「心物交感」為發端，將「意與象合」的審美價值取向置於「天人合一」的傳統觀念下認識，頗為精當。

「天人」觀念廣泛地滲透在審美意識中，「意象」的結構特徵也是從「天人」觀的語境中孕育出來的。就「意象」觀的結構特徵與「天人」觀念的關係而言，本章認為，先秦的「天人」觀念與「意象」兩元基本結構特徵、整體性結構特徵和「象外」之「境」的形成密切相關，其中主體「象」思維是溝通「天人」、「物我」的關鍵因素。具體來說，從認知和審美的角度講，先秦「天人」觀念中「天人有分」、「敬天畏天」的思想，對於「意象」觀「物—我」「主—客」兩元基本結構具有建構性；先秦「天人」觀念中「敬天順天」「天人合一」的自覺意識，對於「意象」觀「物我兩化」「主客統一」的整體性結構特徵和「象」外之「境」美學觀念的形成具有深刻的影響。其中，「象」在溝通「天人」「物我」方面的運用也「象外」的美學思想。

〔註 2〕黃毓任：《中國藝術的宇宙精神》，《南通師範學院學報》（哲學社會科學版），2003 年 12 月，第 123 頁～125 頁。

〔註 3〕陳伯海：《釋「意象」（上）》，《社會科學》，2005 年 9 月，第 163～169 頁。

第一節　先秦天人對立觀念與意象的兩元基本結構特徵

「意象」的兩元的基本結構，直觀地講，是「意」與「象」的二元結構，這一結構也常被表述為「主」「客」、「情」「景」、「物」「我」甚或「內」「外」、「形」「神」、「虛」「實」等，但都離不開二元的基本結構特徵。傳統文論對「意象」的兩元基本結構是有清晰認知的。如王弼《周易略例．明象》：「象者所以存意，得意而忘象。」也將「意」與「象」作為「意象」的兩個關鍵因素提出。劉勰《文心雕龍．神思》有：「神與物遊」，「神」即情感、想像等主觀方面的要素，而「物」則是物象、事象等客觀方面的要素，「神」與「物」的提法正是關於「意象」的主客兩元的表述。

先秦天人關係的一個重要方面就是意識到「天」「人」有別，並認同「天」對「人」規範和抑制作用，由此形成了「有物有則」「畏天敬天」的審美情感。這種主觀體驗表現在「物—我」關係上，就是「意象」觀「主—客」「意—象」「情—景」的兩元關係範疇。郭店楚簡《窮達以時》：「有天有人，天人有分。」「遇不遇，天也。」〔註4〕鮮明地將「天」「人」（「物」、「我」）作為對立的兩個方面，並認為「天」具有高於「人」意志的力量，由此對「天」這一外在於「我」的異己存在保持敬畏的主觀態度。又如《語叢一》：「天生百物，」「有天有命，有物有名，」〔註5〕認為「天」是萬物的本源，「天」生百物，物與物不同而各有性命，清晰體現先秦時期「天人」「物我」兩分的理性精神。

「天」「人」有別且在一定程度上對立，還表現在「天」是人倫物理的本源，對「人」具有規範和抑制作用，這種觀念造成審美意識中「物」「我」互為異己的障礙。郭店楚簡《成之聞之》：「天降大常，以理人倫，制為君臣之義，著為父子之親，分為夫婦之辨。」〔註6〕即君臣、父子、夫婦的關係模式都由「天常」規定的。再如《詩》曰：「天命靡常。」〔註7〕《論語．顏淵》：「死生有命，富貴在天。」〔註8〕《論語．泰伯》：「唯天為大，唯堯則

〔註4〕荊門市博物館編：《郭店楚墓竹簡》，北京：文物出版社1998年版，第145頁。
〔註5〕荊門市博物館編：《郭店楚墓竹簡》，北京：文物出版社1998年版，第193～194頁。
〔註6〕荊門市博物館編：《郭店楚墓竹簡》，北京：文物出版社1998年版，第168頁。
〔註7〕焦循撰，沈文倬點校：《孟子正義》，北京：中華書局1987年版，第496頁。
〔註8〕程樹德：《論語集釋》，北京：中華書局1990年版，第380頁。

之。」〔註9〕《孟子・萬章上》:「順天者存,逆天者亡。」〔註10〕「天與賢,則與賢;天與子,則與子。……舜、禹、益相去久遠,其子之賢不肖,皆天也,非人之所能為也。莫之為而為者,天也;莫之致而至者,命也。」〔註11〕以上諸說,都強調「天」「人」是相對獨立的事物,「天命靡常」「莫之為而為之,天也」,道出了天命的神秘不測以及令人敬畏感慨的心理,在天命面前,人是被動而微不足道的。從審美意識的角度講,體現了「天」「人」兩分的觀念對「意象」「物」「我」兩元基本結構形成的影響。

「天」「人」有別的觀念,對「意象」「物」「我」兩元基本結構特徵的建構性。具體表現為,其一,「天」「人」有別的觀念是對天人不分、混物混我的原始意識的超越,是認知和審美的進步。正如汪裕雄先生所說:「實際上,中國文化的『天人合一』是『天人相分』的前提下的溝通和統一,沒有天人相分的前提,初民不能形成初步的時空觀念,『現實之維』不能確立,人們是無法認知自己面對的外部世界的。換言之,沒有『天人相分』,人類就不能走出蒙昧時代。」〔註12〕這是十分中肯的評價,也就是說,在「天」「人」兩分的觀念中孕育的「物」「我」二元對立意識是從理性認知到審美的必要前提。

其二,「天」「人」、「物」「我」對立的觀念是形成物我相成、天人合一的境界的必要前提,表現出超越兩元對立的整體性審美傾向。郭店楚簡《窮達以時》:「察天人之分,而智所行矣。」〔註13〕「智」,人的認知理性,即承認「天—人」、「物—我」的對立,是人類理性認識世界的必然結果。但是,先秦天人觀念同時認為,區分「天人」、「物我」的理性認知不是最終目的,「合同」、「物我合一」的審美才是更高的境界。如郭店楚簡《成之聞之》:「是故小人亂天常以逆大道,君子治人倫以順天德。」〔註14〕「人倫」就是父子、君臣、夫婦,能夠認識「天常」和「人倫」及其關係並尊重其規律,就是「窮神智化,德之盛也。」再如《詩》曰:「天生蒸民,有物有則。民之秉夷,好是

〔註9〕程樹德:《論語集釋》,北京:中華書局1990年版,第549頁。
〔註10〕焦循撰,沈文倬點校:《孟子正義》,北京:中華書局1987年版,第495頁。
〔註11〕焦循撰,沈文倬點校:《孟子正義》,北京:中華書局1987年版,第647頁。
〔註12〕汪裕雄:《意象探源》,人民出版社2013年10月版,第62頁。
〔註13〕荊門市博物館編:《郭店楚墓竹簡》,北京:文物出版社1998年版,第145頁。
〔註14〕荊門市博物館編:《郭店楚墓竹簡》,北京:文物出版社1998年版,第168頁。

懿德。」〔註 15〕「物」有法則，秉持規範，才是好德行。從認知方面來說，以上都是對「天人」「物我」之分的認同，而「德之盛」「好是懿德」之歎則表現出物我貫通、天人合一的自覺追求。於此相應，從審美意識和情感方面來說，表現為「天人」「物我」差異性對立中的敬畏之情和「天人」「物我」貫通時的「和合」之美。對「天」的敬畏之情使「物」「我」在對立的緊張關係中即之愈遠，但是它是從認知到審美不可或缺的階段。總之，當人不但能認識到人之為人的「性」，而且能「盡性」，即「隨心所欲不逾矩」，就達到了個人與宇宙之「大一」渾然一體的狀態，而且個體是自覺意識到其渾然一體的狀態並獲得審美感受的。從「物我」觀念上講，這是既對「物我」之分有清晰的認知，又能對「物我」豁然貫通，「渾然與物同體」的審美境界。「與物同體」的審美境界，是「物我合一」的境界，正是知「天」「人」、「物」「我」之分而又超越之的表現。

概言之，「物我」關係是「天人」觀和「意象」觀共同的核心，從這一角度入手，可見，人類理性認識「天人」兩分的現實是對「天人」「物我」蒙昧不分的審美意識的超越，孕育了「意象」「物我」兩元的基本結構特徵。「物」「我」兩分是「意象」無物無我、物我兩化的「天人合一」之整體性審美傾向形成的必要前提。以上說明，「天人」兩分對「意象」的兩元基本結構具有建構作用。同樣，「天人合一」的自覺追求也對「意象」觀「物我」貫通的整體性結構特徵具有建構作用。

第二節　先秦天人合一觀念與意象的整體性結構特徵

古今學者對「意象」構成的認識，除認同其兩元基本結構之外，還包含對超越兩元結構的整體性結構特徵的認知。具體來說，就是主客統一、物我兩化、情景交融、虛實相參、渾融一體的整體性結構特徵。對此，傳統美學和當代學者都有論述。嚴羽《滄浪詩話》：「詩者，吟詠性情也。盛唐諸人惟在興趣，羚羊掛角無跡可求。故其妙處透徹玲瓏不可湊泊，如空中之音、相中之色、水中之月、鏡中之象，言有盡而意無窮。」此處所謂「空中之音、相中之色、水中之月、鏡中之象」都給人以「虛」「實」相參的美感，也是主體之情

〔註 15〕鄭玄注，孔穎達疏：《毛詩正義》，阮元校刻《十三經注疏》，北京：中華書局 1980 年版，第 568 頁。

意與具體之物象相諧成趣的表現。再如王廷相《與郭介夫學士論詩書》:「夫詩貴意象瑩透,不喜事實黏著。」〔註 16〕「意象瑩透」是對「意」「象」渾成,不落具體物象之窠臼這一美感特徵的描述。由上述可見,「意」「象」的二元結構不僅得到普遍認可,而且尤其強調「意」與「象」諧,「主」「客」統一的審美傾向。再如孔穎達《周易正義》:「遺忘己象者,乃能制眾物之形象。」這裡所謂的「遺忘」並非「摒棄」,而是超越某一具體物象,尋象觀意,獲得超以象外、渾然物我的審美感受。「制眾物之象」就是這種物我兩化的審美體驗。此說不僅是對「意象」兩元結構的認同,更是對「意象」兩元結構的超越,即認為「意象」是主客、物我、虛實等兩元的互滲,乃至形成物我兩忘、情景交融的整體性結構。當代學者也認同「意象」的二元協調統一的特徵,如葉朗打破了「主客」兩分的傳統看法,認為「意象」是一個不斷生成的意向性結構。他指出,在中國傳統美學中,「情」與「景」的統一是審美意象的基本結構,但是意象是既不同於「情」,也不同於「景」的一個新質,不能還原成單純的「情」或「景」,只有情景交融,一氣貫通,才能成為審美意象。〔註 17〕由此可見,「意象」具備「意」「象」或者說「物」「我」的二元基本結構,同時,「意象」的結構又是超越二元對立的,以物我兩化、主客互滲、虛實相參、情景交融的整體性結構追求為旨歸。

「意象」的整體性結構特徵,與先秦時期「天人合一」觀念的自覺追求息息相關。張世英先生從審美意識的角度將中國傳統「天人合一」觀念應用到審美意象的生成上,力證了「意象」情景合一、無物無我的整體性結構特徵與「天人合一」的觀念相通相成。他說:「人生之初的天人合一境界叫作『無我之境』,主客二分的自我意識叫作『有我之境』,超越主客二分的天人合一叫作『忘我之境』。按自由的觀點來看,『無我之境』既然無自覺,也就是無自由的意識可言;『有我之境』是不自由;而『忘我之境』則是審美意識,是自由。」這也是對「意象」觀「物我」非對象化存在的狀態的表述,即「意象」是超越「天人」「物我」兩分結構的整體。又:「無景之情和無情之景皆不能形成審美意象。」「審美意識正是一種天人合一的『意境』、『心境』或『情景』」。「審美意識或意境既非單方面的境,亦非單方面的情或意,

〔註 16〕王廷相《與郭介夫論詩書》,葉朗主編《中國歷代美學文庫》(明代卷·上),北京:高等教育出版社 2003 年版,第 166 頁。

〔註 17〕葉朗:《現代美學體系》,北京:北京大學出版社 1998 年版,第 115~121 頁。

而是人與世界、天與人『一氣流通』、交融合一的結果。」〔註 18〕張世英先生從「物我」關係入手，概括了審美過程中「物我不分」「物我兩分」和「物我兩化」三種關係狀態，更加直觀地將「天人合一」觀與「意象」的整體性結構特徵聯繫起來，視「意象」為「人與世界、天與人『一氣流通』、交融合一」的結果。

以上研究者對「意象」整體性結構特徵「天人合一」觀念的認識，是符合中國傳統美學「意象」觀萌發的現實的。「意象」整體性結構特徵是在「天人合一」的語境中形成。在傳統美學觀念中，有豐富的以「合」為美的整體審美思想。以《老子》為例，「一」作為一個整體，既被視為萬物（包括「我」）之所處，也被視為萬物之旨歸，即世界處於「一」化出萬物，萬物化入「一」的生生不息的物質運動中。在《老子》中，「一」與「道」「無」「大」異名而質實，都指向萬物之所生的唯一本體，也是審美的最高追求。如郭店楚簡《老子》：「有狀混成，先天地生，悅穆，獨立而不改，可以為天下母。未知其名，字之曰道。吾強為之名曰大。」「吾不知其名，字之曰道，強為之名曰大。」〔註 19〕這一個混沌整體，它的基本特徵是物我、天人含蘊不分，《老子》稱之為「玄同」。「閉其兌，塞其門，和其光，通其塵，抽其穎，解其紛，是謂玄同。」〔註 20〕它強調取消物我、物物、天人之間的差別，自覺「復歸於一」。「昔之得一者：天得一以清；地得一以寧；神得一以靈；谷得一以盈；萬物得一以生；侯王得一以為天下貞。」〔註 21〕萬事萬物「得一」則「清」「寧」「生」「貞」。可見，在「物我」關係方面，《老子》將「物我」自覺同於「大一」的境界的主張決定了「意象」觀無物無我、物我兩化的審美理想。「天人合一」的語境對「意象」物我兩化的整體性結構特徵的影響，正如朱志榮先生所說：「意象不只是源於主體，而且包含著物象及其背景，體現了天人合一、物我同一。」〔註 22〕將「天人合一」觀念視為「意象」「主客」、「心物」統一的特徵生成的「背景」，言之甚恰。關四平說：「老子……實際上是

〔註 18〕張世英：《哲學導論》，北京：北京大學出版社 2014 年版，第 108～109 頁。

〔註 19〕荊門市博物館編：《郭店楚墓竹簡》，北京：文物出版社 1998 年版，第 112 頁。

〔註 20〕王弼注，樓宇烈校釋：《老子道德經校注釋》，北京：中華書局 2008 年版，第 10 頁。

〔註 21〕王弼注，樓宇烈校釋：《老子道德經校注釋》，北京：中華書局 2008 年版，第 106 頁。

〔註 22〕朱志榮：《也論朱光潛先生「美是主客觀統一」說——兼論黃應全先生的相關評價》，《清華大學學報》（哲學社會科學版），2013 年 3 期，第 10～14 頁。

從天人合一出發，……通過『絕聖棄智』達到『見素抱樸』，回歸自然，通過『修之於身』，實現『其德乃真』的生活理想，從而實現『天人合一』。」〔註 23〕也就是說，在《老子》的思想裏，不僅強調萬物本之於「一」，而且認為千差萬別的事物最終還要向「一」回歸。萬物出於「一」，復歸於「一」，其混沌性、整體性特徵，在「意象」觀上就表現為無物無我、物我兩化的整體性審美追求。

除《老子》外，《莊子》中也可見「天人合一」「無物無我」的整體審美思想，對於「意象」觀的整體性結構特徵的影響不可忽視。《莊子·齊物論》：「天地與我並生，而萬物與我為一」〔註 24〕，「天地一指也；萬物一馬也」〔註 25〕。《田子方》「夫天下也者，萬物之所一也。」〔註 26〕《大宗師》：「與天為德，其一也一，其不一也一。天與人不相勝也。」。〔註 27〕《知北遊》：「通天下一氣耳，聖人故貴一。」〔註 28〕在這裡，《莊子》所反覆稱道的「一」，是萬物渾然一體的狀態。在審美取向方面，《莊子》主張通過「虛靜」「坐忘」「心齋」達到「無我」「無己」的精神狀態，以虛入虛，將自我向物生之初渾然一體的狀態中回歸，實現「道通為一」、物我兩化的審美境界。這種境界在《莊子·天道》篇中稱為「天樂」：「與天和者，謂之天樂。」〔註 29〕「知天樂者，其生也天行，其死也物化；靜而與陰同德，動而與陽同波。故知天樂者，無天怨，無人非，無物累，無鬼責。」〔註 30〕由此可見「天樂」是一種知「群」「類」之分而又超越二分自覺求同、無物無我的境界，這與「意象」超越物我對立的整體性結構特徵具有深刻的一致性。換言之，《莊子》「天人合一」的語境是「意象」的整體性結構特徵蘊發的因素。

總之，在「天人」觀的影響下，「意象」既具有「物我」對立的兩元基本結構特徵，又具有超越「物我」兩元對立的整體性結構特徵。葉朗多次強調「意象」「情」「景」、「物」「我」統一的結構特徵，他說：「『情』『景』的統一

〔註 23〕關四平：《論道家天人合一思想》，《上海師範大學學報》，1997 年第 4 期，第 24～29 頁。
〔註 24〕郭慶藩撰，王孝魚點校：《莊子集釋》，北京：中華書局 1961 年版，第 79 頁。
〔註 25〕郭慶藩撰，王孝魚點校：《莊子集釋》，北京：中華書局 1961 年版，第 66 頁。
〔註 26〕郭慶藩撰，王孝魚點校：《莊子集釋》，北京：中華書局 1961 年版，第 714 頁。
〔註 27〕郭慶藩撰，王孝魚點校：《莊子集釋》，北京：中華書局 1961 年版，第 234 頁。
〔註 28〕郭慶藩撰，王孝魚點校：《莊子集釋》，北京：中華書局 1961 年版，第 733 頁。
〔註 29〕郭慶藩撰，王孝魚點校：《莊子集釋》，北京：中華書局 1961 年版，第 458 頁。
〔註 30〕郭慶藩撰，王孝魚點校：《莊子集釋》，北京：中華書局 1961 年版，第 458 頁。

乃是審美意象的基本結構，但是這裡說的『情』與『景』不能理解為互為外在的兩個實體化的東西，而是『情』與『景』的欣合和暢、一氣流通。」〔註31〕「意象」混融一體的整體性結構特徵，是超越「主客」、「物我」對立的「天人合一」境界。這一點，葉朗先生直言：「美應該指向一種高遠的精神境界，指向一種天人合一的境界，一種與萬物一體的境界。」〔註32〕高度肯定了「物我兩化」的「意象」整體性特徵與「天人合一」觀念的關係。

第三節　「象」思維——溝通「天人」「物我」的橋樑

從中國傳統美學的理論和實踐來看，「象」思維包括「觀物取象」和「立象盡意」本質特徵，並具有主體性、情感性、想像性、具象性以及以形成「物我兩化」的審美體驗為旨歸的藝術思維特徵。先秦時期，神話思維是「象」思維的典型應用之一，王懷義對神話思維的研究對理解「象」思維具有參考價值。他說：「神話思維的混沌性、具象性、情感性和以主體為中心等特徵都與審美的思維方式極為相似。」又：「神話思維是原始人類以主客混融為基礎、以形象（或象）為核心、以情感為特質」，「神話思維所賴以生成的主客關係與審美活動中的主客體關係之間具有一致性。……是在物我同質的基礎上，實現主體與客體之間的雙向交流。」〔註33〕結合以上論述，可以看出，神話思維作為「象」思維的典型，也表徵著「象」思維主體（情感）性、具象（形象）性以及取消主客、物我兩元對立特徵。實際上，「象」思維在溝通「天人」「物我」方面作用機制正是其主體性（情感性）、具象性（形象化）和「觀物取象」「立象盡意」的本質使然。

首先，在「天人」「物我」關係及如何建立其相關性問題上，「象」思維以其主體性特徵，通過主體「我」的意向活動使「天人」「物我」聯繫起來。「意象」只能在「天人」「物我」互相發明的關係狀態中呈現出來，彼此作為客觀對象時，是沒有「意象」之美的。這一點，蒙培元先生講「孟子」時說得明白：「天是與生命有關的，與人類活動有關的，與人的存在及其意義和價值有關的，一句話，天的意義是在『天人關係』中被揭示出來的，不是作為客觀對

〔註31〕葉朗：《美學原理》，北京：北京大學出版社2009年版，第55頁。

〔註32〕葉朗：《指向高遠精神境界的審美》，《唯實》，2015年1月，第61～62頁。

〔註33〕王懷義：《百年來中國神話美學研究中的基本問題》，《文藝理論研究》，2012年第5期，第30～31頁。

象被認識到的。」〔註 34〕也就是說，在「天人」「物我」關係上，只有在以己觀物、以物觀物時，才能使客觀事物打上「我」的烙印，作為審美對象成為「在場」的存在。張世英先生說：「這種境界不是拋卻主客關係，而是需要和包括主客關係並超越之。」又：「按主客關係式看待人與世界的關係，則無審美意識可言；審美意識，不屬於主客關係，而是屬於人與世界融合，或者說天人合一。」〔註 35〕該論也以「天人」關係為著眼點，強調人與世界、主觀與客觀的融合，認為作為審美主體的「我」是使「天人」相關的關鍵因素。

其次，「象」思維以其具象化、形象化的方式成就了「天人」「物我」混成的意象整體結構。具象化、形象化是形成「天人合一」的審美境界的具體方式。如前所述，神話所體現的思維方式是「象」性的，我們據此來考察具象化、形象化的方式在溝通「天人」「物我」方面的作用。馬克思說初民「用想像和借助想象徵服自然力。支配自然力，把自然力加以形象化。」〔註 36〕這裡所說的「把自然力加以形象化」，就是依託主體的情感、想像賦予客觀自然以生命形象，即把抽象神秘、超出原始人類感官認知範圍的自然力形象化、具象化，賦予形而上存在以形名聲色的形而下特徵，並由此進入了「人」的認知和審美視域，打破「天人」「物我」之間不可交通的隔閡。換言之，神話以把自然力人化的方式在自我和世界之間尋找合適的關聯，這一過程就是把無形的自然力形象化以取消「天人」「物我」之間對立的過程。

第三，「象」思維作為溝通「天人」「物我」的橋樑，其主體性和形象化的作用機制歸根結底在於「象」思維「觀物取象」和「立象盡意」的本質。「取象」「立象」集中體現了中國傳統的「以己觀物」（把自然人化）「以物觀物」（把人自然化）感性形象的「象」思維方式。如《周易・繫辭下》：「古者伏羲氏之王天下也，仰則觀象於天，俯則觀法於地，觀鳥獸之文與地之宜，近取諸身，遠取諸物，於是始作八卦，以通神明之德，以類萬物之情。」〔註 37〕又《咸・彖》所言：「觀其所感，而天地萬物之情可見矣。」〔註 38〕「觀」「象」

〔註 34〕蒙培元：《蒙培元講孟子》，北京：北京大學出版社 2006 年版，第 85 頁。

〔註 35〕張世英：《哲學導論》，北京：北京大學出版社 2014 年版，第 107 頁。

〔註 36〕馬克思：《〈政治經濟學批判〉導言》，《馬克思恩格斯選集》第二卷，北京：人民文學出版社 1972 年版，第 113 頁。

〔註 37〕王弼撰，孔穎達疏：《周易正義》，阮元校刻《十三經注疏》，北京：中華書局 1980 年版，第 86 頁。

〔註 38〕黃壽祺，張善文：《周易譯注》，上海：上海古籍出版社 2001 年版，第 258 頁。

於天地萬物，比之於人自身，這種以主體耳目視聽直接觀察和感受客觀物象的方式，實質是把人的身體、情感對象化在身外的世界，以「我」對應推演自然萬物，使物我、內外成為融匯貫通的整體，即「玄觀」以通「天人」。

「象」思維溝通「天人」「物我」的過程，本質是「觀物取象」「立象盡意」，這也是「意象」創構的題中之意。換言之，「象」思維是以「意象」為審美對象實現「天人」「物我」合一的。對此，汪裕雄在考察我國古代對自然界事物命名的特徵時說：「人類最初的命名，遠不如今人所想像的是從對象的意義著眼，而是從對象的意象著眼的。」〔註 39〕也就是說「對象的意義」這一抽象無形的存在，並不是命名的依據。相反，「對象的意象」才是。「對象的意象」，是主體以主觀情感、想像加之於客觀事物的產物，使「物」成為「我」的「意中之象」，「物」「我」互現，不分彼此。例如「河伯」「女媧」等稱謂，都是物我相參的「意象」。同樣，「意象」也有表意的功能。如「河伯」「女媧」的「意象」，因「象」思維之詩性聯想，使人在「觀象」中領悟其象徵、隱喻的「意」——「天」「人」、「物」「我」同源同構、流轉生息、渾然一體。總之，「象」思維在「觀物取象」和「象以盡意」中創構「意象」，並以「意象」溝通「物」「我」、「天」「人」、「虛」「實」、「有」「無」，達到審美的目的。

「象」思維以無物無我、物我兩化的整體審美境界為旨歸，是對混物混我的原始思維和物我兩分的理性認知的超越，是「意象」的美學屬性之所在。這一點，湯一介先生也有清晰的認識，他說如果「覺悟到應該恢復到『自然的狀態』，這當然從人生境界上說就和原來的『自然狀態』完全不同了，這是經過精神昇華和『淨化』而對『道』有極高的覺解的境界，這就是超越一切世俗限制的與『道』同體的天地境界。」〔註 40〕此處，「功利境界和道德（如仁、義等）」是人為的秩序，如郭店楚簡《窮達以時》所言：「智之所行矣」，是為「智」；「自然的狀態」指「天生百物」之前「混物混我」的狀態，是為「樸」；而所謂的「精神昇華和『淨化』」則是指意識到「天人有分」，並且在對它的否定超越中形成「天人合一」的過程，是為「美」。「智」（有物有我）是對「樸」（混物混我）的超越，而「美」（無物無我）是對「智」（有物有我）的更高層次的復歸。這種由認知到審美的螺旋上升，原因在於「象」思維所包含的人

〔註 39〕汪裕雄：《意象探源》，北京：人民出版社 2013 年版，第 46 頁。

〔註 40〕湯一介：《儒道釋與內在超越性問題》，南昌：江西人民出版社 1991 年版，第 18 頁。

文性和主體性的增加，或者說是主體將客觀物象主動形象化創構的過程，即「形象化」「意象化」「觀物取象」「象以盡意」的「象」思維認知和審美方式，使「天人合一」那種「與『道』同體的天地境界」完全不同於「混物混我」的自然蒙昧狀態，最終使「意象」的結構由「物」「我」混淆、對立的兩元走向「物」「我」兩化的審美境界，賦予「意象」以美學屬性。

總之，由天人分立的「敬畏」之情到天人合一的「和合」之美，關鍵在於「象」思維以主體情感意志關照客觀物象，從而形成主客統一、物我兩化、虛實相參、情境交融的「天人合一」之境。《文心雕龍》有一個著名的美學命題叫做「象用神通」，也有力地佐證了「象」思維通過「取象」「制象」「立象」的形象化過程，化解「天」「人」、「物」「我」對立的強烈壓迫感，形成物我相通的審美境界方面的作用。張世英先生稱主體主動創造的過程為「內在化」。他說：「境界是無窮的客觀關聯的內在化。」「內在化」的過程就是審美主體觀取客觀物象，以情感想像灌注其間的過程。無窮無盡的客觀物象在主體意識中統一起來，這種物我之間的和諧，才能達到自由的、美的境界，而客觀物象與主觀意識的統一正是「意象」之「意」與「象」、「物」與「我」的兩元結構的統一。從方法論的視角看，「象」具有「立象」「形象化」的意義，這種主體主動溝通天人、物我的方式，打破「意象」二元分立的結構形態，形成「象外」之境的無限之美，也是「意象」美學特徵的表現。

第四節 「象外」說及其在先秦的萌發

先秦時期的「象」思想並沒停留在「意中之象」的創構上，在「言」「象」和「物」「我」的兩元關係範疇之外，先秦時期還出現了「言意之表」「物外」的說法。「言意之表」「物外」顯然是不同於「言」「象」的結構層次，它的根本特徵是以「象」盡「意」，又超越「象」進入無物無我的境界。實際上，在「意象」研究中，「象外」問題也是常見的視角，只不過先秦時期尚未正式出現「象外」的記載。秦漢以後，「象外」這一概念才進入人們的理論視野。六朝時期，「象外」說受佛教和玄學的影響而形成並應用在畫論中的，並在唐宋、明清時期長足發展。關於「象外」說的歷史發展，胡雪岡說：「明確提出『象外』說的則是三國時的荀粲。」〔註41〕荀粲：「斯則象外之意，係表之言，故

〔註41〕胡雪岡：《「象外」說的歷史發展》，《溫州師範學院學報》（哲學社會科學版），

蘊而不出矣。」〔註 42〕隨後，六朝時期，稱佛理為「象外之談」，如僧肇在《涅槃無名論》中說：「斯乃窮微言之美，極像外之談者也。」再如王士禎評嵇康詩「目送歸鴻，手揮五弦」時說：「妙在象外。」唐代劉禹錫《董氏武陵集紀》「義得而言喪，故微而難能；境生於象外，故精而寡合。」又司空圖在《與極浦書》中說：「象外之象，景外之景，其容易可談哉？」《二十四詩品》：「超以象外，得其環中。」宋元明清時期，「象外」說常見於文論、詩論、畫論各個藝術領域，如陳廷焯《白雨齋詞話》：「意在筆先，神餘象外。」以上對中國傳統美學中「象外」說的梳理，可以看出，中國傳統美學中有豐富的「象外」思想，把「象外」作為「意象」結構層次之一實不為過。

「象外」是不拘於具體形象，超越具體形象之外的精神、心靈的境界，以有無相生、虛實相成為特徵。相對於「有」來說，它是「無」；相對於「形」來說，它是「神」；相對於「實」來說，它是「虛」。換言之，「意象」的「象外」結構層在表意方式上是以虛無、傳神為特徵的，是對「言」「象」具體表意元素的超越。「象外」結構層這種「超象」的表意方式是其根本特徵，胡雪岡稱之為「超象顯現」。〔註 43〕也就是《莊子》所說的「得魚忘筌」「得兔忘蹄」，強調對作為意義載體的具象的超越，在「忘象」「忘我」中獲得無物無我的審美體驗。

「意象」的「象外」結構層，雖然在先秦時期沒有明確的記載，但是先秦的「言意觀」卻鮮明地表現出存在著「言外」「象外」意蘊結構層的思想。《周易》：「立象以盡意」，從邏輯層次上，「言」「意」的目的在於「立象」，「立象」的目的在於「盡意」。但是，意蘊的傳達並不止於所立之「象」。正如王弼《周易略例．明象》：「意以象盡，象以言著。」即「言」、「象」作為「意」的物質載體，又：「存言者非得象者也，存象者非得意者也……得意在忘象，得象在忘言。」這裡暗含著一種思想，即一旦人的理解止於作為意蘊載體「言」「象」反而是不能「得意」的。超越「言」「象」才能得「意」。「忘」其實是對「象」的超越，再次佐證了「言」「象」之外另有一個意蘊世界。換言之，「言外」「象外」結構層次是存在的，並且是「言」「象」真正要體現的目標。

1995 年第 5 期，第 2 頁。

〔註 42〕《三國志．魏志．荀彧傳》注引何劭《荀粲傳》所載荀粲關於言意之辨的言論。

〔註 43〕胡雪岡：《「象外」說的歷史發展》，《溫州師範學院學報》（哲學社會科學版），1995 年第 5 期，第 9 頁。

「象外」說的哲學思想淵源可以追溯到先秦時期的老莊哲學。《老子》把「道」定性為不具名形，天人、物我混融、虛無恍惚的「大象」。「大」，《康熙字典》訓作：「不同同之謂大。」說明「大」強調對所指稱事物的異質性。因此，《老子》「大象無形」、「大音希聲」之說，其中「大象」、「大音」是不同於「象」和「音」的。具體地說，「大象」是無「形」的，是不同於具體形象的。《老子》：「無名之樸，夫亦將無欲。不欲以靜，天下將自定。……萬物將自化。」注曰：「故象而形者非大象。」「道之所成者。在象則為大象，而大象無形；在音則為大音，而大音希聲。」〔註 44〕可見，「道」之「象」是「大象」，「大象」以對具體「形」「聲」之具象的超越為特徵。不囿於「象」本身的審美追求，就是對「象外」境域的美學關照。

「道」在「象」即為「大象」，中國古典美學對「道」的執著體現出「忘形」「忘象」以至虛無玄妙無限的「象外」之境上，即旨在表現超以象外的意蘊。《老子》以「大象」為審美對象，原因在於《老子》認為「道不可言」：「道之為物，唯恍唯惚。惚兮恍兮，其中有象，恍兮惚兮，其中有物。」王弼注曰：「欲言無邪，而物由以成。欲言有邪，而不見其形，故曰無狀之狀，無物之象。」〔註 45〕即在以「道」為最終表現對象的背景下，面對「大道不稱」，「道可道，非常道」的言說困境，一切有形的「言」「象」因素都是有限的，要呈現「無狀之狀，無物之象」的「道」，只能「守靜篤，致虛極」的「無言」「無形」的「大象」才能盡「道」和「意」。由此可見，《老子》的「大象」一方面是對「象」的超越，另一方面以虛無玄妙的「道」的意蘊為指稱對象，這與「象外」之「境」不受形拘，至虛至大，在意蘊性上具有無窮張力的特點一致。所以，有論者說：「『象外』類似於老子所說的『大象無形』的大象。」「無形的『大象』屬於『象外』的範疇。」〔註 46〕再如趙暉：「『大象』說對後代『象外』說的誕生有直接的啟發。」〔註 47〕將老子的「大象」說作為「象外」說產生的源頭、雛形，這是可圈可點的結論。

〔註 44〕王弼注，樓宇烈校釋：《老子道德經校注釋》，北京：中華書局 2008 年版，第 113 頁。

〔註 45〕王弼注，樓宇烈校釋：《老子道德經校注釋》，北京：中華書局 2008 年版，第 53 頁。

〔註 46〕陳玉強：《六朝「象外」說的語境及審美指向》，《山西師大學報》（社會科學版），2015 年 3 月，第 65 頁。

〔註 47〕趙暉：《從司空圖「象外」說看意境的結構生成》，《呂梁學院學報》，2013 年 8 期，第 6 頁。

「象外」說的另一個哲學淵源是《莊子》，突出表現為「物外」「言意之表」「無竟」「象罔」等命題上。《莊子．逍遙遊》在解釋「逍遙遊」時說：「言逍遙乎物外，任天而遊無窮也。」〔註 48〕這裡出現了「物外」的概念，何為「物」？《周易》：「盈天地者唯萬物也。」〔註 49〕《莊子．達生》：「凡有貌相聲色者，皆物也。」〔註 50〕這裡，「物」指有具體形象的、可聞可見可感的事物，是「實」的，等同於客觀事物、具體形象。《莊子》以「逍遙」為置身於「物外」入於「無窮」的精神狀態。「物外」是「無窮」之境，也是不以具體形名可以限制的「象外」境域。趙奎英：「『道之境域』，亦即『天地之境』，它是道開闢出來的無限精神空間，也是人的自由精神『逍遙遊』時所能達到的無限境界。」〔註 51〕即「逍遙遊」不是人的肉身和形體所為，而是精神活動。而且精神活動的時空是「天地之境」「道之境域」，這本身就是超然「物（象）外」的層面，所以，「物外」就是「象外」，對後世「象外」說的萌生意義不容小覷。

在《莊子》裏，「象外」的追尋還體現在「言意之表」的命題上。《莊子．秋水》：「可以言論者，物之粗也；可以意致者，物之精也；言之所不能論，意之所不能察致者，不期精粗焉。」郭象注曰：「唯無而已，何精粗之有哉！夫言意者，有也；而所言意者，無也。故求之於言意之表，而入乎無言無意之域，而後至焉。」〔註 52〕「言意」是「象內」可識可見的「有」，「所言意者」是「道」之「無」。對於「立象」的「言」「意」（具象、「有」）而言，言意之外就是「象外」那種「無言無意之域」。《莊子》把以「象」為表現對象的言說方式稱為「盡物」，把以「象外」為表現對象的言說方式稱為「盡道」，並認為「盡道」才是「言而足」的。《莊子》：「言而足，則終日言而盡道；言而不足，則經日言而盡物。」郭象云：「求道於言意之表則足。」〔註 53〕即「盡道」和「盡物」是言說的兩種境界，主張超過「象」的侷限在「言意之表」呈現意蘊。

〔註 48〕王先謙：《莊子集解》，北京：中華書局 1954 年版，第 1 頁。

〔註 49〕王弼撰，孔穎達疏：《周易正義》，北京：中華書局 1980 版，第 95 頁。

〔註 50〕王先謙：《莊子集解》，北京：中華書局 1954 年版，第 157 頁。

〔註 51〕趙奎英：《「道不可言」與「境生象外」——莊子語言哲學及其對意境論的影響》，《山東師範大學學報》（人文社會科學版），2007 年第 3 期，第 18 頁。

〔註 52〕郭慶藩：《莊子集釋》，北京：中華書局 1961 年版，第 573 頁。

〔註 53〕郭慶藩：《莊子集釋》，北京：中華書局 1961 年版，第 919 頁。

此外，《莊子》的「無竟」也是「象外」之「境」，它們在玄虛、無限，超出具體形象之外方面具有一致性。《莊子》：「振於無意，故寓諸無竟。」《莊子》所創構的文學形象，恣肆無端無涯，對「象」的「觀」「忘」之間，恰是「象外」的無物無我的澄明之境，即「無竟」。朱棟：「意境與無竟的共同之處在於都要求處於某種特定狀態的主體全身心地專注於對象又超脫於對象，順應萬物而合於自然，最終將精神安頓於無限自由的大美狀態。」「無竟乃意境之本源，也是意境說發展流佈過程中得以保存的同一性思想內核。」〔註 54〕可見，「無竟」所指稱的正是「象外」無物無我、天人合一的境域，它對「象外」之「境」的影響也是顯見的。

再次，從「象外」之「境」具有「超象顯現」的特徵來說，《莊子》「象罔」也是影響「象外」說的一個方面。《莊子》「象罔」是在獨特的心理狀態下，超越一切有形有名之物的限制，包括自我肉身的限制，以「神」遇「道」，以「虛」入「虛」，這與「象外」之意蘊「超象顯現」的特徵一致。「象罔」是迥異於「智」等人為因素的方式方法，而強調自然「悟」入，以「遊心於淡，合氣於漠」。〔註 55〕這也是莊子所說的「坐忘」「無己」：「墮肢體，黜聰明，離形去知，同於大通，此謂坐忘，」「大同而無己。無己，惡乎得有有！睹有者，昔之君子；睹無者，天地之友。」〔註 56〕「坐忘」「無己」其實質都是「忘象」「物我兩化」，是超越有形的物我、名實，以「虛」己應和「道」之「虛」。由此可見，「象罔得珠」的寓言強調「道」之「虛」是最高的審美對象，但它存在於耳目感官所體驗到的具象之外。「象罔」「得道（意）」的合理性建立《老子》對「道」的闡釋上。《老子》強調「道」「虛無」的特徵：「大音希聲；大象無形；道隱無名。」〔註 57〕無形的「大象」、無聲的「大音」才是與無名無形的「道」同處於形而上層面的存在，是「形名聲色果不足以得彼之情」的「虛無」之境。《老子》：「聽之不聞曰希，視之不見曰夷，博之不得曰微。」〔註 58〕即在耳目感官所能把握的「有」、「實」範圍之外，是為「無言」「無聲」

〔註 54〕朱棟，支運波：《莊子無竟：意境說的直接源頭與穩定思想內核》，《西南民族大學學報》（人文社會科學版），2015 年 6 期，第 174～179 頁。

〔註 55〕王先謙：《莊子集解》，北京：中華書局 1954 年版，第 71 頁。

〔註 56〕王先謙：《莊子集解》，北京：中華書局 1954 年版，第 97 頁。

〔註 57〕王弼撰，樓宇烈校釋：《老子道德經校注釋》，北京：中華書局 1980 年版，第 113 頁。

〔註 58〕王弼撰，樓宇烈校釋：《老子道德經校注釋》，北京：中華書局 1980 年版，第 31 頁。

「無形」的「虛無」性存在。這一審美境域的呈現，依賴於「無已」「忘言」「忘象」的方式，即「象罔」摒棄耳目感官所見所聞的具象的方式，以「虛」「無」的心理狀態達到「虛」「無」的審美境界。這樣，我們就可以清楚地看到以「象罔」呈現「道」境的機制之所以有效，在於「象罔」的審美方式正是對具象的「遺」「忘」，它與「象外」「超象呈現」意蘊的方式是一致的。

最後，「象外」說的形成，還得益於先秦時期「內外」「形神」的審美意識。「形」「神」、「內」「外」審美層次及其關係的思想對於「意象」「象內」、「象外」的結構層次具有建構作用。《荀子．天論》：「形具而神生，好惡，喜怒，哀樂藏焉。」〔註 59〕「夫道也，所以充形也。」〔註 60〕「形」即「象」，是「神」、「道」之所依。韓康伯《周易．繫辭上》注「陰陽不測之謂神」一句時說：「神也者，變化之極妙萬物而為言，不可形詰者也。」〔註 61〕再次說明「形」即具體可見可感的「物象」、「形象」，是就「象」的意義而言的，而「神」在「形」(「象」) 外。《管子．內業》：「心全於中，形全於外。」〔註 62〕「心」即「神」，「心全」才能外化為「形全」，強調「神」的主導性，說明「形」「神」互現，內外相彰的關係。《莊子》通過「形骸之內」與「形骸之外」的對比，強調「形骸之內」內在精神超越，即主體心靈「忘形」「忘象」而得「意」體「道」的自由和自得之境界。「今子與我遊於形骸之內，而子索我於形骸之外，不亦過乎？」〔註 63〕「形骸之內」與「形骸之外」的對舉，實際上是將「形」視為具象(此處指人的髮膚形貌等具體形象因素)，「遊於形骸之內」，是強調超越這些外在具象因素，在「忘身」「忘已」「忘我」中「精神四流並達」與天地同體的境界。

而在「形」「神」、「內」「外」問題上，傳統美學體現出重「神」輕「形」、重「內」輕「外」的傾向性，或者說強調「象外」層面的呈現。《莊子》對「美」的理解就是超出人的形貌特徵而以人的精神境界為評價標準的。《德充符》：「兀者王駘」，疏曰：「德充於內，自有形外之符驗也。」〔註 64〕即王駘雖形

〔註 59〕王先謙：《荀子集解》，北京：中華書局 1988 年版，第 309 頁。

〔註 60〕黎鳳翔撰，梁運華整理：《管子校注》，北京：中華書局 2004 年版，第 932 頁。

〔註 61〕王弼、韓康伯注，孔穎達疏：《周易正義》，阮元校刻《十三經注疏》，北京：中華書局 1980 年版，第 78 頁。

〔註 62〕黎鳳翔撰，梁運華整理：《管子校注》，北京：中華書局 2004 年版，第 939 頁。

〔註 63〕王先謙：《莊子集解》，北京：中華書局 1954 年版，第 50 頁。

〔註 64〕王先謙：《莊子集解》，北京：中華書局 1954 年版，第 47 頁

體有缺陷，但是此人「心實虛忘」，「心」為「內」，是精神性的，評價的標準在於內在之「德」而非外在之形貌。再如：「夫若然者，且不知耳目之所宜，而遊心於德之和；視期所一而不見其所喪。」疏曰：「既而混同萬物，不知耳目之宜，故能游道德之鄉，放任乎至道之境者也。」〔註 65〕「不知耳目之宜」，是對耳目感官所見所聞的「具象」的超越，只有在「忘象」的情況下，才能達到「至道之境」即「物之初」混同萬物的境界。相對於耳目可見的「象」，「遊心」顯然是「象外」境域的精神活動。也就是說，傳統美學不以「形」「象」為最終的呈現對象，而以「傳神」、精神境界的呈現為表現對象，實質上是對「象外」境域的強調。

《周易》：「形而上者謂之道，形而下者謂之器。」〔註 66〕以「有形」或「無形」作為區分「道」「器」的標準。以此推論，「天」（自然）、「人」（人自身）也是「有形」的，屬於具象的層面，而「天人合一」則是無物無我、超以象外的境界。傳統審美意識重「神」輕「形」傾向正是「象外」結構層對「有形」「具象」的超越。「神」，在有形（象）無形（象）之間玄妙變幻，體現出虛實相參、有無相成、形神相生的特徵，這也正是「象外」境域的美學特徵。胡雪岡說：「『象外』說追求一種超越物象或形象之外的雋永深邃的藝術境界，由『象內』到『象外』乃形神、表裏、虛實、有無等系列對應關係嬗變轉化過程。」〔註 67〕「象外」超越具象之外，形神、虛實、有無兼具的特徵，正是「天人」觀從天人、物我兩分到天人、物我兩化境界時的特徵，其內在的機制就是以「象」取消天人、物我之間的對立，進而在「忘象」中獲得超以象外的審美體驗。《莊子》將這種體驗描述為：「精神四達並流，無所不極，上際於天，下蟠於地，化育萬物，不可為象。」「不可為象」，宣云：「不可得而跡象之。」〔註 68〕「象外」之「境」虛實相生，有無相成、形神兼備的特徵是不能以具象完全呈現的。錢鍾書在《管錐篇．天平廣記》中提出「意餘於象」「象外見意」，其實就是指主體的情感、想像超出所立之「象」的限制，在有形中見無形，在有限中見無限，在實境中見虛境，使主體的藝術情思與「象」

〔註 65〕郭慶藩：《莊子集釋》，北京：中華書局 1961 年版，第 192 頁。

〔註 66〕王弼、韓康伯注，孔穎達疏：《周易正義》，阮元校刻《十三經注疏》，北京：中華書局 1980 年版，第 83 頁。

〔註 67〕胡雪岡：《「象外」說的歷史發展》，《溫州師範學院學報》（哲學社會科學版），1995 年第 5 期，第 9 頁。

〔註 68〕王先謙：《莊子集解》，北京：中華書局 1954 年版，第 133 頁。

混融，形成一種虛實相生、有無相成、空靈飄逸的審美境界。這是「象外」思想的延伸，也是藝術意境生成的重要表述。

本章小結

本章從先秦時期「天人」觀念入手，以「天人」觀和「意象」觀共有的「物我」關係範疇為切入點，考察先秦時期作為一切觀念意識產生的哲學背景——天人觀念對「意象」結構特徵的影響。概括地說，從物我關係狀態看，先秦時期的天人觀念分為三種形態，一是道生萬物之前，天人不分，混物混我的狀態。此時，從認知和審美上來說，物我渾然一體，沒有主體意識，也沒有清晰的審美觀念的。二是萬物化生，天人有分、有物有我的狀態。此時，天人、物我是對象化存在的兩元，從認知和審美上來說，它形成「意象」審美活動中主客、物我的兩元基本結構。三是天人合一、無物無我的狀態。「象」思維的認識和審美方式，使「天人」、「物我」之間由對象化存在的狀態轉化為非對象化存在的狀態。物我兩化，合二為一形成「意象」整體性結構追求。

在傳統美學觀念中，「象」一方面是取消「天人」「物我」的橋樑，另一方面，止於「象」、囿於「象」則不能達到審美的最高境界：「道」的境界，這直接孕育萌發了「象外」的思想觀念。《老》、《莊》等典籍中鮮明地顯示出超越有形有象之「有」，以無形無象、無物無我的「物外」「象外」為審美對象的思想，即「象外」之境的思想觀念。《老》、《莊》「大象」說、「象罔」說、「物外」說、「言意之表」、「無竟」等稱述，即是對「象外」意義結構層存在的肯定，也是「超象」的意義呈現方式。「虛己」、「忘象」是泯然物我、同於天地大化的境界。這一境界，有象似無象、有形似無形，在有無、虛實之間嬗變轉換，正是「象外」境域的審美特徵。「象外」境域的提出和審美特徵的形成過程也是「意象」觀結構和審美特徵的形成過程。

第四章　先秦意象生成論

引言

「意象」生成之於「美」的重要性深受關注，葉朗「美在意象」、朱志榮「美是意象」的命題，一致將「意象」的生成過程與「美」的生成過程聯繫起來，這是符合傳統美學對「美」與「意象」的關係的理解的。如明代詩論家胡應麟在其《詩藪》中說：「古詩之妙，專求意象。」今人胡雪岡在他的《意象範疇的流變》一書中也說：「審美意象乃詩歌的本體。」〔註1〕所以，「意象」的生成問題，也是「美」的生成問題，極具研究價值。

「意象」的生成問題，本文在緒論中梳理了現有的研究成果和主要觀點。其中，朱志榮先生在《論審美意象的創構過程》〔註2〕《論審美意象的創構》〔註3〕《中國審美理論》〔註4〕等論文和論著中，視「意象」的生成為一個物我貫通、情景合一、神合體道的過程。這是對傳統美學中「意象」生成問題的現代概況。傳統美學關於「意象」生成的論述，極為重視「感於物而動」、物我兩化這一視角，著眼於「物我」「情景」「內外」關係，認為「意象」的生成是以上兩個方面互相引發乃至不分彼此的過程。一方面，「意象」的生成必須

〔註1〕胡雪岡：《意象範疇的流變》，南昌：百花洲文藝出版社2001年版，第133頁。
〔註2〕朱志榮：《論審美意象的創構過程》，《蘇州大學學報》（哲學社會科學版），2005年5月，第73～80頁。
〔註3〕朱志榮：《論審美意象的創構》，《學術月刊》2014年5月，第110～114頁。
〔註4〕朱志榮：《中國審美理論》，上海：上海人民出版社2013年版，第66頁。

要有主體的參與，強調主體在「意象」生成中的第一性地位。如，吳喬《圍爐詩話》:「詩之中須有人在。」王夫之《隨園詩話》卷七:「作詩，不可無我。」《薑齋詩話》:「詩之為道，必當立主御賓，順寫景觀。」以上論者均強調主體對於「物」「景」的「發現」作用，即只有當主體的情感、想像對象化在這些物象本身時，才有審美發生的可能，是對「意象」生成過程必不可少的主體參與的強調。另一方面，「意象」的生成是超越「物」「我」對立、「情」「景」有分的，體現為物我合一、情境交融的美感體驗。如王夫之《薑齋詩話》卷二:「詩文俱有主賓者，乃俱有情而相浹洽。」近代詞學大家趙尊岳在《填詞叢話》卷五中說:「然寫景若非緣之以情，景亦不深。……情境糅柔之作，便當融成一片，使讀者迴環往復，無從辨其為景為情，斯為名製。」〔註5〕況周頤在《蕙風詞話》中也說:「蓋寫景與言情，非二事也。善言情者，但寫景而情在其中。」〔註6〕再如:「凡詩，物色兼意下為好，若有物色，無意興，雖巧亦無處用之。」以上旨在強調「意象」生成過程「物」「我」、「情」「景」兩元圓融一致的本質特徵。

「意象」生成超越「物」「我」、「情」「景」的分野，始於「感」。「感」即「感物動情」。《禮記·樂記》:「樂者，音之所由生也。其本在人心之感於物也。」又:「凡音之起，由人心生也。人心之動，物使之然也。」樂象的生成始於感物動情，它的產生是『物』對於『心』的觸發，『物』的感觸在先，『心』的感應在後。正所謂「在心為志，發言為詩」，在詩歌創作的過程中，寄意於物象，寄託既遠，興象彌深，「意象」由此產生。這裡有一個基本的命題，就是「物感」說。該說認為:客觀「物象」因其形式因素，諸如聲色、形制、體貌、情態等，能夠感發內在於主體的喜怒哀樂之情志。而主體情志起伏於「內」，不得不以文字、樂舞等藝術形式見於「外」的迫切創作欲望和創作過程，是為「興」。王世貞《藝苑卮言》中評阮籍《詠懷》說:「遇境即興，興窮即止。」認為阮籍詠懷詩是觸物起情，自然興發的上乘作品，也是強調「感」「興」在詩歌審美上的作用。

在「意象」生成過程中，「興」與「感」密切相關，「感」是物我相照的瞬間，「興」則側重於主體的情感、想像活動，體現出時間上的延續性。「興」典

〔註5〕趙尊岳:《填詞叢話》卷五。

〔註6〕郭紹虞、羅根澤主編:《蕙風詞話　人間詞話》，北京:人民文學出版社1960年版，第24頁。

出多處，但是「感」於「物」、寄「情」於「物」從而達到天人、物我合一境界的特徵，是基本一致的。摯虞：「興者，有感之辭也。」直陳「興」與「感」物的密切關係。劉勰：「起情，故興體以立。」「興體」即由「物象」詠「情志」的創作方法。詞人況周頤在解釋「詞心」時說：「吾聽風雨，吾覽江山。常覺風雨江山外，有萬不得已者在。此萬不得已者，即詞心也。」〔註7〕「聽」「覽」是說視聽感官加之於「風雨」「江山」客觀「物象」，視聽所及具有「起情」的作用。「起情」即「興」，主體情感的參與，使「物」非所是，產生「物外有物」之美感。這就是「心物交感」的情況下，「意象」於是而生的描述。即「興」實際上正是「感於物而動」的主體情感不可遏止的運思創作過程。

基於以上所述，可見，在傳統美學中，「意象」的生成包含了主體之「意」與客觀之「象」兩個基本方面，以「感」「興」為發端，據「象」出「意」的過程。由於這一過程離不開主體的參與，所以現當代美學研究者也常稱意象的「生成」過程為「創構」過程。這兩種說法的區別在於，前者強調「意象」是物我之間自然感發的結果，後者則強調主體在藝術實踐中主動「制象」的過程。如朱志榮在《〈文心雕龍〉的意象創構論》〔註8〕一文中指出：意象創構是「和諧一致的互動關係。」「在審美的思維方式中，意象是物我雙向交流的產物。」「物我交融需要『神與物遊』，想像和比興使得意與象融合無間。」在《意象創構中的感物動情論》一文中說：「主體受外物的感發，激發起情感的回應，物我之間相摩相蕩，情景交融，從而在心靈中創構意象。因此，審美活動便是主體感物動情的活動，便是意象創構的活動。」〔註9〕朱志榮關於意象創構的思想，包含了感物動情、主體情感想像的主動創造以及象思維的具體思維方式和比興的創構手法，都是「意象」生成中不可忽視的問題。胡雪岡說：「當物象轉化為意象而充滿主觀情緒色彩時，不是主體情緒的單向投射，而是『情往似贈，興來如答』。我既贈物以情，物亦答我以興。」〔註10〕這裡所說的「情往似贈，興來如答」同樣也是物我互相引發，共同作為雙向交流

〔註7〕郭紹虞、羅根澤主編：《蕙風詞話　人間詞話》，北京：人民文學出版社1960年版，第10頁。

〔註8〕朱志榮：《〈文心雕龍〉的意象創構論》，《江西社會科學》，2010年1期，第96～100頁。

〔註9〕朱志榮：《意象創構中的感物動情論》，《天津社會科學》，2016年第5期，第126頁。

〔註10〕胡雪岡：《意象範疇的流變》，北京：人民文學出版社2013年版，第236頁。

的主體的表述。這一過程正是對「意象」生成過程的稱述。

本章將從先秦時期的「交感」「物感」理論入手，分四個部分梳理先秦時期意象生成方面的美學觀念。第一，「意象」的生成離不開「心」「物」關係，以巫術為例，考察「感」「通」觀念對「意」「象」兩元融合的基礎性作用。第二，「意象」的生成有兩個原則，即「以意為主」和「立象盡意」。第三，「意象」生成的具體方式為「連類譬喻」，主體「觀象」、「立象」、「制象」，同時借助「象」的象徵性，在連類譬喻中呈現「意象」的無限境域。第四，「感」「通」、「觀取」、「立象」、「譬喻」都離不開主體的參與和創造，因此，主體修養是「意象」創構的條件之一。簡言之，「意象」的生成依賴於主體的審美心理和審美能力，即以「忘我」、「虛己」為特徵的「遊心」審美心理。

第一節　心物感通：意象生成的前提

詩學及美學中的心物關係，與《周易》中萬物「交感應會」的思想一脈相承，「交感應會」也即常說的「感」「通」。「感」「通」觀念廣泛存在於傳統哲學和詩學觀念中。「道」綰陰陽二氣，陰陽相感，自然生成萬物，這是「感」「通」理論的哲學基礎。在先秦時期，無論是文化典籍還是以巫術為代表的生產生活活動，都有豐富的物我感通的思想。以文化典籍為例，《繫辭》：「天地絪縕，萬物化醇，男女構精，萬物化生。」〔註 11〕「天地」「男女」乃「陰陽」兩端，《周易》直觀簡明地將萬物的化生過程看成陰陽交感、男女構精的過程。又：「天地交而萬物通」「天地不交而萬物不興」，一致認為：陰陽交匯才有生生不息的生命現象。而「陰陽」交匯始於「感」，《周易》「咸」卦：「咸，通感，猶言感應。」是為「物感說」的哲學基礎。又「損」卦，《正義》在解「損」即「君子懲忿窒欲」時說：「夫人之情，感物而動；境有順逆，故情有忿欲。」認為人之情志隨情境的變化而變化，是物我互相引發的直接表述。在《郭店楚簡》中，也同樣延續著這樣的思想，《性自命出》一篇：「凡人之性，心無奠志，待物後而作，待悅而後行，……喜怒哀悲之氣，性也。及其見於外，則物之取也。」〔註 12〕「奠」同「定」，例見楊雄《太玄・玄摛》：「天

〔註 11〕鄭玄、韓康伯注，孔穎達疏《周易正義》，阮元校刻《十三經注疏》，北京：中華書局 1980 年版，第 88 頁。

〔註 12〕荊門市博物館編：《郭店楚墓竹簡》，北京：文物出版社 1998 年版，第 179 頁。

地奠位」。「則物之取也」是指具有感性形式的物象能夠引發內在於人性的喜怒哀樂之情，即「感物動情」。

「感」「通」是審美活動中物我之間的感應，它建立在萬物同源同構的認識論基礎上，是先秦顯性存在的審美意識。「感通」觀念具有合理性的依據是《老》、《莊》以「氣論」為基礎的「道」本體觀念。《莊子》認為，萬物「氣聚則生，氣散則死」，因此事物之間依據「氣」的流動性是可以互相轉化的，這就奠定了「感」「通」說的理論基礎。而《周易》更加清楚地將「感通」觀念提出來：「天地絪縕，萬物化醇；男女媾精，萬物化生。」「絪縕」是霧氣彌蒙，物我難分的狀態，比喻男女媾精、天地交感而生萬物的過程。「《易》無思也，無為也，寂然不動。感而遂通天下之故。」〔註 13〕旨在說明陰陽、天地以及由此而生的萬物之間相感交通的情形。除此之外，《周易》還有許多與「感通」觀念相關的論述，如「夫《易》，彰往而察來，而微顯闡幽。」「其言曲而中，其事肆而隱。」〔註 14〕「近取諸身，遠取諸物，於是始作八卦，以通神明之德，以類萬物之情。」〔註 15〕「《易》與天地準，故能彌綸天地之道。」〔註 16〕「觀其會通」，「極深而研幾」等，都包含著超越時空、人神、事物狀態等具象差別而獲得審美感受的心理體驗，這種心理體驗就是「感通」。「萬物因天地陰陽的交感而生成之後，萬物之間以及萬物與陰陽天地的關係同樣是『感通』的關係，只是此時的『感通』不是生成意義上的『感通』，而是『輔』即相互依存共生共榮意義上的『感通』。」〔註 17〕這就揭示了「感通」不僅在萬物化生的源頭上具有可能性，而且萬物在事物之間的關係模式上也具有「感通」的可能性，揭示了人與萬物作為一個生命整體共通的本性，王雅的這一結論使「感通」觀念在天人、人物、人人、物物之間都具有普遍性。

在哲學觀念上廣泛存在的「感通」「交感」思想，也滲透在詩樂理論中，研

〔註 13〕鄭玄、韓康伯注，孔穎達疏《周易正義》，阮元校刻《十三經注疏》，北京：中華書局 1980 年版，第 81 頁。

〔註 14〕鄭玄、韓康伯注，孔穎達疏《周易正義》，阮元校刻《十三經注疏》，北京：中華書局 1980 年版，第 89 頁。

〔註 15〕鄭玄、韓康伯注，孔穎達疏《周易正義》，阮元校刻《十三經注疏》，北京：中華書局 1980 年版，第 86 頁。

〔註 16〕鄭玄、韓康伯注，孔穎達疏《周易正義》，阮元校刻《十三經注疏》，北京：中華書局 1980 年版，第 77 頁。

〔註 17〕王雅：《「生生」、「感通」、「偕行」——〈易傳〉的天人共生哲學》，《周易研究》，2010 年第 3 期，第 31 頁。

究者稱之為「物感說」。《毛詩正義序》:「夫詩者，……六情靜於中，百物蕩於外。情緣物動，物感情遷，……發諸性情，協諸律呂，故曰感天地動鬼神，莫近於詩。」〔註18〕「詩」之所以具有「感天地動鬼神」的心靈力量，在於「心」「物」兩端的交互牽引，觸物起情，情感在樂調抑揚頓挫、平緩激越中延伸，得以疏導，並在審美體驗上達到與天地相參的境界。這一觀點，朱熹也曾申明，他在《詩集傳·序》中說:「人生而靜，天之性也，感於物而後動，性之欲也。夫既有欲矣，則不能無思；既有思矣，則不能無言。既有言矣，則言之所不能盡，而發於諮嗟詠歎之餘者，必有自然之音響節奏而不能已焉。此《詩》之所以作也。」〔註19〕即「性」本之於「天」,「靜於中」；受「物」感發不可避免地「動於外」表現為「欲」。「欲」，人性之「惡」，在音樂的節奏中昇華為與「道」同在的美善體驗。朱熹認為這種淨化人心的作用正是《詩》的目的，其實是在認同「觸物起情」的基礎上立論的。又《禮記正義序》:「夫人上資六氣下乘四序，賦清濁以醇醨，感陰陽而遷變。故曰：人生而靜，天之性也，感物而動，性之欲也。喜怒哀樂之志於是乎生，動靜愛戀之心於是乎在。精粹者，雖復凝然不動。」〔註20〕可見，詩樂理論一致將「物感」說作為詩樂藝術發生的起點。

詩樂作為先秦時期常見的藝術形式，它的「感通」觀念也被研究者關注已久。實際上，除詩樂外，在先秦社會和國民生活中占重要地位的巫術活動，也是以「感通」為作用機制溝通「天」「人」、「物」「我」，體現了早期的意象生成思想。巫術作為先民重要的生活內容，它有目的、有意識、自覺地「立象」「制象」以尋求「天」「人」之間的感通。首先，巫術活動是意象性的，這保證了我們以巫術為例考察「感」「通」在「意象」生成中的作用是可取的。巫術的意象性表現在它具有相對穩定的內容和形式(「形」「物象」)，並且這些形式形象是在「觀象」基礎上抽象出來的，並且具有相應的「意味」。對此，有論者如是說：「原始巫術，它為藝術的產生提供了表層上的活動場所；深層的主體意識、社會意識的確立；規範的內容形式；一系列最初的審美範疇。」〔註21〕藉此，我

〔註18〕毛亨撰，鄭元箋，孔穎達疏:《毛詩正義》，阮元校刻《十三經注疏》，中華書局1980年版，第261頁。

〔註19〕朱熹注，王逸注，洪興祖補注:《詩集傳》，長沙：嶽麓書社1989年版。

〔註20〕鄭玄注，孔穎達疏:《禮記正義》，阮元校刻《十三經注疏》，北京：中華書局1980年版，第1222頁。

〔註21〕高樹群:《原始巫術在藝術起源中的中介作用》,《思茅師範高等專科學校學報》，2001年6月，第22頁。

們可以認定巫術發生的場所、形式規範為所立之「象」，主體意識、社會意識等是它所承載的「意」，而所謂的「審美範疇」則是天人、物我、象意等，該論充分肯定了巫術的意象性特徵。

先秦時期巫術的普遍性以及它對人的精神生活和對藝術及美學的影響，也決定先秦「意象」思想研究不能忽略巫術這一維度。巫術普遍存在於先秦時期的生活和生產活動中，進而影響人的精神以及藝術和美學的發生。《國語・楚語下》記載了「絕地天通」的神話，意思是說少昊時期，聖人禮樂制度衰敗，祭祀由朝廟淪落到鄉野，民申雜糅，於是顓頊帝「乃命南正重司天以屬神，命火正黎司地以屬民，使復舊常，無相侵瀆，是謂絕地天通。」值得注意的是，「絕地天通」的神話有一個「家為巫史」的背景。「家為巫史」的現象說明當時旨在溝通人神的巫術活動的普遍性。而在這類活動中，人神溝通的作用機制就是認為兩者之間存在「感通」。又甲骨卜辭：「丙子卜，𡆥，貞帝弗若。」「丙辰卜，貞武丁丁，其牢。」「常令雨足年。」「庚戌卜，貞帝其降堇。」又如祭祀活動中常見的歌舞娛神情景，都足見貞卜活動作為回應先民在天人、物我關係方面的精神困惑上的廣泛性、重要性。巫術活動關乎人的精神意識，並由此美學化。如克萊夫・貝爾所說：「藝術與生活的關係只限於它與精神生活的關係。」〔註22〕所以就巫術活動自身來說，它的普遍性及精神性對於藝術和審美的發生也具有積極意義，尤其是巫術是以物我感通機制發生作用的，所以物我「感通」是「意象」生成過程中不可迴避的一個基本問題。

「感通」是巫術能夠「制象」以溝通天人、物我的關鍵。從物我觀上來說，巫術活動既有物我的明確界限又認為物我同源同構、可通可感。「天」是外在於「人」的「物」，屬於人與自然界這一關係範疇。儘管如此，遠古時期的天人觀並不機械地、被動地強調「天」的意志的絕對性，而是認為人能夠通過主動「立象」「制象」的過程達到「天人合一」。如在巫術和祭祀中常見的「樂象」，以《尚書》為例，強調敬德、修身、保民，發揮人的主體性作用，使之與「天」感通。《尚書・虞夏書》：「乃命羲和，欽若昊天，曆象日月星辰，敬授民時。帝曰，夔，命汝典樂，教胄子。直而溫，寬而栗，剛而無虐，簡而無傲。詩言志，歌永言，聲依永，律和聲。八音克諧，無相奪命，神人以和。

〔註22〕克萊夫・貝爾著，周金環、馬鍾元譯：《藝術》，中國文藝聯合出版社1984年版，第49頁。

夔曰，予擊石拊石，百獸率舞。」〔註 23〕夔制樂教胄子的記載說明，「樂象」取象於天，也能憑藉「樂象」達到「神人以和」的認知和審美目的。曾運乾先生解釋說：「音能感物」，此處「物」與「天」「帝」「神」等概念一樣，作為「生物者」的意義，是由「精氣」摶聚而成「物」，這正是巫術活動感通機制適用的形而上一方。巫術之所以能夠「立象」「制象」以溝通天人，原因在於自身對「物」「我」同源同構、可通可感的認知。陳來說：「巫術活動的目的和形式設置本身就是對自身能力的自信的確定，人嗜飲食，故巫以犧牲奉神，人樂男女，故物儀容色媚神，人好聲色，故巫以歌舞娛神，人富言語，故巫以詞令歆神。」〔註 24〕即人是從自身出發，以自身所需推衍神之喜好，實質是將自我物化，物我合一。由此可見，巫術在物我觀上，即認同物我有別，又確信「我」與「物」協調一致的可能，它之所以能夠以「中介」的形式接通天人、物我，其發生作用的最終機制在於主體的「感」「通」能力。如《洪範》：「曰肅，時雨若；曰乂，時暘若；曰晰，時燠若；曰謀，時寒若；曰聖，時風若……曰狂，恒雨若；曰僭，恒暘若；若豫，恒燠若；若急，恒寒若；曰蒙，恒風若。」〔註 25〕如上這種將自我與「物」的抽象世界比擬對照，以連續穩定的句式形象地揭示人的倫理道德與神靈天象的對應關係，就其意識特徵而言，實質是對天人、物我之間某種神秘確切的對應關係的認識，即認為天人、物我之間的「感通」是存在的。

綜上，本節在簡略述及「物感」「感通」觀念及其與藝術（詩樂）的關係之後，重點選擇以巫術「形式」之「象」與附帶「意義」的兩元結構與「意象」「象」「意」兩元基本結構的一致性以及巫術活動中的「物」「我」、「天」「人」之間「感通」作用，說明觀先秦時期的意象生成論是在「物感說」的基礎上發展而來的，其中「物」「我」，「象」「意」的互動是意象生成的關鍵。《衛風・氓》：「桑之未落，其葉沃若」，「桑之落兮，其黃而隕。」「桑」是一具體物象，桑樹的枯榮景象觸發了女性抒情主人公感懷傷春，慨歎青春易逝的情懷，物感使然。「眾人熙熙，如享太牢，如登春臺。」《老子道德經校注釋》引河上公注曰：「春時陰陽交通，萬物感動，登臺觀之，意志淫淫

〔註 23〕曾運乾：《尚書正讀》，北京：中華書局 2015 年版，第 26 頁。

〔註 24〕陳來：《古代宗教與倫理——儒家思想的根源》，北京：三聯書店 1996 年版，第 42 頁。

〔註 25〕孔安國撰，孔穎達疏：《尚書正義》，阮元校刻《十三經注疏》，北京：中華書局 1980 年版，第 192 頁。

然。」〔註26〕正是指「物」「景」對主體情感的觸發作用。當代學者劉綱紀說：「中國美學史立足於主客、心物交感來看審美與藝術創造的。作為這種交感的產物的藝術作品，就是主體由感物而生的『意』，與物而來，和『意』相關的『象』的統一。中國美學的意象論和交感論是不能分離的。」〔註27〕所以在詩樂意象和巫術意象的生成和審美過程中，以「感通」為作用機制，使作為具體藝術形式的「象」的和作為情感、意志的「意」合而為一、物我貫通，是先秦意象生成論最基本的問題。

第二節　「以意為主」「立象盡意」：意象生成的過程

先秦意象生成思想，在心物論的基礎上，還有兩個值得注意的問題，就是「以意為主」和「立象盡意」。在「意」「象」的兩元結構中，「以意為主」表現為對「象外」的追求上，「象外」即是「意」的境域。《尚書・夭典》：「詩言志，歌永言，聲依永，律和聲。」再如：《論語》：「詩可以興，可以觀，可以群，可以怨。」加之《左傳》：「詩以言志」和《莊子・天下篇》：「詩以道志。」「詩言志」、「興觀群怨」「詩以道志」的美學命題肯定了抒發「意志」是詩歌主體的目的所在。再如，《禮記》中記載了「禮」產生的動機在於「寄意」。《禮記・禮運》：「夫禮之初，始諸飲食，其燔黍捭豚，污尊而抔飲，蕢桴而土鼓，猶若可以致其敬於鬼神。」〔註28〕即在飲食等基本生活規範（「禮節」「儀式」等）上，寄託「敬於鬼神」的情感和心理。再如：「小祝：掌小祭祀將事侯、禳、禱、祠之祝號，以祈福祥，順豐年，逆時雨，寧風旱，彌災兵，遠罪疾。大祭祀，逆粢盛，送逆尸，沃尸盥，贊隋，贊徹，贊奠。」〔註29〕其中已然把天地自然現象之敬畏、對祖先的追憶以及對未知世界的探尋作為「禮」所寄託的「意」。這也奠定了中國美學和藝術「寫意」、「傳神」的美學特徵。章學誠說：「六經皆象也」，同時《詩教下》又指出：「善論文者，貴求作者之

〔註26〕王弼注，樓宇烈校釋：《老子道德經校注釋》，北京：中華書局2008年版，第50頁。

〔註27〕劉綱紀：《周易美學》，武漢：武漢大學出版社2006年版，第261頁。

〔註28〕鄭玄注，孔穎達疏：《禮記正義》，阮元校刻《十三經注疏》，中華書局1980年版，第1415頁。

〔註29〕鄭玄注，賈公彥疏：《周禮注疏》，阮元校刻《十三經注疏》，中華書局1980年版，第752頁。

意指，而不可拘於形貌也。」〔註 30〕此言確然。先秦之「文」，體制不一，《周易》以卦爻辭為主；《老子》《莊子》有章制之分而無章制之拘，浩湯洋肆不可強度；詩騷可謂詩賦之體；春秋三傳始發散文之體制，但是都有一個共同的就是追求「象外」、「言外」之「意」，拘於形制則不得其深意。《管子・非相》提出「形」與「神」孰為第一性的問題，認為關注「形貌」特徵，不如以「神」為審美目的。這種思想更是體現在《莊子》中，「匠石運斤成風」「輪扁斫輪」「庖丁解牛」都指出，「意」惟其難盡而尤具審美價值。

《論語》中也有「以意為主」的思想。《論語》:「子曰:『吾有知乎哉？無知也。有鄙夫問於我，空空如也。我叩其兩端而盡竭。』」程樹德《論語集釋》:「知者，知意之知也。」〔註 31〕知「言」不能盡「意」，是為「知」。「意」的特徵是「空空如也」，要向人解釋「意」，必須「叩其兩端」而言之。「兩端」指「事之終始」，此句中孔子認為，用具體客觀的「事象」來解釋「意」，實際上是差強人意而又不得已的舉措。所以《集釋》又:「無離文字說解脫相。世人作著任緣之解，既墮邪觀，起寂然冥合之心，亦有意地，與本地風光，有交涉？」〔註 32〕並有「若見寂然，即為作意。」此處「意地」與「本地風光」即是「意」與「象」的意思，「寂然」為「空空」，以「意」為「空」，實際上是強調「意」已經是融浹、超越了具體「物象」的「意象」，即「入虛」「見意」才是「意象」生成的審美體驗。再如:「辭達而已矣」，並不是否定「修辭」的運用，而是強調以「遠意」為旨歸。《集注》:「辭取遠意而止。」〔註 33〕即憑藉比興譬喻，「立象」「修辭」以達到會「意」的目的，依然是以「意」為旨歸的表現。

總之，先秦時期意象生成思想重視意義的呈現，「以意為主」的中國美學傳統由此濫觴而出。唐陸德明評《莊子》:「然莊生弘才命世，辭趣華深，正言若反，故莫能抻而其弘致，……言多詭誕，或似山海經，或類占夢書，故注者以意去取。」〔註 34〕就是說，《莊子》之「辭」之「言」「取象」的原則，陸德明認為要「以意去取」，也就是認同「意象」創構要「以意為主」的原則。

〔註 30〕章學誠撰，葉瑛校:《文史通義校注》，北京：中華書局 1985 年版，第 80 頁。
〔註 31〕程樹德:《論語集釋》，北京：中華書局 1990 年版，第 586 頁。
〔註 32〕程樹德:《論語集釋》，北京：中華書局 1990 年版，第 586 頁。
〔註 33〕朱熹:《四書章句集注》，北京：中華書局 1983 年版，第 169 頁。
〔註 34〕郭慶藩:《莊子集釋》，北京：中華書局 1985 年版，第 4 頁。

「立象以盡意」的意象創構方式是傳統美學觀念中最常見的意義呈現方式。《周易》「家人」卦《象》有「言之有物」之說：「君子以言有物而行有恆，言行不虛妄，不託之空言是為有物。」〔註35〕關於「言之有物」，黃壽祺、張善文本《周易譯注》稱：「日常語言必須切合實際」〔註36〕，考《周易》「立象盡意」的語言觀，筆者小心推測，此處把「言之有物」理解為「切合實際」，是把「物」侷限於「客觀物象」了。實際上，「物」另有「象」的含義，它是「意中之象」。作證可見《老子》：「惚兮恍兮，其中有象；恍兮惚兮，其中有物。」「物」「象」對照列出，即可見二者在「象而未形」方面具有相通之處。再如，「精氣為物，遊魂為怪」，「精氣」和「遊魂」也並非客觀事物，本質仍然是「意中之象」。由此，我們說，「言之有物」實際上是「立象盡意」，它與章學誠先生所說的「不託空言」一致，都是指「立象盡意」的言說策略。此處的「物」，正是章學誠所說的「人心營構之象」，即主觀創構的「意象」。

章學誠說：「人求道而恍若有見者，皆象也。」〔註37〕對照先秦時期典籍，可見此言見地深刻。「立象盡意」的做法在《周易》《莊子》及巫術活動中普遍存在。在《周易》中，這一特徵更加鮮明，「象」是《周易》的核心觀念。《周易》「觀象」「制象」的實踐將陰爻和陽爻之簡，三才六位之變都是以「卦象」的形式呈現。簡單、抽象的爻象蘊含著「元亨利貞」的判斷。「象者，所以存意，得意而忘象。……然則，存言者，……非得象者也；存象者，非得意者也。象生於意而存象者焉，則所存者乃非所象；言生於象而存言焉，則所存者乃非其言也。然則，忘象者，乃得意者也。忘言者，乃得象者也。得意在忘象，得象在忘言。故立象以盡意，而象可忘。重畫以盡情而畫可忘。」〔註38〕這裡，首先肯定了「象」生於「意」而又「存意」的特徵，也即意象生成要以「象」為「意」的載體，「象」一旦附「意」，就不再是所取得客觀物象，而是「意中之象」了。第二，此段文字指出，意象的生成必須「忘」掉作為載體的客觀物象，在「象外」「言外」求「意」。這裡的「忘」，並非真正的「忘掉」或「捨棄」，而是以直覺思維透過客觀物象直逼其本質的過程，這個過程是「體

〔註35〕鄭玄、韓康伯注，孔穎達疏：《周易正義》，阮元校刻《十三經注疏》，北京：中華書局1980年版，第50頁。

〔註36〕黃壽祺、張善文撰：《周易譯注》，上海：上海古籍出版社2001年版，第303頁。

〔註37〕章學誠撰，葉瑛校：《文史通義校注》，北京：中華書局1980年版，第18頁。

〔註38〕樓宇烈：《王弼集校釋》，北京：中華書局1999年版，第609頁。

道」的過程，「道」是虛柔的，所以「言」「象」的具體性成為追尋「道」的障礙，因此說：「忘象者，乃得意者也。」即超越具象的束縛才能達到「意」的境域。王弼的觀點，即肯定了「象」是「意」的載體，又指出「意象」的生成過程是始於具象，終於忘象得意的過程。這一段精彩的論述恰恰是「意象」「以意為主」和「立象盡意」的最好體現。

《莊子》可以說是「以意為主」和「立象盡意」的具體實踐。「道」作為有無相生、虛實相參的境界，經驗世界的客觀物象不能最大程度地體現「道」的特徵，於是《莊子》塑造了一個豐富的意象世界。它以弔詭的三言筆法，創造出超越形名聲色具象特徵的「大象」。「夫道唯大象，寂寥無形，能成生眾形，雕刻萬象，萬象生化，在大象之中矣。」〔註 39〕這裡，「大象」其實就是「意象」，「眾形」「萬象」就是指客觀物象，客觀物象包蘊在「大象」中，「大象」因其對客觀物象的超越，即「寂寥無形」的特徵而具有「能制眾象」的審美張力。「寂寥」的境界實際上是「意」境，與《論語》「若見寂然，即為作意」之說一樣，也即是「意象」「立象盡意」的特徵。《莊子》中的「意象」問題，已另行文《莊子「象」觀念探析》論及，此處不再贅述。

巫術也具有鮮明的「立象盡意」的特徵。巫術作為一種有意識、有目的的活動，即自覺的活動，表現出為達到目的而預設獨特的儀式和形式，通過形象性、情感性的場景和氛圍達到與神靈溝通的目的。巫術實施的過程潛在對應著「意象」物我、天人合一的生成過程。我們以巫術為例，來看「意象」物我合一境界的生成。巫術儀式是表層的「象」，「象外」卻是先民思維、意識、精神方面的表達。這樣，巫術儀式的創造可以看作一個「立象」的過程，目的在於溝通天人、物我。巫術活動以強烈的形式感和情感性使參與者進入一種迷狂的審美境界，即精神超越境界，以實現天人、物我感通的體驗。如鄧啟耀在《宗教美術意象》一書中，描寫了西南岩畫的考察體驗：「當無數強壯的烏黑的脊背向這些模糊的畫影伏下去，虔誠地奉上供品和祈祝，你便會感到一股攝人心魄的巨大威力，滲透在沉默的崖石中。」〔註 40〕這裡，人虔誠地俯身拜神，供奉祭品的過程，就是一種儀式。這種儀式被作為「神意」「天意」的召喚結構應用，實質上類似「立象」的過程。儀式的程序、祭品的

〔註 39〕杜光庭：《道德真經廣聖義卷三二》（《道藏第十四冊》），北京：北京文物出版社 1988 年版，第 456 頁。

〔註 40〕鄧啟耀：《宗教美術意象》，昆明：雲南人民出版社 1991 年版，第 1 頁。

豐簡等差異，鮮明體現出祭祀禮儀的不同形式適用於祭祀活動的不同意義，即「象」喻示著「意」。如以「牢」這一祭祀形式為例，分為「大牢」和「小牢」，「大牢」是一牛一羊一豕，「小牢」只有羊豕。祭祀品數量、禮節上的差異是巫術形式的規定性，對應著不同相應階層或祭祀對象的需要，這是對「象」與「意」對應關係的強調。甲骨卜辭：「丙寅，貞歲於伊尹，二牢。」「父甲一羊，父庚一羊，父辛一羊。」羅振玉注：「父甲、父庚、父辛即陽甲、盤庚、小辛，皆是武丁諸父，故並祀。」〔註 41〕即一定的祭祀形式與一定的祭祀對象、訴求等內容是相對穩定的對應關係。黑格爾說：「基於思維、表現人性的意識內容，每每首先不借思想的形式以出現，而是作為情感、直覺或表象等形式而出現。——這些形式必須與作為形式的思維本身區別開來。」〔註 42〕這裡所謂「思想的形式」和「形式」與其說是內容與形式的關係，不如從審美的角度看作「象」與「意」的關係。因為從當時的社會文化背景看，這的確源於神秘力量與世俗權力系統匹配的追求，而從審美的角度來說，實質上是遠古人類對萬事萬物的具體物象進行分類感知和聯想想像，然後把物象及其意義用固定的形式傳達出來的過程。換言之，正如《周易》：「爻，以傚天下之動」一樣，巫術也是以獨特的、生動的形式、儀式之「象」，傳達相應的「意」。李澤厚也說：「它們是具有魔法的舞蹈、歌唱、咒語的凝練化了的代表。它們濃縮著、積澱著原始人們強烈的情感、思想、信仰和期望。」〔註 43〕前一句強調形式即所立之「象」，後半句強調內容，即所指之「意」，這是在天人、物我關係方面，考察巫術意象「立象盡意」的特徵。

以上從「心物」關係、「意」「象」在「意象」生成中作用機制說明了先秦時期意象生成思想的基本要素及其之間的互動關係。正如胡雪岡所言：「『意』與『象』的關係是以『意』為主」而以『象』達『意』，突出了主體的能動性和創造性。」〔註 44〕而實際上，之所以稱意象的「生成」過程為「創構」過程，原因在於除了「心物」、「意」「象」之間自然而然的感發觸動之外，還有主體主動創造因素的存在。這一問題可以通過對客觀物象的主動「觀」「取」「制象」、連類譬喻的比興手法、「返觀內視」的審美把握方式來體現。

〔註 41〕中國社會科學院哲學研究所中國哲學史研究室編：《中國哲學史資料選輯》（先秦之部　上），第 7 頁。

〔註 42〕黑格爾著，賀麟譯《小邏輯》，北京：商務印書館 1980 年版，第 38 頁。

〔註 43〕李澤厚：《美的歷程》，北京：中國社會科學出版社 1989 年版，第 11 頁。

〔註 44〕胡雪岡：《意象範疇的流變》，南昌：百花洲文藝出版社 2002 年版，第 143 頁。

第三節　「觀取」「譬喻」：意象生成的具體方式

從意象創構主體方面講，「觀象」、「取象」、「制象」是「意象」生成的必要前提，即首先要「立象」，才能使「意」有所承載。「象」，《廣雅・釋詁》：「象，效也。」唐陸德明《經典釋文》：「象，擬也。」如此看來，「象」具有「效法」、「摩擬」的意思。即從古漢語語意訓詁來看，「象」具有摩擬和再現客觀事物的含義。《老子》：「執大象，天下往。」成玄英在解釋「大象」時說：「大象，猶大道之法象也。」意思就是，「大象」是對「道」的形象的模仿、摹取。由此，在意象生成過程中，「觀取」的創構方式，有兩個基本點。一是「觀取」的對象是超出形名具象範疇的「大象」。二是「觀取」是「人」的主觀性和主體性的體現，是美的創造和生成，而非對具象的複製。

「觀象」「取象」「制象」「立象」這些主動創構意象的行為在《周易》「觀物取象」「觀象制器」和《左傳》「鑄鼎象物」、《山海經》「遊魂靈怪，觸象而構」等命題中可見一斑。《周易・繫辭下》：「古者包犧氏之王天下也，仰則觀象於天，俯則觀法於地，觀鳥獸之文，與地之宜，近取諸身，遠取諸物，於是始作八卦，以通神明之德，以類萬物之情。」學者基本認同的是，這段話形象地解釋了《周易》「制象」的過程，即包犧氏以天下為懷，以日月變化的天象、四季交替的地祗以及鳥獸身上的紋理和地上的萬事萬物為「觀」的對象，將萬事萬物邏輯分類，然後畫成「卦」對應，就形成了《周易》的「卦象」系統。「卦象」即「易象」作為意象的萌芽，是源自對自然界及自身之形象的「觀取」和「抽象」，化繁為簡，寓意其中，以成「易象」。除此之外，《周易・繫辭上》還提出「製器尚象」：「易有聖人之道四焉：以言者，尚其辭；以動者，尚其變；以製器者，尚其象；以卜筮，尚其占。」〔註45〕關於「尚象制器」，孔穎達說：「謂造制形器，法其卦爻之象。若造弧矢，法《睽》之象。」〔註46〕孔穎達的揭示把「製器尚象」的「象」限制在「卦爻之象」上，雖然「卦爻之象」的確對人們的生活和行動具有啟發和指導意義，但是，此處「尚象」實際上強調「觀象」「法象」，所「觀」所「法」者是超越具體形器的「大象」，即自然之「象」。如顧頡剛在《古史辨》中說：「創造一件東西，固然是要觀象，

〔註45〕鄭玄、韓康伯注，孔穎達疏：《周易正義》，阮元校刻《十三經注疏》，北京：中華書局1980年版，第81頁。

〔註46〕鄭玄、韓康伯注，孔穎達疏：《周易正義》，阮元校刻《十三經注疏》，北京：中華書局1980年版，第81頁。

但這個象乃是自然界之象，而非八卦之象。」〔註 47〕我認為這是比孔穎達更有見地的解釋，因為「器」本身就是具體有形的，「卦爻之象」也只是附著著「意」的形式，兩者都沒有超越「具象」的層面。從一個具體形象（爻象）到另一個具體器物，這在很大程度上是「複製」，而不是想像和情感參與的創造。如此形成的藝術品或者生活用具，是不能以其符號化的「形式」，彰顯「道」形而上精神的。由於沒有內外、顯隱、象徵的特徵，這種「複製」不是審美的觀察和判斷。由此可見，《周易》「觀物取象」和「製器尚象」的思想都是以自然之「象」為對象，主觀體驗、觀取、抽象的意象創制過程，突出了「立象盡意」過程中「觀」「制」的主體審美和創造能力。

「鑄鼎象物」也是以「大象」作為取象的對象的，這一結論可以通過分析「鑄鼎象物」的「物」之內涵得出。《左傳》「鑄鼎象物」，不同於現代漢語中的「物」，此處的「物」是為「精氣為物」的「物」，等同於「大象」。據《左傳・宣公三年》記載，隨著周王室的衰微，諸侯稱霸並取而代之之心昭然。據載，宣公三年，楚莊王伐於周，周定王為了緩解事態，使王孫滿慰勞楚子。楚子問「鼎之大小，輕重焉，」王孫滿曰：「在德不在鼎。昔夏之方有德也。遠方圖物，貢金九牧，鑄鼎象物，百物而為之備。使民知神、姦。」〔註 48〕這段文字，值得注意的是「鼎」的鑄造，尤其是「物」對於「鼎」的意義。這裡所謂的「物」是指「鼎」上的「物象」，即圖騰。「圖騰」是先民想像中的具有神力的「遊魂靈怪」。「物」是鼎為國之重器的關鍵，就在於「物」（「圖騰」）的形上性。如王懷義認為，「遠方圖物」即指各方國部落圖畫山川，「物為鬼神」。〔註 49〕孫作雲也明確指出：「德者何？神力也。物者何？圖騰也。」〔註 50〕再如江林昌：「《左傳・宣公三年》這段文字裏的『圖物』、『象物』、『百物』之『物』，都應該作『神靈、鬼怪』解，具體則指為參加聯盟的各部族所崇拜的天體神與祖先神。」〔註 51〕將「物」理解為「神靈、鬼怪」是解釋「鑄鼎」

〔註 47〕顧頡剛：《古史辨》第三冊，上海：上海書店出版社 1931 年版，第 42 頁。

〔註 48〕左丘明傳，杜預注，孔穎達疏：《春秋左傳正義》，阮元校刻《十三經注疏》，北京：中華書局 1980 年版，第 1868 頁。

〔註 49〕王懷義：《釋「鑄鼎象物」》，《民族藝術》，2011 年 3 期，第 53 頁。

〔註 50〕孫作云：《中國古代神話傳說研究》，開封：河南大學出版社 2003 年版，第 314 頁。

〔註 51〕江林昌：《論原始宗教對中國古代文明起源發展的影響——以「絕地天通」「鑄鼎象物」為例》，《東嶽論壇》，2010 年 10 月，第 54 頁。

「象物」原因的關鍵，以上論者把「物」的神話特徵和圖騰本質呈現出來。即「神靈、鬼怪」之類的「圖騰」正是《周易》所說的「精氣為物，遊魂為變，是故知鬼神之情狀」的「鬼神」，是為萬物之所由出的玄妙「大象」。此處將「鑄鼎象物」的「物」與具體事物區分開來，彰明其作為「大象」的超越意義，目的在於說明無論是卦象、還是重器「鼎」上的「百物」，其實都是對「大象」、「道」的觀取和摩擬，進而形成「意象」的。也正因為「鼎」上的圖物是源於「大象」、是「大道之法象」，所以「鼎」才具有國之重器的地位。換言之，「道」的至高無上性通過摩擬它的「百物」在「鼎」這一「物象」上呈現出來。

《山海經》「觸象而構」的命題也將「大象」作為「意象」的源頭，體現了「觀象」「取象」的思想。《山海經》「遊魂靈怪，觸象而構」之說，實際上是指出《山海經》中的各類「意象」，包括魚蛇鳥獸及各種動物的組接變形而形成的超越人的經驗範圍的形象群體，都是源自「精氣」凝結（「觸象」）而生成的，即「大象」吞吐萬形，《山海經》迂誕宏闊的意象生成的根本原因。《山海經・敘錄》：「夫以宇宙之寥廓，群生之紛紜，陰陽之煦蒸，萬殊之區分，精氣渾淆，自相濆薄，遊魂靈怪，觸象而構，流形於山川，麗狀於木石者，惡可勝言乎。……是故聖皇原化以極變，象物以應怪，鑒無滯賾，曲盡幽情，神焉廋哉。神焉廋哉。」〔註 52〕汪裕雄先生在解釋這段文字的意象學價值時說：「照郭璞看法，宇宙群生萬殊，莫不由精氣之所派生，是『遊魂靈怪，觸象而構』的產物，山川木石，無非遊魂靈怪所附麗，山川草木之象，便是這遊魂靈怪的表徵。」〔註 53〕這一解說，正確指出了《山海經》中的萬象萬形都是從「精氣」充盈的「大象」中化生出來的，體現了「原化以極變，象物以應怪，鑒無滯賾，曲盡幽情」的特徵，這正是「意象」的特徵。「遊魂靈怪，觸象而構」的命題，其中的「象」是「遊魂靈怪」的「虛象」，是「離無入有」之際包蘊萬形的「大象」，對「大象」的摹取是《山海經》「意象」得以「構象」的原因。基於《山海經》的「意象」是對「大象」的摹寫，才有「曲盡幽情」的審美感受。清劉熙載在《藝概・賦概》〔註 54〕中說：「賦以象物，按實構象易，

〔註 52〕郭璞注：《山海經　穆天子傳》，長沙：嶽麓書社 1992 年版，第 190～191 頁。
〔註 53〕汪裕雄：《意象探源》，北京：人民文學出版社 2013 年版，第 42 頁。
〔註 54〕劉熙載著，薛正興點校：《劉熙載文集》，南京：江蘇古籍出版社 2001 年版，第 121 頁。

按虛構象難。能構象，象乃生生不窮也。」就是說「賦」所象之「物」有虛實之分，虛構之像是有情感想像的附依。情感想像主動創構的「意象」，因其「虛」，所以能「生生不窮」。這也是《山海經》以「大象」（「虛象」）為構象參照生成「意象」的過程。「意象」居「大象」和「具象」之間，對照《山海經》所講的精氣幽魂「構象」方式，可以說《山海經》中「意象」的創構和生成是「觀象」於「遊魂精氣」，並在「觀」的基礎上，對「大象」的提煉和再創造，即「取象」的結果。

先秦意象創構思想，在創構主體方面，除了主動「觀取」「立象」之外，常用的手法還有「連類譬喻」，「連類譬喻」的手法使「意象」呈現出「象內」、「象外」的層次特徵，形成「意象」深遠的意蘊。「連類譬喻」的手法和作用機制是建立在先秦「群」「類」意識上的。《周易》將整個世界分為相反相成的兩元，如《說卦傳》：「艮為山，為徑路，為小石，為門闕，為果蓏，為閽寺，為指，為狗，為鼠，為黔喙之屬，其於木也為堅多節。兌為澤，為少女，為巫，為口舌，為毀折，為附決，為於地也為剛鹵，為妾，為羊。」〔註55〕天地、夫婦、君臣、父子這樣的基本單元之外，世界萬物都被納入八卦之中，所採用的手段就是以「類」「群」劃分。由於「群」「類」之間相似、相反、相關的聯繫，「連類譬喻」的機制才能生效。它在意象生成中的作用在於，它使「象外」之域呈現出迴環往復、層出不窮、生生不息的美感。《論語·述而》：「舉一隅不以三隅反，則不復。」〔註56〕「復」是一個極具美學意味的概念。在這個過程中，之所以能夠產生舉一反三，連類無窮的審美感受，正是基於「群類意識」。「群類」意識，在立一「象」而見萬「象」，使所立之象作為一個「召喚」結構，喚起情感、聯想和想像方面，作用不可小覷。如「屯」卦取象於「女子」守貞待字，孔穎達《正義》：「是知萬物皆象於比，非唯男女而已。」又引張浚《紫巖易傳》：「以二搶節受志於男男之世，而不失其貞也。若太公在海濱，伊尹在莘野，孔明在南陽，義不苟合，是謂『女貞』。」〔註57〕取「女貞」這一事象，連類而出一系列事象，這一「類比」的手法，使所寓之意不限

〔註55〕鄭玄、韓康伯注，孔穎達疏《周易正義》，阮元校刻《十三經注疏》，北京：中華書局1980年版，第95頁。

〔註56〕程樹德：《論語集釋》，北京：中華書局1980年版，第448頁。

〔註57〕轉引自黃壽祺、張善文撰：《周易譯注》，上海：上海古籍出版社2001年版，第44頁。

於「言」，而是寄意於「象」之內外，形成多元多意的特徵，而這正是「意象」的特徵。再如《周易》「乾」卦《彖》曰：「六爻發揮，旁通情也。」〔註 58〕「旁通」即廣泛會通，《本義》：「猶言曲盡。」〔註 59〕所謂「六爻發揮」，就是指一個爻象的形式，能夠推演、喚起出豐富的群「象」，「情」指「道」之「精」「信」，屬於「意」的範疇，而「曲盡」就是「象」以隱喻的方式達「意」。至此可見，《周易》中的「類」意識，為「意象」生成過程中，必須借助的「立象」「象徵」手段的實施提供了合理性和依據。連「類」無窮，「旁通」「應會」正是「立象盡意」的過程。龐樸：「相對於表意來說，象比言的功能更為強大，……豐富的意蘊見諸鮮活的形象，便成為藝術美。」〔註 60〕也就是說，「類」意識雖然不直接關涉「意象」的生成，但它使一個單獨的「象」成為包蘊無窮的「象」成為可能，而且使審美具有「象徵」「幽隱」「婉曲」的特徵。朱自清《詩言志辨》：「興詩多通過一『事』為喻，如『關關雎鳩，在河之洲』，『風雨凄凄，雞鳴喈喈』，一以關雎為主，一以雞鳴為主，可都是一件事。兼有並舉二事的，但必須是一類。」〔註 61〕朱自清論「興」，稱「興」是一「象」立而引發、引起眾「象」，本質上，「興」的譬喻性也是如此。由此可見，以「群類」意識為基礎的「連類譬喻」對於「意象」的創構的作用。

除了美學理論層面上認同「連類譬喻」的意象創構方式，在先秦詩歌等具體藝術形式上，「取象譬喻」的意象創構手法也屢見不鮮。《詩經》慣用取象譬喻以生成「象外之意」的手法鄭玄在箋注《陳風．澤陂》中的物象「蒲」和「荷」時說：「蒲以喻所說男之性，荷以喻所說女之榮體也。」〔註 62〕這裡，鄭玄所指出的以「A」喻「B」的結構，其實正是《詩經》意象創構的具體手段，即《詩經》意象創構的過程就是託「物」寓「意」的過程。實際上，除《詩經》外，《離騷》也是寄「情」於「物」的典範。《離騷》以「香草美人」喻「忠君賢臣」之舉，全篇整齊排列的句式和物象，使一個卓然不群、忠君愛國、潔身自好的詩人意象呼之欲出。

〔註 58〕黃壽祺、張善文撰：《周易譯注》，上海：上海古籍出版社 2001 年版，第 18 頁。

〔註 59〕黃壽祺、張善文撰：《周易譯注》，上海：上海古籍出版社 2001 年版，第 19 頁。

〔註 60〕龐樸：《一分為三》，北京：新華出版社 2004 年版，第 84 頁。

〔註 61〕朱自清：《詩言志辨》，北京：北京古籍出版社 1956 年版，第 56 頁。

〔註 62〕王先謙：《詩三家義集疏》，北京：中華書局 2009 年版，第 479 頁。

「連類譬喻」對於「意象」生成的作用，不僅體現在具體手法上，而且它對「意象」形成顯隱、有無、內外的美學特徵至關重要。《墨子·小取》：「闢也者，舉也物而以明之也。」〔註 63〕也就是說，「連類譬喻」的基本特徵是「取象」、「立象」，「不直言」，以迴環婉曲的方式實現意蘊的呈現。在「立象盡意」的意義上，「譬」與「比」具有異曲同工之妙。《周易》「比」卦《象》曰：「地上有水，比。」〔註 64〕《正義》引《程傳》：「夫物相親而比無間者，莫如水在地上，所以為『比』也。」〔註 65〕正是取水與地面互相浸潤這一事象，比喻親密無間的關係狀態。「比」與「譬喻」，取象於明白顯見之事物，抻發奧義。從廣義上講，「譬喻」作為一種意象創構手法，在文獻中，又稱「文言」「善言」「辭」等。《論語集釋》：「能近取譬，可謂仁之方也。」注曰：「能近取譬於己，皆恕己所欲而施之於人。」〔註 66〕這個解釋旨在指出「仁」「推己及人」的內涵，我們要注意的是「推」「及」兩個字，這兩個字隱含著「兩端」，這「兩端」之間的關係就是「比」。「近取譬」的「近」是立足於自身的感官或審美體驗，以「己」比「物」。如《周易·說卦傳》「近取諸身」：「乾為首，坤為腹，震為足，巽為股，坎為耳，離為目，艮為手，兌為口。」〔註 67〕這其實是用人體的各部位作「比喻」的方式，它追求「言近而指遠」的審美效果。如《孟子》：「人性之善不善也，猶水之無分於東西也。」〔註 68〕「人性」之艱深難言，是孔子都「罕言」的。孟子就用「水分東西」比喻「性善不善」，將陌生之理顯現在熟稔之物上，「比」是「意」由「隱」而「顯」的過程。正如朱立元所說：「日常名理之言與哲思玄遠之意之間有『隔』，言難盡意；但通過比喻、論辯、推理等仍屬知性名理方面的手段、方法，卻可以打通這個『隔』，達到言有盡而意無窮。」〔註 69〕「譬喻」即通過「立象」使審美活動

〔註 63〕吳毓江撰，孫啟治點校：《墨子校注》，北京：中華書局 1993 年版，第 643 頁。

〔註 64〕黃壽祺、張善文撰：《周易譯注》，上海：上海古籍出版社 2001 年版，第 83 頁。

〔註 65〕鄭玄、韓康伯注，孔穎達疏：《周易正義》，阮元校刻《十三經注疏》，北京：中華書局 1980 年版，第 26 頁。

〔註 66〕程樹德：《論語集釋》，北京：中華書局 1980 年版，第 428 頁。

〔註 67〕鄭玄、韓康伯注，孔穎達疏《周易正義》，阮元校刻《十三經注疏》，北京：中華書局 1980 年版，第 95 頁。

〔註 68〕焦循：《孟子正義》，北京：中華書局 1987 年版，第 735 頁。

〔註 69〕朱立元：《先秦儒家言意觀初探》，《復旦學報》（社會科學版），1994 年第 4 期，第 36～41 頁。

通過顯見之物象入虛妙之境域。《周易》「大過」卦：「枯楊生稊，老夫得其妻女。」〔註 70〕《論語．子罕》：「歲寒，然後知松柏之後凋也。」〔註 71〕都是取象譬喻的典型案例，從它對「意象」的美學特徵的影響上看，「連類譬喻」能夠在主體的情感、想像下發揮所立之「象」的象徵作用，從而使意蘊呈現出無限性、多樣性，這正是「意象」生成瞬間的審美感受。總之，如劉勰《辨騷》所言：「虯龍以喻君子，雲霓以譬讒邪，比興之義也。」即「譬喻」與「比興」一樣，都是溝通「象」、「意」的具體方式，比興譬喻的作用機制使審美主體能夠在想像和聯想中超越所見之「象」，在腦海中化生出「意」「象」混融的「意」境，該過程是為「意象」的生成過程。

第四節 「遊心」：意象生成的主體心理條件

在意象生成的過程中，無論是「感通」「感興」「觀象」「制象」，還是連類譬喻的具體手法，都離不開主體的審美能力。在中國古代美學中，對審美主體的人格特徵、素質修養、心理狀態的論述並不罕見，如「虛己」、「坐忘」、「心齋」等，乃至出現了「大人」「聖人」「君子」等典型人格。此處，拈出「遊心」這一概念，是因為「遊」作為一個美學概念，它虛化物我且流漫不息的運思特徵正是主體審美心理的核心。就其無關目的、無關利害、冥然超越物我的運思特徵來說，誠如成中英先生所說：「美是一種釋放出來的自由。」〔註 72〕用以說明移情、內觀、自由無羈的「遊心」審美狀態。

「遊」在先秦典籍中被賦予了多種意義。其一是空間方位不固定的遊學、巡遊、閒遊等，相對「居」的概念。「遊」的這種意義，也是從其字形字源引申而出的。《說文解字》：「遊，旌旗之流也。」指旌旗上的垂狀飾物，諸侯士大夫出行時以旌旗上「遊」之數量象徵地位和身份，因此引申出「出遊」「嬉遊」之義。如《論語．里仁》：「父母在，不遠遊。遊必有方。」〔註 73〕《孟子．盡心上》：「故觀於海者難為水，遊於聖人之門者難為言。」〔註 74〕《禮

〔註 70〕黃壽祺、張善文撰：《周易譯注》，上海：上海古籍出版社 2001 年版，第 236 頁。
〔註 71〕朱熹：《四書章句集注》，北京：中華書局 1983 版，第 115 頁。
〔註 72〕成中英：《美的深處：本體美學》，浙江大學出版社 2011 年版，第 11 頁。
〔註 73〕朱熹：《四書章句集注》，北京：中華書局 1983 版，第 73 頁。
〔註 74〕焦循：《孟子正義》，北京：中華書局 1987 年版，第 913 頁。

記・學記》:「故君子之於學也，藏焉、修焉、息焉、遊焉。」〔註 75〕都是指他鄉為官或遊學。再如《孟子・梁惠王下》:「夏諺曰:『吾王不遊，吾何以休？吾王不豫，吾何以助？一遊一豫，為諸侯度。』」〔註 76〕意味國王巡遊、閒遊做出使民修養生息的榜樣。又如《小戴禮記・少儀》:「請見不請退。朝廷曰退，燕遊曰歸，師役曰罷。」〔註 77〕「燕遊」及「宴遊」，意為宴飲遊樂。「遊」第二個常見的意義是交往、來往。如《荀子・勸學》:「固君子居必擇鄉，遊必就士，所以防邪僻而就中正也。」〔註 78〕即與人交往一定選擇中正之士。但是，真正具有美學意味的在於「遊」以自由閒適之情關照對象事物而獲得美感享受的這種含義。如《詩經・小雅》:「慎不優游。」〔註 79〕「優游」即閒適自然從容不迫的精神狀態。再如《禮記・少儀》:「士依於德，游於藝。」〔註 80〕《論語・述而》:「志於道，據於德，依於仁，游於藝。」〔註 81〕「游於藝」之「遊」，《康熙字典》的解釋為:「玩物適情之意。」這樣，「遊」就從實現生活的層面提升到哲學和美學的層面，或者說它被看作一種獨特的體驗方式，這種方式的特徵是主體人格獨立、心靈自由、不依附外物、無功利目的的將自我投射到藝術或人生之中，並由此獲得超越現實的審美體驗。「遊」作為一種「務虛」的審美方式。《中國古典文藝美學範疇輯論》對它的解釋為:「內運、憩樂、自由的神物交往，對於存在與人生的詩性領悟，理想的人格境界，詩性審美的生存方式。」〔註 82〕意象生成需要審美主體以「遊」的審美心理、以「返觀內視」的方式參與，這也與我國古代重視主體修養和審美能力養成的傳統有關。

「遊心」作為一種審美的認知方式，是取消主體與世界的對立，形成主客充分和諧之美的必要條件。相對於《周易》制卦觀象在於認識世界、改變世界

〔註 75〕鄭玄注，孔穎達疏:《禮記正義》，阮元校刻《十三經注疏》，北京:中華書局 1980 年版，第 1522 頁。

〔註 76〕焦循:《孟子正義》，北京:中華書局 1987 年版，第 122 頁。

〔註 77〕鄭玄注，孔穎達疏:《禮記正義》，阮元校刻《十三經注疏》，北京:中華書局 1980 年版，第 1512 頁。

〔註 78〕王先謙撰:《荀子集解》，北京:中華書局 1988 年版，第 6 頁。

〔註 79〕毛亨傳，鄭玄箋，孔穎達疏:《毛詩正義》，阮元校刻《十三經注疏》，北京:中華書局 1980 年版，第 401 頁。

〔註 80〕鄭玄注，孔穎達疏:《禮記正義》，阮元校刻《十三經注疏》，中華書局 1980 年版，第 1512 頁。

〔註 81〕程樹德:《論語集釋》，北京:中華書局 1990 年版，第 443 頁。

〔註 82〕第還宇等著:《中國古典文藝美學範疇輯論》，北京:民族出版社 2009 年版，第 82 頁。

的功利性目的而言，真正將主體意識與個人精神自由和審美感受聯繫起來的，是《莊子》。《莊子·逍遙遊》：「若夫乘天地之正，而御六氣之辯，以遊無窮者，彼且嗚呼待哉！」〔註83〕「乘」「御」彰顯了天地與自我一體的自信自得，「無窮」「無待」也體現了「逍遙遊」在時空上和精神上的無限性。這樣，「逍遙遊」的基本特徵就呈現了出來。即「遊」乃「遊心」，而非「遊身」。關於「逍遙」，郭慶藩對《逍遙遊》這一篇的篇名注曰：「小大雖殊，而放於自得之場，則物任其性，事稱其能，各當其分，逍遙一也，豈容勝負於期間哉？」〔註84〕即「逍遙」是物任其性，事稱其能，各當其分，萬物自適自得，不累於勝負等標準的存在狀態。顧桐柏說：「逍者，銷也；遙者，遠也。銷盡有為累，遠見無為理，以思而遊，故曰逍遙。」〔註85〕此種解釋可以說是很有見地的，「銷盡有為累」就是出世的人生態度，「以思而遊」指出「逍遙遊」的精神性特徵，將無所繫之心放之於天地間，即為「逍遙」，也體現了「虛己」「遊心」的審美心理特徵。

「逍遙遊」審美境界的生成，無論是「自得」，還是「銷盡有為累」，都是以「務虛」的心態介入生活和審美的，「遊」與「虛」密切相關。如《老子》所言：「吾所以有大患者，為吾有身，及吾無身，吾有何患？」「無身」就是「無我」，「忘我」，是「損之又損」直到「入虛」體道的過程。「虛」或曰「虛靜」在意象審美中的作用，老莊都有體現。《老子》第十六章王弼注曰：「以虛靜觀其反覆。凡有起於虛，動起於靜，故萬物雖並作，率復歸於虛靜，是物之極篤也。」又說：「窮極虛無，得道之常。」〔註86〕上文說過，連類譬喻的創構手法使「意象」生成歷經取一「象」而見「萬象」的階段，而「虛靜」「無己」則是「忘象」「得意」的必要條件。《老子》「常無欲」也是指「空虛」或「空虛其懷」。對此，《老子》譬之以「谷」，《莊子》譬之以「環中」，「谷」為兩山之間的空地，「環中」更是其間無物。有「虛懷若谷」，「以『無所懷』釋『谷』，正是虛無之意。」張湛注「谷神不死」時說：「夫谷虛而宅有，亦如莊子之釋『環中』。至虛無物，故謂谷神。」〔註87〕「無所懷」就是「虛靜」的

〔註83〕郭慶藩：《莊子集釋》，北京：中華書局1961年版，第17頁。

〔註84〕郭慶藩：《莊子集釋》，北京：中華書局1961年版，第1頁。

〔註85〕成玄英：《莊子注疏·序》引顧桐柏語。引自郭慶藩《莊子集釋》，北京：中華書局1961年版，第7頁。

〔註86〕王弼注，樓宇烈校釋：《老子道德經校注釋》，北京：中華書局2008年版，第3頁。

〔註87〕王弼注，樓宇烈校釋：《老子道德經校注釋》，北京：中華書局2008年版，第17頁。

意思，這裡也是講「虛靜」的精神狀態在「忘象」「得意」過程中的作用。「虛靜」即「忘我」，沒有「身累」才能「遊心」於無限。可見，在「意象」生成上，對主體「虛靜」心態的要求在一定程度上也是強調「遊心」的審美心態。《莊子》中多次直接陳述為「遊心於」某間，如《人間世》：「且夫乘物以遊心，托不得已以養中，至矣。」〔註 88〕《莊子・德充符》：「不知耳目之所宜，而遊心乎德之和。」〔註 89〕《應帝王》：「遊心於淡，合氣於漠。順物自然而無容和焉。」〔註 90〕《田子方》：「吾遊心於物之初。」〔註 91〕以上都直言「遊心」，在傳統美學中，「心」並不僅指人的器官，更是人的情感和思維的代稱。正如朱良志所說：「思維是大腦的屬性，但是中國人卻認為，思維離不開心。」〔註 92〕所以說，「遊心」其實就是情感、思維、想像等主體思維的自由活動，同時，也是物我為一的美感體驗，而這正是意象生成中主體與客體合二為一，無物無我的心理體驗。

「遊」務虛以及重視精神自由的特徵，還體現在主體由「成心」「機心」到「虛心」「無心」的主動追求上，即「內視返觀」的能力。具備「內視反觀」的能力，是意象生成過程對主體素養的挑戰。《齊物論》：「夫隨其成心而師之，誰獨且無師乎」？關於「成心」，注曰：「夫以成代不成，非智也，心自得也。」疏曰：「愚惑之類，堅執是非……先豫其中。」〔註 93〕即若以已有的成見、標準衡量事物，那麼每個人都有自己的是非觀念，那麼天下就不能形成一致的認識了，這也是莊子「齊物」觀念的體現。《莊子》認為不僅「成心」不能達到「道」的大一境界，「機心」也同樣要排除。《莊子・天地》：「有機械者必有機事，有機事者必有機心。機心存於胸中，則純白不備；純白不備，則神生不定；神生不定者，道之所不載也。」〔註 94〕關於「機心」，朱良志先生解釋說：「機心就是巧，而純白的境界則是道之拙。」他說，「機心」意味著目的性活動而非自由的境界創造；知識的活動從而形成對生命真性的遮蔽；以「定法」

〔註 88〕郭慶藩：《莊子集釋》，北京：中華書局 1961 年版，第 160 頁。

〔註 89〕郭慶藩：《莊子集釋》，北京：中華書局 1961 年版，第 191 頁。

〔註 90〕郭慶藩：《莊子集釋》，北京：中華書局 1961 年版，第 294 頁。

〔註 91〕郭慶藩：《莊子集釋》，北京：中華書局 1961 年版，第 712 頁。

〔註 92〕朱良志：《中國藝術的生命精神》，合肥：安徽教育出版社 2007 年版，第 77 頁。

〔註 93〕郭慶藩：《莊子集釋》，北京：中華書局 1961 年版，第 61 頁。

〔註 94〕郭慶藩：《莊子集釋》，北京：中華書局 1961 年版，第 433 頁。

而形成的活動，法定而澄明之心不存。〔註 95〕可見，「機心」也是與「體道」的境界背道而馳的，那麼為了達到「道」的審美境界，《莊子》充分發揮主觀能動性，運用「心齋」「坐忘」等方法，使自己達到「無我」「虛心」的精神狀態，從而與「道」之虛無的特徵相接。《人間世》：「若一志，無聽之以耳而聽之以心，無聽之以心而聽之以氣。聽止於耳，心止於符。氣也者，虛而待物者也。唯道集虛。虛者，心齋也。」〔註 96〕「虛」其實就是主體自覺地屏蔽外界干擾，滌除玄覽，使自己回歸到本真狀態之中，從意象生成的角度來說，即物我兩化、主客相融的境界。而「坐忘」，《大宗師》：「墮肢體，黜聰明，離形去知，同於大通，此謂坐忘。」〔註 97〕這裡所說的「離形去知」就是對形體和理性的超越，以主觀精神與「道」匯通。如疏曰：「墮，毀廢也。黜，退除也。雖聽屬於耳，名關於目，而聰明之用，本乎心靈。既悟一身非有，萬境皆空，故能毀費四肢百體，屏黜聰明心智者也。」〔註 98〕「墮」「黜」是主體有意識地捐棄身體欲望遮蔽的動作，形象地呈現出主體變「機心」「成心」為「虛心」「無心」的主動性。除此之外，《莊子》還經常談到「忘」，如「忘形」「忘心」「忘利」「忘生死」「忘是非」「忘禮儀」，也是主張以一種虛空的心境去體驗事物。《天地》：「忘乎物，忘乎天，其名為忘己。忘己之人，是之謂入於天。」〔註 99〕正如郭象所說：「內不覺其身，外不知有天地，然後曠然與變化為體而無不通也。」〔註 100〕在莊子看來，「忘己」「入於天」才是真正的使自我生命精神獲得無限，用他自己的話概括為：「今夫百昌皆生於土而反於土，故余將去汝，入無窮之門，以遊於無極之鄉。」即在「遊心」「務虛」「返觀內視」，回歸到「物之初」的至境中去。而這正是意象生成過程中，審美主體必須具有的思維方式。

《莊子》的「逍遙遊」實質是在虛柔的精神領域自由想像的活動，也可以從觀物方式上看它對「意象」生成的作用。胡雪岡說：「中國人欣賞外物的極境，不是『以我觀物』，而是『以物觀物』。」〔註 101〕「以物觀物」就是主

〔註 95〕朱良志：《真水無香》，北京：北京大學出版社 2009 年版，第 94 頁。
〔註 96〕郭慶藩：《莊子集釋》，北京：中華書局 1961 年版，第 147 頁。
〔註 97〕郭慶藩：《莊子集釋》，北京：中華書局 1961 年版，第 284 頁。
〔註 98〕郭慶藩：《莊子集釋》，北京：中華書局 1961 年版，第 285 頁。
〔註 99〕郭慶藩：《莊子集釋》，北京：中華書局 1961 年版，第 428 頁。
〔註 100〕郭慶藩：《莊子集釋》，北京：中華書局 1961 年版，第 285 頁。
〔註 101〕胡雪岡：《意象範疇的流變》，南昌：百花洲文藝出版社 2002 年版，第 236 頁。

體自覺消解客觀存在的「我」，把自我物化以達到忘象、寫意的目的。「觀」，在先秦典籍中，本身就是具有「神性」的。《周易》「觀」卦，《正義》曰：「王者道德之美而可觀者也。」《本義》：「觀者，有以示人，而為人所仰者也。」〔註 102〕「道德之美」需要以「敬」、「仰」的心態去領會，「敬」「仰」本是就是自身心靈「滌除玄覽」的淨化過程。再如：《周易》「賁」卦《彖》曰：「觀乎天文，以察時變；觀乎人文，以化成天下。」《集解》引干寶曰：「觀日月而要其會通，觀文明而化成天下。」〔註 103〕「觀」天象如日、月，「觀」人文如聖人之文章，以「會通化成」，這種「觀」，不同於日常的「看」，而是以「神遇」、以「心觀」為主的。這一見解亦見於《說文》：「觀，諦視也。」《穀梁傳》曰：「常事曰視，非常事曰觀。」「有以示人」非同尋常的事，如「體道」、把握事物發展之「機」等，應之以「觀」，可見「觀」是具有精神性的活動。《劉勰・新論・專學篇》：「心不在學而強諷誦，雖入於耳而不諦於心。」亦可見「諦」以心靈精神觀審於微妙之際的特徵。這種心靈和精神的專注，是為「虛靜」「遊心」的內涵之所在。實際上，「逍遙遊」並非指「身體」(「形」) 之遊，他所描述的「六合之外」「無何有之鄉」「無境」「物之初」「道德之鄉」等都只能是「神」之所至，而不能為「形」之所至，尤其是囿於古代交通的現實。陳望衡先生說：「心遊確定了『遊』是一種想像。」又說：「逍遙遊就其實質來說，並不神秘，它就是審美。」〔註 104〕也就是說，「逍遙遊」更是包括想像力在內的各種主體智力和感情因素參與的審美活動，具體而言就是審美主體「忘我」「內視」的思維方式。這種思維方式是意象生成的必要條件。王弼《周易略例・明象》云：「存言者非得象者也，存象者非得意者也……得意在忘象，得象在忘言。」就是說，意象生成必須捨象忘言才能得「意」，「忘」其實是精神超越，也即「遊心」所指涉的入虛、返觀內視的審美認知方式。

「意象」創構要經過「感通」「觀取「立象」「連類譬喻」一系列步驟，這些步驟對於主體的審美和創造能力具有極高的要求。考之傳統美學典籍可見，主體的審美能力是意象創構的要求之一。以巫術為例，從「家為巫史」的狀

〔註 102〕黃壽祺、張善文撰：《周易譯注》，上海：上海古籍出版社 2001 年版，第 172 頁。

〔註 103〕黃壽祺、張善文撰：《周易譯注》，上海：上海古籍出版社 2001 年版，第 189 頁。

〔註 104〕陳望衡：《玄妙的太和之道——中國古代哲人的境界觀》，天津：天津教育出版社 2002 年版，第 182～188 頁。

況到祭祀活動的主導權集中於巫、覡、卜、祝、史、聖人等能夠與天地、人神感通的少數人手中，這一轉變，在一定意義上，就是對審美能力的強調和對具有高度審美能裏的審美主體的自然選擇。如《楚語》中觀射父說，「祝」要懂得「山川之號，高祖之主，宗廟之事，昭穆之世，齊敬之勤，禮節之宜，威儀之責，容貌之崇，中信之質」，「巫覡」則要能夠「精爽不攜貳者，而又能齊肅衷正，其知能上下比義，其聖能遠宣朗，其明能光照之，其聰能聽徹之。」強調具有高度審美能力的人在知識和能力上的獨特性以及天人、物我合一過程中所獲得的超越個人化審美經驗的美感。再如《周易．乾卦．文言》：「夫大人者，與天地和其德，與日月合其明，與四時合其序，與鬼神和其吉凶。先天而天弗違，後天而奉天時。」〔註 105〕「大人」能夠「合德」「合明」「合序」「合吉凶」，順應天時天命，合而不違，正是審美和認知能力的體現，因此被稱作「大人」。作為巫術活動的主要操作者「巫覡」之類的人，甚至因其獨特的感通和審美能力得以脫離具體的生產勞動，成為巫術經驗和知識的獨佔者。《說文》：「巫，祝也。女能事無形，以舞降神者也。像人兩袖舞形……覡，能齊肅事神明者，在男曰覡，在女曰巫。」即巫覡是一個以歌舞等具體儀式通天地、交人神的社會群體。以上對巫術和《周易》關於審美主體獨特性的分析，展示了先秦時期存在著官制化的「巫覡」和被視為神通的「大人」這一群體的事實，說明了獨特的審美和創造能力是意象創構的必要條件。

第五節　「形—象—境」：老莊美學的意象創構思想和實踐

前文從心物關係入手，討論了「意」（主體情感、心理活動），「象」（感性物象），觀取、譬喻、遊心（思維方式）等方面在意象創構中的作用，認為「意象」是主體凝神靜觀客觀物象，在情感、想像等主觀因素的參與下動態生成的。在此基礎上，本文以《老子》、《莊子》的意象性特徵為研究對象，考察以《老子》、《莊子》為代表的早期意象美學思想在意象發生、意象創構、意境生成等問題上的原初形態，有助於深刻理解「意象」範疇的源流正變。

從意象學的角度考察老莊美學，可見其在意象發生、意象創構、意境生

〔註 105〕黃壽祺、張善文撰：《周易譯注》，上海：上海古籍出版社 2001 年版，第 21 頁。

成多個層面體現了中國早期意象美學思想特徵。具體來說，《老子》認為「道不可言」，「道可道，非常道」，「道」以「大象」的形式存在。《莊子》論「道」，以主體的外在體驗到內在超越為線索，形成了由具體物象—象外之意—「道」境的典型意象學模式。《莊子》「象外之意」的生成過程也體現了寓思辨於形象，言抽象以具體的「象」思維和直覺思維特徵。以獨特的思維方式和「三言」作為意象創構的具體途徑，《莊子》所論涉及形、象、言、意、境等多個意象美學的基本範疇，是意象美學思想發生之重要源頭。

一、意象發生觀：基於「道」的「形」「象」「境」觀

《老子》認為「道不可言」，而是以「大象」的形式存在。《老子》否定「言」、「智」，認為「道」以「無」的形式存在，從「無」到「有」的過程就是由「象」而「形」的過程。「無名天地之始，有名萬物之母。」王弼注曰：「言道以無形無名始成萬物。」〔註106〕在「道」生萬物的觀念中，《老子》認為「道」是「無」，所謂「無」，就是指「無形」「無名」，「無」是「萬物」即「有」的根本。接著，他以「無物之象」「精象」「大象」描述「道」包蘊化生萬物的存在狀態。「視之不見，名曰夷；聽之不聞，名曰希；搏之不得，名曰微。此三者不可致詰，故混而為一。其上不皦，其下不昧。繩繩不可名，復歸於無物。是謂無狀之狀，無物之象，是謂惚恍。」〔註107〕「夷」「希」「微」都是感官難以名狀，及其微小玄妙的狀態，《老子》稱這種「不可名」的存在為「無物之象」，即事物尚未「摶氣成形」之前的「無物之象」，這裡「物」對應「形」，「無物」及「無形」，但是，「無」是「有」的基礎。又：「道之為物，唯恍唯惚。忽兮恍兮，其中有象；恍兮忽兮，其中有物。」注曰：「以無形始物，不繫成物，萬物以始以成，而不知其所以然。故曰：『忽兮恍兮，其中有象；恍兮忽兮，其中有物』。」〔註108〕校釋曰：「此所講『有物』、『有象』均為『恍惚』之『物象』，亦即所謂『無狀之狀，無物之象』。」〔註109〕可見，

〔註106〕王弼注，樓宇烈校釋：《老子道德經注校釋》，北京：中華書局2008年版，第1頁。

〔註107〕王弼注，樓宇烈校釋：《老子道德經注校釋》，北京：中華書局2008年版，第31頁。

〔註108〕王弼注，樓宇烈校釋：《老子道德經注校釋》，北京：中華書局2008年版，第52頁。

〔註109〕王弼注，樓宇烈校釋：《老子道德經注校釋》，北京：中華書局2008年版，第52頁。

《老子》所說的「無物之象」就是事物成形之前氤氳恍惚「無形之象」，即「大象」，「大象」恍惚不繫，「大象無形」，注曰：「象而形者，非大象。」王弼在《老子》第三十五章注曰：「大象，無象之母也。」〔註 110〕又：「執大象，天下往。」這裡的「大象」都是指「道」，「道」無形無名，但是確是有形有名的萬物之本。

除此之外，《老子》以「象」論道生萬物的思想，還體現在「精象」說上。「地雖形魄，不法於天則不能全其寧；天雖精象，不法於道，則不能保其精。」王弼注曰：「地不違天，乃得全載，法天也。天不違道，乃得全覆，法道也。」又說：「形魄不及精象；精象不及無形；有儀不及無儀，故轉相法也。」這裡地法天、天法道以及形魄不及精象、精象不及無形的說法，實際是從「無」到「有」、「道」生萬物，萬物又復歸於「道」的過程，即「轉相法也」。這個過程中，「道」是「無形」，「無形」中有「精象」，「精象」中有「形魄」即將化生。由此可見，《老子》闡釋「道」生萬物的過程，實際是通過「象」與「形」的關係來說明的，這直接將「象」在中國古代美學中的地位定位在具有超越性的形而上層面。

基於《老子》的「道」「象」觀念，《莊子》在體「道」的理論和實踐上堅持非「言」、取「象」，求「道」於言意之表的觀點。這一觀點包含了「有形」「無形」「象外」的思想。「道」具有「先天地生」，「無形」不可見的特徵，《大宗師》：「夫道，有情有信，無為無形；……先天地生而不為久，長於上古而不為老。」疏曰：「恬淡寂寞，無為也。視之不見，無形也。」「離於形色，不可見也。」〔註 111〕即「道」是超越視聽所能及的範圍，不能以感官把握，因此也是不能以「言」論「道」的。《知北遊》：「視之無形，聽之無聲，於人之論者，謂之冥冥，所以論道，而非道也。」注曰：「明夫至道，非言之所得也。」疏曰：「夫玄道虛漠，妙體希夷，非色非聲，絕視絕聽。」〔註 112〕基於「道」不可「言」、不可「聽」、不可「見」的判斷，《莊子》否定「言」在論「道」上的功能。《知北遊》：「彼至則不論，論則不至。明見無值，辯不若默。道不

〔註 110〕王弼注，樓宇烈校釋：《老子道德經注校釋》，北京：中華書局 2008 年版，第 113 頁。

〔註 111〕王弼注，樓宇烈校釋：《老子道德經注校釋》，北京：中華書局 2008 年版，第 247 頁。

〔註 112〕郭慶藩撰，王孝魚點校：《莊子集釋》，北京：中華書局 1985 年版，第 755 頁。

可聞，聞不若塞。此之謂大得。」「道不可聞，聞而非也；道不可見，見而非也；道不可言，言而非也。知形形之不形乎？道不當名。」〔註 113〕「辯不若默」「聞不若塞」「道不可言，言而非也」鮮明地否定「言」在體「道」上的可能性。

《莊子》非「言」，其意在於強調「言意之表」，認為以「道」之「虛」、「無」的特徵，只有「言意之表」才能「入乎無言無意之域」。《莊子》認為「道」是「虛」「無」，唯「氣聚」才能化生萬物。《人間世》：「氣也者，虛而待物者也。唯道集虛。」〔註 114〕「氣」充乎天地之間，「氣」之「虛」亦「道」之「虛」。然而，「道」雖「虛」但並不是真正的「無」，它是以「氣」「象」的形式存在的，「虛」僅是相對於有「形名之實」而言的。《至樂》：「雜乎芒芴之間，變而有氣，氣變而有形」，疏曰：「夫道在恍惚之內，造化芒昧之中，和雜清濁，變成陰陽二氣；二氣凝結，變而有形。」〔註 115〕意思是「氣」的聚變生成萬物，是一個由「氣」之「虛」到「物」之「實」的過程。又如《至樂》篇在講述天地生萬物時說：「芒乎芴乎，而無從出乎！芴乎芒乎，而無有象乎！」疏曰：「尋其從出，莫知所由；視其形容，竟無相貌。」高岐注曰：「忽怳，無形之象。」〔註 116〕即「道」生萬物之前，是以「氣」「象」的形態存在的。《莊子》認為，「言」可以說明有形質的事物，但是「道」之「虛」「無」，只能求之於「言意之表」。《秋水》：「夫精粗者，期於有形者也；無形者，數之所不能分也；不可圍者，數之所不能窮也。可以言論者，物之粗也；可以意致者，物之精也；言之所不能論，意之所不能察致者，不期精粗焉。」「無形不可圍者，道也。至道深玄，絕於心色，故不可以名數分別，亦不可以數量窮盡。」疏曰：「夫言及精粗者，必期限於形名之域，而未能超於言象之表也。」這裡可見，「言」在「形名之域」是有效的，但是它的作用在「言象之表」是有限的，前者指有具體形象形制可觀可感的事物，後者指超越具象之外、意蘊無窮的「道」的境域。如疏曰：「而神口所不能言，聖心所不能察者，妙理也。必求之於言意之表，豈期必於精粗之間哉！」又注曰：「唯無而已，何精

〔註 113〕王先謙：《莊子集解》，北京：中華書局 1954 年版，第 192 頁。

〔註 114〕王先謙：《莊子集解》，北京：中華書局 1954 年版，第 36 頁。

〔註 115〕郭慶藩撰，王孝魚點校：《莊子集釋》，北京：中華書局 1985 年版，第 615 頁。

〔註 116〕郭慶藩撰，王孝魚點校：《莊子集釋》，北京：中華書局 1985 年版，第 613 頁。

粗之有哉！夫言意者有也，而所言所意者無也，故求之於言意之表，而入乎無言無意之域，而後至焉。」〔註 117〕以上注解實際上把世界分成無形和有形兩個層面，認為「言」適用於「有」，「言意之表」才是「道」之「虛」「無」的「象」境，體現了對「形」、「象」、「境」的認識。

「言意之表」意蘊遙深，其意在言外，因此，《莊子》「言」「小言」不足貴。但是，《莊子》同時認為，存在於「言意之表」的「道」、「意」依附於具體物象，可以立象盡意。《莊子》借「不言之言」「無言之言」「三言」立「象」盡「意」的言說方式呈現「道」。《天道》:「夫形色名聲果不足以得彼之情，則知者不言，言者不知」，「彼之情」即「道」的玄妙至理，注曰:「得彼之情，唯忘言遺書者耳。」〔註 118〕相對於「言」來說，「不言」「無言」更能「與道諧妙」，《寓言》:「不言則齊……言無言，終身言，未嘗言；終身不言，未嘗不言。」疏曰:「夫以言遺言，言則無盡，縱加百非，亦未諧妙。唯當凝照聖人，智冥動寂，出處默語，其志一焉，故能無言則言。」〔註 119〕在「大道不稱」「道不當名」、不可「強名」的認識下，《莊子》認為只有一心凝照的「無言之言」，才能「無言而無不言」。《莊子》「不言而未嘗不言」的觀點具體體現為「三言」那種「不知所言而言之無窮」的特徵上，這種言說效果是通過立「象」盡「意」的手段實現的。「三言」取「象」之「大」，「獨與天地精神往來而不敖倪於萬物」，疏曰:「卮言，不定也。曼衍，無心也。重，尊老也。寓，寄也。」〔註 120〕「不定」「無心」是「三言」指流漫無常，不知所云，但是「三言」的根本在意「寄」「意」。所以它廣泛取「象」:「以卮器以況至言，而耆父之談，體多真實，寄之他人，其理深廣。」〔註 121〕所謂「耆父之談」等，實指《莊子》寓言中經常出現的各種「事象」或「物象」，以宏深譬肆見長，寓「道」於「象」外。

〔註 117〕郭慶藩撰，王孝魚點校：《莊子集釋》，北京：中華書局 1985 年版，第 573 頁。

〔註 118〕郭慶藩撰，王孝魚點校：《莊子集釋》，北京：中華書局 1985 年版，第 489 頁。

〔註 119〕郭慶藩撰，王孝魚點校：《莊子集釋》，北京：中華書局 1985 年版，第 950 頁。

〔註 120〕郭慶藩撰，王孝魚點校：《莊子集釋》，北京：中華書局 1985 年版，第 1100 頁。

〔註 121〕郭慶藩撰，王孝魚點校：《莊子集釋》，北京：中華書局 1985 年版，第 1100 頁。

龐樸說:「在『形而上者謂之道，形而下者謂之器之外或之間，更有一個「形而中」者，它謂之「象」。』」〔註 122〕老莊美學對於「道」的體認，也是借「形而中者」——「象」來實現的。章學誠《文史通義》:「萬事萬物，當其自靜而動，行跡未彰而象見矣。故道不可見，人求道而恍若有見者，皆其象也。」也是對「道」以「象」的直接陳述。誠如王博所說:「一方面是道的虛無無形，另一方面則是物的有形有名。這裡顯示出有形與無形的區分，至少在道家傳統已經成為一個普遍接受的前提。毫無疑問，這也是《莊子》哲學的前提，道是無形的，萬物則以形相蘊。」〔註 123〕這一認識是正確的，如何從「道」的「無形」化生出「有形」的「萬物」，存在言說上的困境。在這個問題上,《莊子》將事物分為可以言說的有形之物象和可以意致的無形之意域，形成了形而下的具體物象（形）和形而上的象外之意（道）兩個層面，進而使用「三言」立象的言說方式溝通上下，生成意蘊。從意象學的視角看,「道」「言」「象」「言意之表」等作為基本元素共同參與構成和生發了《莊子》豐富的意象世界和高妙的人生境界。也可以說，由此而引發了「言」「象」「意」等概念，是先秦時期意象美學思想不可忽視的一維。

二、意象創構論：以意為主的「象」「言」策略

首先，形而下的物象世界是《莊子》意象世界的基礎層面，千差萬別的有形之物是《莊子》意象世界鋪陳最多的意象單元。《莊子》在充分認可這種複雜性和差異性的基礎上，探尋其「道」的同一性，這也是他最具哲學和美學意味的地方。《莊子》長於運用具體形象的塑造來傳達自己對「道」的理解，具體物象作為《莊子》意象世界的基礎層次，他是這樣闡釋的:「夫精粗者，期於有形者也；」(《秋水》) 意為有形之物具有粗細大小之類的形貌特徵。「凡有貌相聲色者，皆物也。」(《達生》) 意為「物」是具有「貌相聲色」特徵的各類物象、表象。即在《莊子》看來，凡具備大小、妍媸、是非、曲直等特徵的自然事物和社會事象都是具體物象，有形有名的具體物象屬於形而下物象世界的範疇。但是「道」無所不在，即形而下的具體物象體現著「道」的特徵，因此,《莊子》「立象」以「盡意」和「體道」，這是

〔註 122〕龐樸:《一分為三》,《龐樸文集》第四卷，濟南：山東大學出版社 2004 年版，第 232 頁。
〔註 123〕王博:《莊子哲學》，北京：北京大學出版社 2013 年版，第 276 頁。

《莊子》意象創構的第一個層面。

章學誠《文史通義》:「有人心營構之象,有天地自然之象。天地自然之象,《說卦》為天為圜諸條,約略足以盡之。人心營構之象,睽車之載鬼,翰音之登天,意之所至,無不可也。」〔註124〕章先生此言,說明「象」是有多種類型的,既可以是人主動創構的「意中之象」,也可以是客觀存在的自然物象。相應地說,《莊子》之「象」包括自然物象、社會事象,也包括神怪意象等類型。以自然物象為例,通過大風、大椿、大年、大知、大樹、大牛、大用與「芥之為舟」、「風之積也不厚」、小知、小年、小用等意象的對比,來傳達對「大」的崇敬和對「小」的貶抑之情,進而引生發出不拘泥於現實世界的大小之分而暢遊於無大無小的澄明之境的審美體驗。再如,以人類社會生活之象為例,《莊子》中的人物形象不乏丑、畸、殘、怪之人。人們在面對這些具體物象時,不免產生震驚錯愕或歡喜仰慕的情感和心理,進而在這種情緒的張力中體會莊子「得意忘象」「得魚忘筌」的言說技巧和智慧。除了這些具體物象之外,《莊子》還在「三言」中預設了許多神話傳說之「象」,如至人、神人、真人這樣完美的人物形象等。神話傳說的情節性和故事性,不僅使《莊子》具有文學價值和個人風格的意義,而且這種非概念化的「象」世界,以其弘深闢肆,達到日常語言所不能達到的意義域境,與自然物象、社會事象一起參與形成一個層次豐富的意象世界圖景。

其次,《莊子》並不止於具體形象的塑造,「象外之意」是《莊子》意象美學的核心。《莊子》的象外之意蘊含在千差萬別的物象世界中,其「意」深湛,包括《莊子》對天人關係、個人慾望與追求、心靈境界等問題的精闢見解。《人間世》:「天下有大戒二:其一命也,其一義也。……自事其心者,哀樂不易施乎前,知其不可奈何而安之若命,德之至也。」〔註125〕險夷、生死皆有命,孔子對葉公子高的告誡充滿深沉悲哀的命運感,警人甚深。再如,《莊子》否定個人的欲望和追求,肯定「任自然」「無為」的價值觀,這也是其最常見最深刻的「象外之意」之一。他說:「人生天地之間,若白駒之過隙,忽然而已。」〔註126〕「吾在天地之間,猶小石小木之在大山也。」〔註127〕「其嗜欲

〔註124〕章學誠著,葉瑛點校:《文史通義校注》,北京:中華書局1985年版,第18頁。
〔註125〕郭慶藩撰,王孝魚點校:《莊子集釋》,北京:中華書局1961年版,第746頁。
〔註126〕郭慶藩撰,王孝魚點校:《莊子集釋》,北京:中華書局1961年版,第746頁。
〔註127〕郭慶藩撰,王孝魚點校:《莊子集釋》,北京:中華書局1961年版,第563頁。

深者，其天機淺。」〔註 128〕「惡欲喜怒哀樂六者，累德也。」〔註 129〕個體人生之於宇宙的大化流行，任何欲望、追求都是相對的和有限的，以自我意欲為中心，體會到的只是世界在人的感知範圍內所呈現的面貌，而世界本身因其形而上的本質是無限的。所以，人生於天地間，是「以有涯追無涯」的疲於奔命之舉，《莊子》文字之外給人以「真悲無聲而哀」的強烈審美感受，這使得《莊子》中的物象不在只是具體形象，而是審美視野中的「意中之象」了。

《莊子》立意深遠，他在物象之外傳達了以「天樂」「逍遙」為個體境界追求的「意」。在著名的「濠梁之辯」中，他託言「遊魚之樂」暗喻自己泯除物我對立的逍遙心境，使自己成為一個無知無識無情無欲的自然存在。又如《德充符》：「吾所謂無情者，言人之不以好惡內傷其身」，好惡哀樂之情是為「小情」，「物之大情」是《莊子》翹盼的境界，注曰：「無所藏而都任之，則與物無不冥，與化無不一。故無外無內，無生無死，體天地而合變化，……此常存之大情，非一曲之小意。」〔註 130〕他反對個體情慾、「世俗之美」「仁義之樂」，而追求「無情」、大美、大巧、大樂，這種不以具體藝術或事物為審美對象的取向，雖不期於藝術，卻完美地合於藝術精神。《莊子》中大凡無名、無為、無知、無欲、無形、無象、不爭、不言、不辯、不見、不聞、不美、不仁、不德等「言不言」的行為，都傳達著超越生死、時命、情慾，進入自由和無限的精神追求，這其實也是《莊子》「象外之意」的核心，即「道」的境界。至此，我們說，「象外之意」的生成是《莊子》意象創構的第二個層面。

第三，直覺思維和「三言」言說方式是溝通《莊子》形而下物象世界和形而上意義世界的橋樑，也是《莊子》意象創構的基本手法。《莊子》否定了以人的感官為基礎的感性思維把握「道」本體的可能性，而認為只有超感性的直覺思維才能認識和進入「道」的境界。「心齋」「坐忘」是他論述了由形下到形上超越的主觀心理過程：《人間世》：「氣也者，虛而待物者也。唯道集虛。虛者，心齋也。」〔註 131〕《知北遊》：「汝齊（齋）戒，疏瀹而心，澡雪而精

〔註 128〕郭慶藩撰，王孝魚點校：《莊子集釋》，北京：中華書局 1961 年版，第 228 頁。

〔註 129〕郭慶藩撰，王孝魚點校：《莊子集釋》，北京：中華書局 1961 年版，第 810 頁。

〔註 130〕郭慶藩撰，王孝魚點校：《莊子集釋》，北京：中華書局 1961 年版，第 245 頁。

〔註 131〕郭慶藩撰，王孝魚點校：《莊子集釋》，北京：中華書局 1961 年版，第 147 頁。

神，掊擊而知！」〔註 132〕何謂「心齋」？疏曰：「心有知覺，猶起攀緣；氣無情慮，虛柔任物。故去彼知覺，取此虛柔，遣之又遣，漸階玄妙也乎！」〔註 133〕即將人的情、智這些「偽」的蒙蔽，一再縮減，遣之又遣直到「專氣致柔」的狀態，就是「心齋」的過程。而「坐忘」：「墮肢體，黜聰明，離形去知，同於大道，此謂坐忘。」〔註 134〕注曰：「夫坐忘者，無所不忘也！既忘其跡，又忘其所以跡者，內不覺其一身，外不識有天地，然後曠然與變化為體而無不通也。」又疏曰：「既悟一身非有，萬境皆空，故能毀廢四肢百體，屏黜聰明心智者也。」〔註 135〕也就是說，「心齋」，「澡雪而精神」，即摒除雜念，使心境純淨。同樣，「坐忘」「喪我」是對自身肉體存在的超越，強調精神「與道同遊」的狀態，這正是直覺思維直奪事物本質的特徵。

「心齋」「坐忘」的認知和審美方式，突破了有限的耳聞目見感官感受，摒除個人慾望，不以認識或獲得知識為目的的態度觀察事物，避免是非判斷帶來的煩擾，從而獲得精神的自由和無限。實際上，這種審美的觀照方式，是不加分析，直觀瞭解的直覺方式，是經過過濾的「純粹意識」。「純粹意識」超越物質表面洞察到物質內部，使主體一己之心投向無限之境。《莊子》所主張的認識和思維方式正是超感性的、直覺的、審美的，通過「心齋」「坐忘」等具體心理過程，完成形下之具象世界向形上之意義世界的超越。即「道」作為無形之物，不可僅從感官把握，而要以虛靜之心、忘我之境使身體內外之氣周流感應，實現「與造物者為人，而遊乎天地之一氣」的「道通為一」之境。

在《莊子》的意象創構思想上，除「自然之象」和「人心營構之象」的「象」層面、「象外之意」的層面以及「心齋」「坐忘」的直覺思維方式之外，「三言」作為獨特言說方式，以「大象」「大言」呈現了「道」的境界。換言之，「三言」是《莊子》實現其「立象盡意」的具體策略，所謂的直覺思維方式適用的對象就是「三言」「立象」和「觀象」的實踐。以「無用之言」實現

〔註 132〕郭慶藩撰，王孝魚點校：《莊子集釋》，北京：中華書局 1961 年版，第 741 頁。

〔註 133〕郭慶藩撰，王孝魚點校：《莊子集釋》，北京：中華書局 1961 年版，第 147 頁。

〔註 134〕郭慶藩撰，王孝魚點校：《莊子集釋》，北京：中華書局 1961 年版，第 284 頁。

〔註 135〕郭慶藩撰，王孝魚點校：《莊子集釋》，北京：中華書局 1961 年版，第 285 頁。

「言之有用」的功能，是由《莊子》一貫的哲學思想決定的，認為語言雖具有表意的功能，但是否定言意、名實的完全對應關係。因為言、名一旦使用，就等於對事物做出了「分別」的限定，就有了概念化的傾向。而「道」是以混沌、統一、齊通為其自身規定性的。《則陽》:「萬物殊理，道不私，故無名。」意即萬物具有不同的屬性，但是「道」是超越個體特殊性而具有普遍性的存在。因此《莊子》主張以特殊的言說方式「體道」，即：寓言、重言，卮言。「三言」所創造的意象世界無端無崖、自由恣肆，塑造了不追求名與實的必然對應關係的「大言」「大象」，從中顯現和揭示日常語言所不能致的本源——「道」。在三言之「象」所構成的境域中，「道」之無與「象」之有、「道」之抽象與「象」之具體形成互相引發之意，使「道」的玄妙意味在恍惚成象和有無相生中呈現出來。從這個意義上說，「三言」的言說方式正是「立象盡意」這一傳統的具體實踐。

試舉例說明。《莊子》「三言」所立之「象」絕非等閒之物、等閒之人、等閒之景，而是以直觀、宏闊為特徵的，其氣象之雄之廣之勢之生動形象本身就是以審美感知為目的的。如《逍遙遊》:「有鳥焉，其名為鵬，背若太山，翼若垂天之雲，摶扶搖羊角而上者九萬里，絕雲氣，負青天，然後圖南，且適南冥也。」〔註136〕《人間世》:「匠石之齊，至於曲轅，見櫟社樹。其大蔽數千牛，繫之百圍，其高臨山十仞而後有枝，其可以為舟者旁十數。」〔註137〕《人間世》:「支離疏者，頤隱於臍，肩高於頂。」〔註138〕以上可見，《莊子》把我們的注意力聚焦於他所呈現的形象上，大鵬之氣魄、櫟樹之繁盛、畸人之形貌，立現於紙上，極具形象性，從而提升我們將他們本身作為審美目的的感知。這也是《莊子》「象」思維語言的高妙之處。所以，《莊子》的「三言」筆法以獨特的尚象思維方式，創造了充斥著情感性、想像性、含蓄變化而又意味無窮的意義世界。這正是《莊子》「三言」的獨特言說方式所體現出來的雖在「言」而「忘言」、立「象」以盡意的意象創構策略。王昌齡在《詩格》中說，「詩有三境」:「物境」、「情境」和「意境」。「物境」即自然和社會生活中的景物、事物，《莊子》所取「物象」、「事象」;「情境」指人的悲歡、意志、

〔註136〕郭慶藩撰，王孝魚點校:《莊子集釋》，北京:中華書局1961年版，第14頁。
〔註137〕郭慶藩撰，王孝魚點校:《莊子集釋》，北京:中華書局1961年版，第170頁。
〔註138〕郭慶藩撰，王孝魚點校:《莊子集釋》，北京:中華書局1961年版，第180頁。

「娛樂愁怨」等情感活動，其標準是「深」，即《莊子》在「物象」、「事象」之外寄託的人生體悟；「意境」與「情境」相似，「皆張之於意」，只不過前者「張之於意而處之以身」，後者「張之於意而思之以心」，老莊的「意」「境」觀兼具「情境」和「意境」的特徵，是「意境」觀念的萌芽。

三、「境」觀念的萌生

「境」，《說文》：「疆也。」「樂曲盡為竟。」可見，「境」指邊界的盡頭。老莊的「境」觀念如下，《老子》：「大道泛兮，可左可右。」（《老子》第三十四章）《莊子》：「道未始有封。」（《齊物論》）意思是本體世界是沒有邊界的，即為「無境」：「忘年忘義，振於無竟，故寓諸無竟。」（《齊物論》）老莊崇尚混沌一體的「無境」之說，包含著他境界論的兩個方面。一是「自然之境」，即未分形名之前的陰陽蘊藉之境；二是主體精神「與道同遊」的自由之境。《莊子》意象美學由物象世界的呈現到象外之意的生成，本質上是從外在體驗之「象」到內在超越之「境」的審美過程。這一過程須臾不離主體感官體驗、情感、想像及獨特思維方式的參與。主體的思維和意識總是指向某一審美對象的，在《莊子》而言，這一審美對象就是由具體物象所形成的無限時空之境，即「自然」。而主體的思維和意識總是在永不停息的運動中認識或把握事物的本質，在《莊子》而言，這一主體思維和意識的最終指向就是超以象外、物我融合無間的大美「道」境，即「自由」。

《莊子》所塑造的「自然之境」，是不憑依於外物而自發存在並按其規律自覺運行的「自然」，是主體感官體驗的對象。這一「自然之境」是與時空觀念息息相關的，朱志榮先生在《中國藝術哲學》一書中講到：「時空感性形態的變化，從本質上說是陰陽二氣化合的結果。」〔註139〕此言確鑿，《莊子》所呈現的「自然之境」就是由時空構成的，並且是陰陽二氣化合的結果。郭象《莊子序》說：「獨化於玄冥之境而淵源深長也」，「經崑崙，涉太虛，而遊忽怳之庭矣」，「遂綿邈清遐，去離塵埃而返冥極者也」，〔註140〕以及《莊子集解》：「楚之南有冥靈者，以五百歲為春，五百歲為秋；上古有大椿者，以八千歲為春，八千歲為秋。」〔註141〕此處所謂「玄冥之境」「太虛」「忽怳之庭」

〔註139〕朱志榮：《中國藝術哲學》，上海：華東師範大學出版社2012年版，第127頁。
〔註140〕郭慶藩撰，王孝魚點校：《莊子集釋》，北京：中華書局1961年版，第3頁。
〔註141〕王先謙：《莊子集解》，北京：中華書局1954年版，第3頁。

「冥極者」以及八千歲為一瞬的「春秋」都是「時空之境」，它們所稱都指向「道」之「無」「氣」之「虛」。再如《齊物論》:「和之以天倪，因之以曼衍，所以窮年也。忘年忘義，振於無竟，故寓諸無竟。」注曰:「和之以自然之分，任其無極之化，尋斯以往，則是非之境自泯，而性命之致自窮也。」又疏曰:「曼衍，猶變化也。因，任也。窮，盡也。和之以自然之分，所以無是無非，任其自然之化，故能不滯不著。既而處順安時，盡天年之性命也。」〔註 142〕「和自然之分」「無是無非」之境，是「一氣而萬形」之前的恍惚之境，這種境界是「道」的境界，是陰陽氤氳，二氣混沌的境界。再如《老子道德經》:「道曰遠，遠曰逝，逝曰返。」《老子》:「萬物並作，吾以觀復。夫物芸芸，各歸其根。」(《老子》第十八章。) 置「道」和萬物之生生不息的運行於一個無限的時空中，這個時空就是「自然」。即所謂「人法地，地法天，天法道，道法自然」，所以說，老莊所稱述的「自然之境」，實際上是「氣」充其間，無限的時空之境。大鵬翺翔之高遠，大樹蔭庇之廣袤，南冥北冥之遙遠，「六極之外」「無何有之鄉」「壙埌之野」，《莊子》以詩意的眼光，塑造了一個容納生命及其運化不息的時空，其間大化流行無始無終，足以令審美主體從外在感官體驗方面頓生慷慨之情。

然而，「道」所呈現的「自然之境」只是主體外在感官體驗的對象，主體心靈內在超越的「自由之境」才是《莊子》的追求。從對自然之境的外在體驗到自由之境的內在超越是《莊子》美學的基線。從自然到自由，《莊子》的審美之境，是無物無我、忘情去智的「化境」。如何才能達到「化境」呢？在《莊子》看來，「氣」是「物物者於物無際」的關鍵，即「氣」的貫通循環是物我兩化，實現無我之境（「自由」）的關鍵。從形而上的層面講，人與萬物雖殊異，但都以「氣」的形式參與大化流行。「人之生，氣之聚也，聚則為生，散則為死。」〔註 143〕按照《莊子》的「氣化」邏輯，主體不僅可以在時空之境中生存，而且可以以「氣」的形式「與道同遊」，入於無限之境。「氣」具有「虛」、「通」和流動的特點，「道」亦如此。因此，「氣之所聚」的主體，都可超越時空、超越現實和自我形骸，融入宇宙本體之中，體驗主體生命與宇宙本體冥契無間的化境，從有限的感性生命中感受無限的生命自由，從而生成

〔註 142〕郭慶藩撰，王孝魚點校：《莊子集釋》，北京：中華書局 1961 年版，第 109 頁。

〔註 143〕郭慶藩撰，王孝魚點校：《莊子集釋》，北京：中華書局 1961 年版，第 733 頁。

「悠然而往，悠然而來」，「乘天地之正，而御六氣之辯，以遊無窮」的自由境界。

在形而上層面，「氣」論為《莊子》的自由之境奠定了哲學基礎，《莊子》：「天地者，萬物之父母也。合則成體，散則成始」，由此觀之，萬物皆「一氣而萬形」的結果。基於這個前提，人與萬物「道通為一」，具有了化入「道」境的可能。在具體層面上，《莊子》認為「忘己」「無我」是實現內在精神自由的關鍵，「虛靜」「內省」、重「神」輕「形」、重「內」輕「外」等思想，使「境界」論的萌芽由「自然之境」延伸到主體精神領域和「人格境界」。《莊子》強調「神」，認為可以以「神」「忘形」。《德充符》：「故不足以滑和，不可入於靈府。」郭象注曰：「靈府者，精神之宇。」〔註 144〕《莊子》所謂的「精神」、「欲」是與「形體」、「德」對應的概念，它強調個人精神境界的養成，主張「得意忘形」。「其嗜欲深者，其天機淺」認為欲望會阻隔天人之間的和諧一致。「德有所長，而形有所忘」，疏曰：「大腰支離，道德長遠，遂使齊侯衛主，忘其形惡。」〔註 145〕「德」，精神境界與「道」相齊的境界，至此，就可以忘其「形」而取其「德」了。大德之人即使「形惡」也可以行「不言之教」：「立不教，坐不議。虛而往，實而歸。」疏曰：「殘兀如是，無復形容，而玄道至法，內心成滿，必固有此，眾乃從也。」〔註 146〕《莊子》重視個體精神境界的超越，還表現在他對內外、虛靜、內省的觀念上。《大宗師》：「彼遊方之外者也，而丘遊方之內者也。……彼方且與造物者為人，而遊乎天地之一氣。」注曰：「夫至理有極，外內相冥，未有極遊外之致而不冥與內者也，未有能冥與內者耳遊外者也。」〔註 147〕「內外」，疏引郭象注曰：「形骸外矣，其德內也。」〔註 148〕也就是說，心與外物（包括「形骸」）的和諧一致，「遊乎天地之一氣」的境界是《莊子》所稱道的。又如「虛靜」，疏「遊心於淡，合氣於漠」曰：「唯形與神，二皆虛靜。如是，則天下

〔註 144〕王先謙：《莊子集解》，北京：中華書局 1956 年版，第 52 頁。

〔註 145〕郭慶藩撰，王孝魚點校：《莊子集釋》，北京：中華書局 1961 年版，第 218 頁。

〔註 146〕郭慶藩撰，王孝魚點校：《莊子集釋》，北京：中華書局 1961 年版，第 118 頁。

〔註 147〕郭慶藩撰，王孝魚點校：《莊子集釋》，北京：中華書局 1961 年版，第 268 頁。

〔註 148〕郭慶藩撰，王孝魚點校：《莊子集釋》，北京：中華書局 1961 年版，第 201 頁。

不待治而自化者耳。」〔註 149〕又《天道》:「以虛靜推於天地，通於萬物，此之謂天樂。」〔註 150〕何為「虛靜」？陳鼓應說：「『虛』『靜』形容心境原本是空明寧靜的狀態，只因私欲的活動與外界的擾動，而使得心靈閉塞不安，所以必須時時『致虛』『守靜』的工夫，已恢復心靈的清明。」〔註 151〕可見，虛靜即忘物忘我、無物無我的精神狀態，為此才能達到「天地與我並生，萬物與我為一」的逍遙自由之境。「內省」，《讓王》:「故內省而不窮於道，臨難而不失其德。」〔註 152〕「內省」，祛除世俗雜蕪蒙蔽的心靈淨化過程，也是《莊子》一貫堅持精神超越乃至自由之境的體現。

綜上，《莊子》所稱述的審美活動是內在超越的精神活動，由物象世界到大美「道」境和主體精神的「自由之境」，必須去除「認知心」「嗜欲心」和「仁義心」桎梏的「有待」狀態，〔註 153〕這實際上也是人生境界的養成，對於意象美學的境界論的啟蒙作用是顯見的。如徐復觀先生所言：「他們所追求的最高境界『道』這一問題上，若不順他們思辨地形上學的路數去看，而只從他們由修養的工夫所到達的人生境界去看，則他們所用的工夫，乃是一個偉大藝術家的修養工夫；他們由工夫所達到的人生境界，本無心於藝術，卻不期然而然地會歸於今日之所謂藝術精神之上。」〔註 154〕顯然，此說「修養的工夫」是指《莊子》所謂「心齋」、「坐忘」、「喪我」、「無己」的「虛靜」狀態，能夠拋卻現世之累，才能真正完成由「識」到「智」的昇華，才能「得道」,「體道」。人生亦是審美對象，《莊子》審美地關照現實人生，通過內在的反思涵養超越現實的做法，實現人生體驗之無限。也可以說，《莊子》奠定了中國思想之人生哲學「向內求」的基調，「向內求」就是一種人格修養的工夫，是對人生境界之美的追求。卡爾西說：「從人類意識最初萌發之時起，我們就發現一種生活的內向觀察伴隨並補充著那種外向觀察。人類的文化越往後發展，這種內向觀察就變得越加顯著。」〔註 155〕又如王志楣：「只有當人內在

〔註 149〕郭慶藩撰，王孝魚點校：《莊子集釋》，北京：中華書局 1961 年版，第 294 頁。
〔註 150〕郭慶藩撰，王孝魚點校：《莊子集釋》，北京：中華書局 1961 年版，第 457 頁。
〔註 151〕陳鼓應：《莊子注釋及評價》，北京：中華書局 1984 年版，第 124 頁。
〔註 152〕郭慶藩撰，王孝魚點校：《莊子集釋》，北京：中華書局 1961 年版，第 982 頁。
〔註 153〕蒙培元：《心靈超越與境界》，北京：人民出版社 1998 年版，第 209～211 頁。
〔註 154〕徐復觀：《中國藝術精神》，北京：商務印書館 2010 年版，第 57 頁。
〔註 155〕卡西爾：《人論》，上海：上海譯文出版社 1985 年版，第 5 頁。

的修養可以超越外在的條件牽制時，才可能在某種絕對的意趣上談到真正的自由。」〔註 156〕通過反觀內心世界反觀自我的活動，人可以在精神上自我審視，在人格境界上自我提升。這些論述，都印證了《莊子》「境」觀念在主體精神自由和人格境界方面的美學貢獻，使《莊子》的「境」不只停留在自然時空之境的層面上，而且拓展到主體心靈、人格境界上，這才是《莊子》「無竟」思想對美學的真正意義所在。

總之，老莊基於「道」而闡發出「言」「象」「言意之表」（「象外」）等思想，在意象發生、意象創構、意境生成幾個方面體現了鮮明的意象美學思想。首先，它以「道」為物象世界的本體，將物象世界視為「道」的呈現，形成了《莊子》意象世界的基礎層面——形而下物象世界及自然時空之環境。其次，它將主體「體道」的過程看作是美感生成的過程，創造了超以象外的意義世界，這是《莊子》意象世界超越層面——形而上的「象外之意」及大美「道」境。再次，作為溝通上下的手段，如「三言」筆法直指意象思維的範疇；「心齋」、「坐忘」、「虛靜」、「內省」等由外在體驗到內在超越等，又關涉主體精神境界的形成，使《莊子》的境界論思想既有「自然之境」的維度，又有「自由之境」的維度。《莊子》不僅能夠發掘出完整的意象創構體系，而且還包含或隱含了「道」「氣」「形」「名」「言」「心」「象」「虛」「意」「境」等傳統意象美學概念，使其極具審美意象學的意味。

本章小結

在前人研究的基礎上可見，意象生成問題主要關乎物感說、立象盡意、比興譬喻、主體審美心理等方面的內容。本章認為，第一，先秦時期哲學意義上存在的「感」「通」觀念在詩論上表現為物感說。這一理論在物我、天人關係上對意象生成具有建構意義，除了詩論和哲學觀念以外，巫術作為一個具有意象性的規範系統，體現了「感」「通」機制在天人、物我合一即意象生成上的作用。第二，意象生成（創構）有兩個基本原則，即「以意為主」和「立象盡意」。對「意」的追求和強調廣泛體現在哲學和美學觀念中，如《周易》、《莊子》等，而「立象盡意」是意象生成的策略。第三，意象創構的具體方式是「觀取」和連類譬喻。「觀取」的對象包括自然萬物乃至人自身，觀取

〔註 156〕王志楣：《莊子生命情調的哲學闡釋》，臺北：里仁書局 2008 年版，第 2 頁。

的過程是主體情感想像灌注的過程。連類譬喻指比興等手法的應用，這一建立在「群」「類」意識上的創構手法，可以通過所立之象，在主體情感、想像、聯想的作用下，作為一個意義召喚結構，使「意象」呈現出「象外」無窮的意蘊空間。第四，意象創構經歷的感通、觀取、立象、譬喻等過程，離不開主體獨特的審美能力。即以「虛己」「忘我」的「遊心」態度參與到意象的生成中來。如由先秦時期「巫覡」等專門群體的出現，也可以看出這種審美能力是意象創構活動對主體修養的較高要求和必要條件。第五，《老子》、《莊子》作為先秦時期最具審美意味的作品，基於「道」化生萬物的闡述中，體現了意象觀基本構成元素如「象」「言」「意」「境」等，尤其是在審美視閾中，開「形神」「內外」「有無」「虛實」等範疇之先河。而《莊子》的意象創構思想，依據「道」生萬物，萬物中有「道」存其間的哲學思想，闡發了從「道」之「無」到「形」之「有」，再由「形」之「有」到「道」之「無」的審美觀。實現這一審美體驗的具體途徑就是創構意象，以「三言」立象盡意，以「心齋」「坐忘」的直覺思想方式體「道」，同時實現人格境界的超越。老莊中的意象觀可以說是先秦時期最具審美意味的、比較完整的意象創構論。至此，先秦時期意象生成（創構）思想的脈絡可見一斑。

第五章　先秦意象功能論

引言

從目前的研究看，相對於意象概念的內涵和外延研究，意象功能方面的關注略顯單薄，尤其是先秦時期的意象功能問題。直觀地以意象功能為研究對象的論文，如曹葦舫、吳曉《詩歌意象功能論》〔註 1〕一篇，將詩歌意象的功能概括為描述、擬情、指意方面的表述功能、形式與意義方面的建構功能以及外在於內蘊方面上的美感功能。基於意象本身就是「意」與「象」的結構體，該文對詩歌意象功能的概括是合理的。但是，該文是以「詩歌意象」為考察對象的，所立論的依據涵蓋了傳統詩歌的各個歷史時期。而單就先秦時期來說，「意象」是兼具認知、審美和教化功能的，尤其突出「象」的運用，具有關注的價值。

在對先秦時期意象思想的考察中，越來越清晰的一個事實是，「象」是理解中國美學的一個基本點。先秦時期的「象」廣泛存在於社會生活中，它與單純就藝術領域的「審美意象」相比，有一個重要的區別，就是符號性和工具性。以「易象」為例，它主要是在符號的象徵中達到認知的目的。先秦意象觀的另一個功能就是審美和教化，這一功能特徵突出體現在詩教和樂教上。基於「象」在「言教」和「樂教」中運用的程度不同，這一時期有以「樂教」為「至教」的觀點。先秦時期的意象在一定程度上強調認知，而藝術領域的

〔註 1〕曹葦舫、吳曉：《詩歌意象功能論》，《文學評論》，2002 年第 6 期，第 118～125 頁。

「意象」強調審美，這也是先秦時期作為意象萌芽時期與意象理論大成時期的區別。因此，在先秦意象觀的功能這一問題上，本章從三個方面展開。一是先秦意象觀的符號和認知功能；二是先秦意象觀的審美和教化功能；三是以「樂教」為「至教」的思想實質是「尚象」思想的體現。

第一節 「易象」的符號和象徵功能

先秦時期「意象」的符號性和工具性是指「意象」作為一個具有「能指」和「所指」「表層結構」和「深層結構」的意義系統，是如何產生意義的，又是如何被作為規範應用的。關於「意象」的符號性質，齊效斌說：「文本前的意象功能表現為『譯碼』，是把客觀的物象內覺化為主體的心理意象。文本中的語象功能表現為『編碼』，是把心理意象轉化為語言符號。」〔註 2〕以上把意象的創構和鑒賞的過程稱為「編碼」和「譯碼」的過程，實質是從符號學的角度解讀意象。「易象」是「意象」的萌芽，帶有鮮明的符號性，它是通過卦象符號的象徵性實現意義的產生和傳達的。「象徵」在《周易》中表現為通過抽象的「寓繁於簡」和通過具象的手法將 A 比喻為 B。《周易・繫辭上》：「聖人立象以盡意，設卦以盡情偽，繫辭焉以盡其言。」在「書不盡言，言不盡意」的言意矛盾關係中，「立象」、「設卦」作為製作「符號」手段和策略，成為溝通「言」「意」的橋樑。《周易》所立之「卦象」系統是由陰爻和陽爻的基本形式及其組合變化構成的，是一個符號性意象系統。這個符號系統的「能指」即「表層結構」是卦爻符號本身，而它的「所指」和「深層結構」則是「道」生生不息的運動規律，它所指向和認識的對象是形而上的本體世界。

「易象」的生成就是將萬事萬物抽象、歸類並符號化的過程。制卦過程的符號性特徵，簡單地說，是在「觀」的基礎上，將自然界萬事萬物化繁為簡、分類組合、提煉概括並且再創造的過程。《繫辭》：「仰則觀象於天，俯則觀法於地……近取諸身，遠取諸物，於是始作八卦，以通神明之德，以類萬物之情。」俯仰觀察，以身喻物，這是主動思考創制卦象符號的過程，即通常所說的「制象」。符號化的「卦象」具有符號的「所指」功能，透過卦象符號的表層之「然」，我們可以見出其深層「使然」的存在。《繫辭》：「聖人有以見

〔註 2〕齊效斌：《文學符號功能轉換中的思維機制》，《陝西師範大學報》（哲學社會科學版），1993 年 8 月，第 11 頁。

天下之賾，而擬諸形容，象其物宜，是故謂之象。」又：「八卦成列，象在其中，因而重之，爻在其中矣，剛柔相推，變在其中矣，繫辭焉而明之，動在其中矣，吉凶悔吝生乎動者也。」〔註3〕「物宜」，物之為物的必然性。「象其物宜」說明卦象符號迥異於具體可見的事物，相反，依王樹人先生所言：「『象』是『非實體』、『非概念的』，也就是具有非對象性、非現成性的特點。」〔註4〕不僅「易象」是「非實體」的，而且「易象」是動態變化的，陰爻、陽爻錯雜排列，「剛柔相推」正是「易象」對「道」化生萬物運動的效法。即「卦象」符號的生成遵循「編碼」「譯碼」的一般規律，是易象符號功能的體現。

「以小見大」「寓繁於簡」也是易象符號功能的體現。「易象」形式上雖然簡單地表現為線條長短、斷連的變化組合，但實質上是一個內涵豐富，象徵著本體世界的符號系統。這個符號系統所要表達的意義，是通過符號即陰陽、四象、八卦、六十四卦的符號體系彰顯出來的，它通過符號的不同使用方式，將現象界的萬事萬物置於宇宙整體的動態開放之中，天、地、人無間隙融合，是「易象」所要彰顯的「萬物之情」「天下之賾」。《繫辭》：「夫《易》，彰往而察來，而微顯闡幽，開而當名辨物，正言斷辭皆備矣。」注釋曰：「意猶『使名當』、『使物辨』、『使言正』、『使辭端』，」〔註5〕「使」這個動詞，揭示了易象的功能性，而其實現認知目的和功能的機制就是「以小見大」「寓繁於簡」。《繫辭上》：「是故聖人以通天下之志，以定天下之業，以斷天下之疑。」〔註6〕易象之「小」之「簡」通於天下之「大」，正驗證了易象的符號性。《說卦》：「昔者聖人之作《易》也，將以順性命之理。」〔註7〕再次說明卦象具有鮮明的目的意識和使用價值，即強調易象的符號功能。

「象徵」是易象實現符號功能的根本機制所在。在《周易》中，「象徵」是基於客觀世界（自然界）與人類社會及人自身的關聯繫和相似性的，類似於「比」，是「易象」與其象徵意義即象外之意（「聖人之意」）的顯示關係。「立象盡意」是「易象」的製作和意義生成的主要手段。「易象」取之於自然

〔註3〕鄭玄、韓康伯注，孔穎達疏《周易正義》，阮元校刻《十三經注疏》，北京：中華書局1980年版，第85頁。

〔註4〕王樹人：《中國象思維與西方概念思維之比較》，《學術研究》，2004年10月，第6頁。

〔註5〕黄壽祺，張善文撰：《周易譯注》，上海：上海古籍出版社，第589～591頁。

〔註6〕黄壽祺，張善文撰：《周易譯注》，上海：上海古籍出版社，第556頁。

〔註7〕黄壽祺，張善文撰：《周易譯注》，上海：上海古籍出版社，第615頁。

物象及其運動規律，也被應用於形而上之「意」的揭示中，這種機制發揮作用的原因一方面在於對象世界與人自身的相似性允許「易象」符號化，另一方面在於「象徵」手法的運用，使得「符號」呈現出超出其自身的意義境域，即「易象」作為「符號」的意義系統得以完備。

《周易》自身對其「象徵」性具有清晰的認識。孔穎達《周易正義》:「《易》卦者，寫萬物之形象，故《易》者象也。象也者像也，謂卦為萬物象者，法象萬物，猶若乾卦之象法像於天也。」注釋曰:「指出《周易》的象徵特色。」〔註 8〕萬物懸殊，不可一一納入卦象系統，只能抽象化、普遍化的再現，即借助「象徵」的手法呈現意義。「易象」的「象徵」手法，體現在多處。首先，卦象系統的基本組成元素——陰爻陽爻具有符號和象徵意義，各卦也作為符號對應著不同的事物或形勢。對於「易象」之於宇宙萬物的象徵關係，汪裕雄將「『易象』的符號結構」，等同於「統一的宇宙模式的外顯形式。」〔註 9〕「易象」是宇宙萬象的象徵體系，這一點在《周易》裏就有體現。如:「作《易》者，其有憂患乎？是故《履》，德之基也;《謙》，德之柄也;《覆》，德之本也;……《履》以行和，《謙》以制禮;《覆》以自知。」〔註 10〕意為《易》作者是心懷憂患的吧？《履》卦說明小心履禮是樹立道德的初基;《謙》卦說明行為謙虛是實行道德的柯柄;《履》卦說明回覆正途是遵循道德的根本;……因此，《覆》卦的意義是小心和順的行事;《謙》卦是控制禮節;《覆》卦是自省得失。即「易象」之所言，盡為人生哲學和處事道理，用《繫辭下》中的話來講，就是:「《易》之為書也，原始要終以為質也。」〔註 11〕「原始要終」即窮盡物理之意，是通過象徵手法將易象符號所寄託的意義呈現出來。

象徵是易象符號性的體現，還在於「象徵」和「符號」都具有「象外之意」的追求。「易象」符號是對「天機」的推原、預測、決斷，《說卦》:「雷以動之，風以散之;雨以潤之，日以烜之;艮以止之，兌以說之;乾以君之，坤以藏之。」〔註 12〕即《易》是以推原事物初始，歸納事物的結局而形成卦體

〔註 8〕鄭玄、韓康伯注，孔穎達疏:《周易正義》，阮元校刻《十三經注疏》，北京:中華書局 1980 年版，第 87 頁。

〔註 9〕汪裕雄:《意象與中國文化》，《中國社會科學》，1993 年第 5 期，第 91 頁。

〔註 10〕鄭玄、韓康伯注，孔穎達疏:《周易正義》，阮元校刻《十三經注疏》，北京:中華書局 1980 年版，第 89 頁。

〔註 11〕鄭玄、韓康伯注，孔穎達疏:《周易正義》，阮元校刻《十三經注疏》，北京:中華書局 1980 年版，第 89 頁。

〔註 12〕黃壽祺，張善文撰:《周易譯注》，上海:上海古籍出版社 2001 年版，第 619 頁。

大義。易象符號具有超越符號本身之外的意義，所以說：「《易》之為書也，不可遠。」陰陽爻象、卦象系統和單個卦象、六十四卦以及每卦各爻的順序都是具有象徵意義的，「易象」通過層層象徵洞察「天機」(「盡意」)。《序卦傳》：「有天地然後萬物生焉。盈天地之間者唯萬物，故受之以《屯》；屯者盈也，屯者物之始生也。物生必蒙，故受之以《蒙》；蒙者蒙也，物之稺也。物稺不可不養也，故受之以《需》。……有過物者必濟，故受之以《既濟》。物不可窮也，故受之以《未濟》終焉。」〔註 13〕即《序卦傳》集中分析了六十四卦編排次序的依據正是事物「相因」「相反」「旁通」的發展變化規律，「相因」「相反」「旁通」這些事物之間的關係狀態正是「象徵」成為可能的根本。

易象的符號性即象徵性還體現在卦象系統的時位觀念上。易象在具體每卦的爻位設置上，也是具有象徵意味的。《繫辭下》：「有天道焉，有地道焉，有人道焉。兼三才而兩之，故六；六者，非它也，三才之道焉。」〔註 14〕《說卦》：「兼三才而兩之，故《易》六畫而成卦。」《周易正義》：「既備三才之道，而皆兩之：作《易》本順此道理，需六畫成卦。」〔註 15〕「三才」為「天、地、人」，以「三畫」象徵「三才」的卦象兩兩重合，就是六爻之卦的來歷。「故道有變動，故曰爻；爻有等，故曰物。」即六爻之卦象徵著道的變動，而六爻上下等次，象徵著具體事物，即每爻都具有物象的意義。「六爻相雜，唯其時物也。……本末也。」〔註 16〕就是說事物的變化有時序、本末的限制，因此「爻」「作為言乎變者也」，也要依次序排列。「參伍以變，錯綜其數，通其變遂成天下之文，極其數遂定天下之象，非天下之至變，其孰能與此。」即「事物的變化有隱有顯，有層次推進。因此，言象傳意必然要求反映其次序，這是『言有序』的根本所在。」〔註 17〕也就是說，為了象徵「道」的變化，爻的次序也是必然的。《周易》制卦爻「唯變所適」，即使爻位也因其象徵意義依序而定，劉勰《文心雕龍．宗經》感慨曰：「故論說辭序，則《易》統其

〔註 13〕黄壽祺，張善文撰：《周易譯注》，上海：上海古籍出版社 2001 年版，第 648 頁。

〔註 14〕黄壽祺，張善文撰：《周易譯注》，上海：上海古籍出版社 2001 年版，第 602 頁。

〔註 15〕鄭玄、韓康伯注，孔穎達疏：《周易正義》，阮元校刻《十三經注疏》，北京：中華書局 1980 年版，第 94 頁。

〔註 16〕鄭玄、韓康伯注，孔穎達疏：《周易正義》，阮元校刻《十三經注疏》，北京：中華書局 1980 年版，第 90 頁。

〔註 17〕劉大鈞：《周易概論》，濟南：齊魯書社 1986 年版，第 38 頁。

首。」就是對依次序為象徵的爻位設置的認識。所以說，在易象系統中，凡存在象徵之處，都可認為是易象符號性的體現。因為，以「道」「天機」為「象外之意」的「卦象」(「易象」)，具備「意象」「象內」、「象外」的層次感，體現了作為「符號」使用時，易象具備「符號」「能指」和「所指」、「表層結構」和「深層結構」的特徵。

譬喻，也是易象符號性的體現之一，它對於符號「所指」「深層結構」的揭示具有積極意義，也產生意蘊深遠的審美體驗。《繫辭》:「其旨遠，其辭文，其言曲而中，其事肆而隱。」〔註18〕這裡「其」指代的就是「易象」。「稱名」「取類」這裡包含著一個歸納、演繹、推理的過程，「名」「類」之間微妙的聯繫建立在「符號」(「卦象」)與事物的類本質的相通性之上。「旨遠」「辭文」「曲而中」「肆而隱」正是「意」「象」融合之際的審美感受，「易象」(「意象」)的意蘊性由此而來。張拙在其博士論文《語言的困境與突圍——文學的言意關係研究》一書中，論及「象」在言意之間的作用時說：「存在本身自行呈現（澄明）並自行隱匿（遮蔽）的特性，使它在現象上永遠呈現出有（在場）與無（不在場）的動態運動，而這種運動本身恰恰構成了言與意之間的永恆動能和張力。」〔註19〕澄明與遮蔽、在場與不在場之間的永恆循環運動，就是事物生滅之際「出於機，入於機」的另一種說法，張拙指出了「象」在這個只可意會不可言傳的玄妙中的作用。「易象」符號系統通過譬喻實現表意功能，符號的組合變幻象徵無限的意蘊世界。不僅「易象」是這樣，在先秦的經典文本中，也常見以譬喻出「意境」的典範。如《論語・子罕》:「子在川上曰：『逝者如斯夫，不捨晝夜。』」〔註20〕「川流不息」的景象作為一個具有象徵意義的符號，將時空之久遠與人生之倏忽瞬間對立起來，形成無限的審美境界。

「喻」作為符號產生意義的一個途徑，具有表裏、內外的層次特徵。關於「喻」，劉向《說苑》記載了惠子與梁王的對話：「客謂梁王曰：『惠子言事也善譬，王使無譬，則不能言矣。』王曰：『諾。』明日見，謂惠子曰：『願先生言事則直言耳，無譬也。』惠子曰：『今有人於此而不知彈者，曰：彈之狀

〔註18〕鄭玄、韓康伯注，孔穎達疏：《周易正義》，阮元校刻《十三經注疏》，北京：中華書局1980年版，第89頁。

〔註19〕張拙：《語言的困境與突圍——文學的言意關係研究》，北京：中國社會科學出版社2010年版，第10頁。

〔註20〕朱熹：《四書章句集注》，北京：中華書局1983年版，第113頁。

何者？應曰：彈之狀如彈，則喻乎？』王曰：『未諭也。』於是更應曰：『彈之狀如弓，而以竹為弦，則知乎？』王曰：『王知矣。』惠子曰：『夫說者，故以其所知諭其所不知而使人知之。』」〔註21〕惠子通過以比喻使人瞭解「彈」的形狀為例，說明比喻這種方式可以以 A 物比 B 物，從而使人達到認識的目的。從這一角度看，「喻」和「比興」具有相似性。如王逸《離騷經章句序》：「依詩取興，取類譬喻，故善鳥香草，以配忠貞；惡禽臭物，以比讒佞；靈修美人，以讒於君；宓妃佚女，以譬賢臣；虯龍鸞鳥，以託君子；飄風之霓，以為小人。其詞溫而雅，其義皎而明。」〔註22〕上文「某物」以配（以比、以讒、以譬、以託、以為）「某物」的句式中，兩物象之間就是能指和所指的關係。這種取象於一物，譬之以另一物，使鑒賞者在兩個物象的想像與聯想中生成一個新的「意象」的做法，使得所取之「象」具有深微的意義涵容量，正印證了「符號」「解碼」產生意義的過程。

第二節　禮樂之象的符號和象徵功能

禮樂文化在夏商周三代佔據著人們精神生活的高地。不能否定，禮樂文化是實施政教的一整套國家體制，《禮記・中庸》：「禮儀三百，威儀三百」，實際上，「禮」之繁瑣細緻覆蓋了社會生活的方方面面，正如汪裕雄先生所說：「西周的『禮』，絕不僅僅是處理人倫關係的一套繁文縟節，而是以血緣關係為基礎，將禮儀與權力、財產的再分配結合一起，輻射到政治、經濟、文化的全幅領域的一整套體制。」〔註23〕這就肯定了「禮」的階級國家秩序統治工具的性質。國家建制、祭祀、戰爭、婚喪乃至家族人際關係、灑掃之類的小事也都有詳細的「禮」的規定：「凡為長者糞之禮，必加帚於箕上。以袂拘而退，其塵不及長者。」〔註24〕「為長者糞之禮」要求用掃帚遮住簸箕，掃的時候一手拿掃帚，一手舉起衣袖擋住掃帚，邊掃邊退，以防塵土撲到長者。禮樂文化所包含的規範不僅僅是人的行為規範，實際上它有一個潛在的深層結構，即指向「仁」「德」「孝」等德性範疇。也就是說，「禮樂」在具體的形式規範

〔註21〕劉向著，王瑛、王天海譯：《說苑全譯》，貴陽：貴州人民出版社，第 471 頁。
〔註22〕洪興祖：《楚辭補注》，北京：中華書局 1983 年版，第 2～3 頁。
〔註23〕汪裕雄：《意象探源》，北京：人民出版社 2013 年版，第 72 頁。
〔註24〕鄭玄注，孔穎達疏：《禮記正義》，阮元校刻《十三經注疏》，中華書局 1980 年版，第 1239 頁。

（「象」）之外，還存在一個「象外」的意域，這使得「禮樂」具有符號性。

「禮」之所以具有統治工具的作用，即「禮」的意義之所以能夠被一致認同並遵守，在於它本身是一套可識別的符號系統。以不同的禮節形式符號區別不同等級、人群及其相應的行為規範，如射箭這一活動在使用音樂節拍方面，不同階層要區別對待：「其節：天子以《騶虞》為節，諸侯以《狸首》為節，卿、大夫以《采蘋》為節，士以《采蘩》為節。」〔註 25〕祭祀禮：「淫祀無福。天子以犧牛，諸侯以肥牛，大夫以索牛，士以羊豕。」〔註 26〕都明確了不同階層在某些活動中的行為規範，不遵守即是越禮之舉，難怪孔子見「八佾舞於庭」，發出「是可忍也，孰不可忍也」的憤慨！原因就在於季氏作為正卿，卻享用了天子才可以享用的「八佾」規模的舞蹈。破壞了禮樂符號與意義之間的對應關係，混淆禮樂符號之間的具體而明確的意義，就不能保證符號意義在傳播和接受過程中的效率。禮樂之象作為符號使用時，它的象徵和隱喻功能一旦破壞，人們就難以融合符號內外、表裏的能指和所指，在想像受阻的狀態下，自然也就不可能產生認識和審美。

儘管如此，我們並不能將禮樂之象看成「強制性」的符號，實質上，這套體制之所以能夠進入哲學美學研究的視野並保持生命力，是因為它的「象喻」美學特徵。首先，禮樂符號的創制是取象於天地四時之自然秩序的上，是由聖人周公反覆推敲增益、「優游」三年而「制禮作樂」的結果，這決定在禮樂之象的表層形式下，存在深層的意蘊世界。「禮樂之象」的符號創制過程源於古人以天地四時等自然物象為觀取和體悟對象的傳統。《周易》：「仰觀象於天，俯觀法於地，觀鳥獸之文，與地之宜，近取諸身，遠取諸物，於是始作八卦，以通神明之德，以類萬物之情」就是對這一觀取體驗方式的描寫，不僅八卦如此，「禮」也是本於天地的。葛兆光先生說：「聖人（那些掌握『觀象』先進方法與技術、率領族人開闢新生活的智慧之人）一方面將『天象』提升為具有普遍性的指導性的『觀念』，一方面把具體化為制度性的、可操作的『知識』。」〔註 27〕這一點，正好說明「制禮作樂」是從觀象、取象於天地並

〔註 25〕鄭玄注，孔穎達疏：《禮記正義》，阮元校刻《十三經注疏》，北京：中華書局 1980 年版，第 1686 頁。

〔註 26〕鄭玄注，孔穎達疏：《禮記正義》，阮元校刻《十三經注疏》，北京：中華書局 1980 年版，第 1268 頁。

〔註 27〕葛兆光：《中國思想史》（第一卷），上海：復旦大學出版社 2001 年版，第 46 頁。

將自然物象抽象化、形式化、符號化，進而運用到現實生活的過程。《禮記》及相關典籍也反覆申述了「禮樂」本於天地、四時、神靈、「人道之極」的思想。《禮記．禮運》:「禮，本於天，淆於地，列於鬼神，達於喪祭。射、御、冠、昏、朝、聘，故聖人以禮示之，故天下國家可得而正也。」〔註 28〕「禮」是對天地、鬼神的取象和抽象，所以它作為規範人和社會秩序的準則具有不可否定的合理性。再如《禮運》:「是故聖人作則，必以天地為本，以陰陽為端，以四時為柄，以日星為紀，月以為量，鬼神以為徒，五行以為質，禮義以為器，人情以為田，四靈以為畜。」〔註 29〕即「禮」是對天地、陰陽、四時、日月星三光、神靈、五行、人情的取象和模仿。《禮運》:「是故夫禮，必本於大一，分而為天地，轉而為陰陽，變而為四時，列而為鬼神。」〔註 30〕《禮運》:「大一」即產生萬物的本體，「禮」亦是如此，並表現為陰陽、四時、鬼神等形態。《禮運》:「故政者君之所以藏身也。是故夫政必本於天，淆以降命。命降於社之謂淆地，降於祖廟之謂仁義，降於山川之謂興作，降於五祀之謂制度。」〔註 31〕即天地、鬼神（包括祖先、山川、五祀）都是「禮」之所出。依據古人對「天」「神」等的信仰，以此為本的「禮」的合理性也就不言而喻了。

除此之外，《樂記》還為「禮」找出另一個合理性依據，即「人道之極」，或者說「人」。因為「人」乃「天地之心」，萬物之精華，在本質上是與「天」相通。《禮運》:「故人者，其天地之德，陰陽之交，鬼神之會，無行之秀氣也。……五行四時十二月，還相為本也。五聲六律十二管，還相為宮也。五味六和十二食，還相為質也。五色六章十二衣，還相為質也。故人者，天地之心也，五行之端也，食味、別聲、被色而生者也。」〔註 32〕即把「人」「人情人性」也作為「禮」的本源之一。又《禮器》:「禮也者，合於天時，設於地時，順於鬼

〔註 28〕鄭玄注，孔穎達疏：《禮記正義》，阮元校刻《十三經注疏》，北京：中華書局 1980 年版，第 1415 頁。

〔註 29〕鄭玄注，孔穎達疏：《禮記正義》，阮元校刻《十三經注疏》，北京：中華書局 1980 年版，第 1424 頁。

〔註 30〕鄭玄注，孔穎達疏：《禮記正義》，阮元校刻《十三經注疏》，北京：中華書局 1980 年版，第 1424 頁。

〔註 31〕鄭玄注，孔穎達疏：《禮記正義》，阮元校刻《十三經注疏》，北京：中華書局 1980 年版，第 1418 頁。

〔註 32〕鄭玄注，孔穎達疏：《禮記正義》，阮元校刻《十三經注疏》，北京：中華書局 1980 年版，第 1424 頁。

神，合於人心，理萬物者也。」〔註 33〕「夫祭者，非物自外至者也，自中出，生於心也。」〔註 34〕「禮」本於人性人情而非單純的強制規範人的行為和情感，對此，司馬遷鑿鑿言之：「觀三代損益，乃知緣人情而制禮，依人性而作儀，其所由來尚矣。……禮者，人道之極也。」〔註 35〕「人道之極」在本質上是指人具有本真性情，即「復歸於樸」「反身而誠」的主體境界，因此說，把本於「大一」的人情人性作為「禮」所參照的對象之一也是對「禮樂之象」本之於「道」的認同。以上關於「禮樂之象」是對「道」「大一」的抽象化的論述，可以看成禮樂符號體系的「編碼」過程，即「禮樂之象」的符號功能不言而喻。

其次，「禮樂之象」的符號功能還體現在它是主體有意識地「寓意於象」的創制，即主體創造性地運用虛擬、象徵、隱喻的手法體現了鮮明的「編碼」意識。「禮」本於天地、四時、神靈、人性之說，已經從取象、製作符號的角度賦予「禮」以形上意味而具有美學闡釋的空間了。但是，取象於自然物象、神人四時並不等於照搬物象本身，實際上，「禮儀」的形式規範是經過主體抽象化、形式化「符號」創制意識。換言之，禮樂符號體系，通過虛擬、象徵、隱喻的手法來傳達對事物及其規律的體認，超越單純的符號（禮樂之象），所達到的是道通為一的心靈化的審美意境，具有象徵、象喻的意象學特徵。關於「禮」的抽象化、形式化過程和審美效果，《禮記·曲禮上》有載：「君子抱孫不抱子。」原因在於孫子可以作為祭祀時代替祖先或神靈饗祀，而兒子不可以。孔穎達說：「祭祀之禮，必須尸。尸必以孫。今子孫並皆幼弱，則必抱孫為尸，不得抱子為尸。」〔註 36〕鄭玄在《儀禮·士虞禮》中注「祝迎尸」一句曰：「尸，主也。孝子之祭，不見親之形象，心無所繫，立尸而主意焉。」〔註 37〕即「尸」作為祭祀儀式上的元素之一，是具有象徵意義的，尤其是「不見親之形象」，「立尸而主意焉」的做法，充分體現了「尸」作為一個意象符

〔註 33〕鄭玄注，孔穎達疏：《禮記正義》，阮元校刻《十三經注疏》，北京：中華書局 1980 年版，第 1430～1431 頁。

〔註 34〕鄭玄注，孔穎達疏：《禮記正義》，阮元校刻《十三經注疏》，北京：中華書局 1980 年版，第 1602 頁。

〔註 35〕司馬遷：《史記》（卷二十三）。

〔註 36〕鄭玄注，孔穎達疏：《禮記正義》，阮元校刻《十三經注疏》，北京：中華書局 1980 年版，第 1248 頁。

〔註 37〕鄭玄注，孔穎達疏：《禮記正義》，阮元校刻《十三經注疏》，北京：中華書局 1980 年版，第 1168 頁。

號，能夠直接喚起人們對先人或神靈形象的哀思。也正是「尸」的象徵作用，才能使「大夫、士、君見之必恭而有禮。」再如《禮記‧樂記》:「然後立之學等，廣其節奏，省其文采，以繩德厚。律小大之稱，比終始之序，以象事行。使親疏貴賤、長幼男女之理，皆形見於樂，故曰:『樂觀其深矣。』」〔註 38〕這裡「立」「廣」「省」「繩」「律」「比」「以象事行」，一系列動詞的連用強調了樂象形成過程就是一個寓繁於簡、抽象化、形式化的過程，而樂象一旦形成，則意味深遠，即所謂的「觀其深」。「深」就是所指深遠，意蘊豐富，是對樂象符號性的認同。再如《禮記》講述了賓牟賈與孔子觀《武》的故事，席間，賓牟賈時不時發出「夫《武》之備戒已久，何也」的疑問，而孔子則做出「病不得其眾也」等解釋，這個故事生動地說明了禮樂是超越生活經驗的抽象化、藝術化的表現，所以才會造成表達和理解上的距離。這也是意象「象徵」特徵的一個表現，意象符號象徵的表意方式，有論者稱之為「象喻」，「以『象』為核心，以『喻』為手段構成構築的一套思維機制。所謂『象』是一個特殊中介，在傳達可觀事物之特徵時，既不捨棄思維對象之具象因素，又能保留思維主體之主觀旨趣；所謂『喻』，在中國早期思想史的語彙中，與此類似的有『譬』、『比』。」〔註 39〕此言概括了「禮」與天地人的關係，即觀象制禮，象其物宜。也把禮樂之像是觀物取象、取象比類、立象盡意的符號意義揭示了出來。對於禮樂之象「象徵」、「象喻」的符號化特徵，汪裕雄稱「周禮」為「『尚象』的符號體系」〔註 40〕，意象符號的能指與所指帶來了相對穩定的認知和審美感受，《禮記‧仲尼燕居》形象地表述道:「是故君子不必親相與言，以禮樂相示而已。」〔註 41〕

總之，無論是「易象」還是「禮樂之象」，都是抽象化的符號形式，是對天地、四時、神靈等存在的觀取和抽象。「易象」通過卦爻符號做出吉凶的判斷，禮樂之象通過象徵、象喻的方式完成「德」「成」的意義寄託。它們都具有符號的能指和所指、表層結構和深層結構、符號形式之「然」與內在理路之「使然」，而象徵和比喻實現了不同層次之間的貫通。「易象」和「禮樂之

〔註 38〕鄭玄注，孔穎達疏:《禮記正義》，阮元校刻《十三經注疏》，北京：中華書局 1980 年版，第 1533 頁。

〔註 39〕夏靜:《「象喻」思維論》，《江海學刊》，2013 年 3 期，第 182 頁。

〔註 40〕汪裕雄:《意象探源》，北京：人民出版社 2013 年版，第 76 頁。

〔註 41〕鄭玄注，孔穎達疏:《禮記正義》，阮元校刻《十三經注疏》，北京：中華書局 1980 年版，第 1614 頁。

象」是先秦時期最主要的「意象」觀來源，所以說，符號性是先秦時期「意象」觀的一個重要特徵，這一特徵使先秦時期的「意象」一定程度上表現出認識和服務於實際目的特徵，與「意象」的審美功能尚有一定的距離。但是，這並不意味著「審美」功能的缺失，實際上，「觀象」就是「審美」，從先秦時期起，就一直是一個自覺的追求，尤其在詩教和樂教理論中，它的印跡更為突出。

第三節　先秦意象觀的審美教化功能

先秦時期的意象觀念具有教化的功能，並且這種功能是通過審美的方式達到教化的目的的，所謂「審美的方式」，就是「象喻」的方式，在對詩之「象」、樂之「象」、禮之「象」的審美中達到社會觀念秩序的認同、情感心理的疏導，從而實現「天地與我並生，萬物與我為一」、將自我與天地造化相參的審美境界。同時，在「詩」「樂」「禮」三種「意象」中，先秦意象觀念還隱含著一種「仁言不如仁聲之入人深也」的判斷，即認為「樂教」是「至教」，這也是對「樂象」相對於「言象」以更加形象、直觀的方式達到教化目的的肯定。

先秦意象觀的教化功能首先表現在它以「教化」為目的。《毛詩正義序》開篇即云：「夫詩者，論功頌德之歌，止僻仿邪之訓。」〔註42〕「論功頌德」、「止僻仿邪」本身就是詩教現實目的的體現。《論語．陽貨下》：「子曰：『小子，何莫學夫《詩》？《詩》可以興，可以觀，可以群，可以怨；邇之事父，遠之事君；多識於鳥獸草木之名。』」〔註43〕這個著名的「興觀群怨」說歷來被認為是「詩」的社會功能的體現。再如《論語．季氏》：「遠人不服，則修文德以來之。」〔註44〕所謂「文德」，就是以詩教取代武力征伐。詩教「服人」的功能勝過武力，其中的深意在於禮樂教化以「象」的審美方式動人之本心。不僅「詩」的教化目的顯而易見，樂、禮的教化目的也有直接體現。《樂記》：「昔者舜作無弦之琴。以歌南風。夔始制樂，以賞諸侯。」《正義》注曰：「夔欲舜與天下之君共此樂也。」〔註45〕再如：「故天子之為樂，以賞諸侯之有德

〔註42〕毛亨傳，鄭元箋，孔穎達疏：《毛詩正義》，阮元校刻《十三經注疏》，北京：中華書局1980年版，第261頁。
〔註43〕程樹德：《論語集釋》，北京：中華書局1990年版，第1212頁。
〔註44〕程樹德：《論語集釋》，北京：中華書局1990年版，第1237頁。
〔註45〕鄭玄注，孔穎達疏：《禮記正義》，阮元校刻《十三經注疏》，北京：中華書局1980年版，第1534頁。

者也。」〔註 46〕「欲」「以」直觀地表達了樂教的目的傾向性。又：「觀其舞，知其德。」孔穎達疏曰：「故觀至行也。以觀其舞之遠近，則知其德之薄厚。」〔註 47〕又：「貴賤、長幼、男女之理。皆形見於樂。故曰：樂觀其深矣。」先秦時期樂舞一體，舞樂之具體形式（聲「象」、身體動作之形「象」等）所表現出來的雅正、淫奸等特徵，正是「德」之薄厚的反映。「德」，概言之，是「物宜」「事理」「人情」。能通過形象的外在之「表」見出抽象的內在之「裏」，換言之，觀「象」知「情」，也是推行教化的依據，即舞樂之「可觀」，在於隱含著教化的目的。《樂論》：「故人不能不樂，樂則不能無形，形而不為道，則不能不無亂。」〔註 48〕並由此提出了樂教的基本價值取向：「貴禮樂而賤邪音」「故制雅頌之聲以道之」等都是樂教功能的體現。

「禮」也同樣承載在教化的功能。《周禮正義序》：「周公制禮之日，禮教典行。」〔註 49〕「禮教」之說直言「禮」的教化預期。甚至「禮教」的內容也是明確的，《大司樂》：「大司樂掌成均之法，以治建國之學政，而合國之子弟焉。……以樂德教國子：中和、只庸、孝友。以樂語教國子：興道、諷誦、言語。」〔註 50〕「成均」，相傳為堯舜時期的學校，教授生活、生產、戰事、祭祀、慶典等禮儀活動。上文以「樂德」教國子「中和、只庸、孝友」，以「樂語」教國子「興道、諷誦、言語」等，都是禮樂垂範教化的具體內容。如此可見，對「禮樂」的教化作用，既有預設的教化目的，又有具體的內容設置，足見禮樂教化作為統治策略的治國理性的重要性。

先秦意象觀念審美教化功能的第二個層次，在於「以象比德」。「象教」「象喻」是「詩」「樂」「舞」及一切藝術形式發生教化意義的具體途徑。「詩」以「比興」「取象」的方式避免因「直言」「斥言」造成的君臣、父子秩序的失衡。「詩」中所立之「象」表面上是「關雎」「桃花」等物象，而實際上喻指與之具有相關性的某種德行或事件，這種「象徵」「隱喻」的模式，也正是「興」

〔註 46〕鄭玄注，孔穎達疏：《禮記正義》，阮元校刻《十三經注疏》，北京：中華書局 1980 年版，第 1534 頁。

〔註 47〕鄭玄注，孔穎達疏：《禮記正義》，阮元校刻《十三經注疏》，北京：中華書局 1980 年版，第 1534 頁。

〔註 48〕王先謙：《荀子集解》，北京：中華書局 1988 年版，第 379 頁。

〔註 49〕鄭元注，賈公彥疏：《周禮注疏》，阮元校刻《十三經注疏》，北京：中華書局 1980 年版，第 635 頁。

〔註 50〕鄭元注，賈公彥疏：《周禮注疏》，阮元校刻《十三經注疏》，北京：中華書局 1980 年版，第 787 頁。

「觀」「群」「怨」的基礎。章學誠在《文史通義》中說，古人從不「空言」論道，論道以「象」，又說：「六經皆象也」。這是符合古人的言說傳統的，實際上，「詩」「樂」「禮」乃至衣飾器具雖未必全立文字，但是都是具有語言性的，而這種言說的方式就是以「象」言、以「象」教、以「象」喻。「立象」是「詩」「樂」「禮」的形式化以及賦形式以意蘊的手段。《虞書》曰：「詩言志，歌詠言，聲依永，律和聲。」〔註 51〕對於配樂歌唱的「詩」來說，首先要「言志」（發抒情性），「歌」，「歌之為言者，長言之也。」「長言」即今所謂「唱」，「唱」就要求符合聲律的要求。這樣，除了我們所熟知的「詩」取象於各類物象之外，還可見「詩」亦在聲律規範下等自覺形式化，於形式（「象」）上見「意」。再如《樂記》：「是故清明象天，廣大象地。終始象四時。周還象風雨，五色成文而不亂，八風從律而不姦。」〔註 52〕「清明」「廣大」「終始」「周還」「五色」「八風」都是指具體的構成舞蹈意象的具體肢體動作、服飾顏色等，將這些因素形式化，使之具有一定的意蘊，是「樂象」創制和象徵、教化功能的關鍵。再如《樂論》：「故樂者，審一以定和者也，比物以飾節者也。合奏以成文者也。」〔註 53〕「審」「比」「合」是主體觀取的動作；「一」「物」「奏」是觀取的對象和標準；「定和」「飾節」「成文」是將音樂的聲律具象化的過程。

「立象」的「形式化」的過程不是隨意的，而是以彰顯和承載「意蘊」即「比德」為目的的，這也正是教化機制可行的根本所在。以「鑄鼎象物」為例，看「鼎」作為「國之重器」，它的形制鑄造標準以及這個標準所代表的意義在教化方面的作用。章學誠《文史通義》：「道不離器，猶影不離形也。」〔註 54〕「先聖先王之道不可見，六經即其器之可見者也，後人不見先王，當據可守之器而思不可見之道。」〔註 55〕「器」的形制符號象徵著「先王之道」，「比德」的手法是關鍵。「比德」，薛富興稱之為「道德意識自覺」「以自然事象喻指人類德性」〔註 56〕。「道」是最高意義上的「自然」，「比德」於「道」

〔註 51〕孔安國傳，孔穎達疏：《尚書正義》，阮元校刻《十三經注疏》，北京：中華書局 1980 年版，第 131 頁。

〔註 52〕鄭玄注，孔穎達疏：《禮記正義》，阮元校刻《十三經注疏》，北京：中華書局 1980 年版，第 1536 頁。

〔註 53〕王先謙：《荀子集解》，北京：中華書局 1988 年版，第 379 頁。

〔註 54〕章學誠撰，葉瑛校：《文史通義校注》，北京：中華書局 1985 年版，第 132 頁。

〔註 55〕章學誠撰，葉瑛校：《文史通義校注》，北京：中華書局 1985 年版，第 132 頁。

〔註 56〕薛富興：《先秦「比德」觀的審美意義》，《陝西師範大學學報》（哲學社會科學版），2009 年 7 月，第 10 頁。

見於「鑄鼎象物」。《左傳・宣公三年》記載，楚子問「鼎之大小，輕重焉，」王孫滿曰：「在德不在鼎。昔夏之方有德也。遠方圖物，貢金九牧，鑄鼎象物，百物而為之備。使民知神、姦。」〔註57〕「大小」「輕重」是形制因素，而王孫滿認為性質因素不重要，「鼎」的關鍵在於「德」。所以，「德」與「道」、「物」的關係是問題的關鍵。《釋名・釋言語》：「德，得也，得事宜也。」「事宜」，事理物理，所以「德」與「道」在形上層面上的意義是一致的。在「鑄鼎象物」這裡，「物」是指「圖騰」，「圖騰」是古人認為的具有神力、能決定人物世事生滅存亡的形上存在，實質是主體「意中之象」。這樣，我們就可以得出結論，「鑄鼎象物」的形制邏輯是以「物」（圖騰）來象徵「道」，人們看見「圖騰」之「象」而知「姦神」，就是據「鼎」圖騰裝飾的形制而「比德」（「得道」）的過程。這在本質上也是「立象」並借助「象」的象徵和譬喻性達到審美教化目的的表現。

「詩」「樂」「禮」乃至「器」的形式化問題的本質都是「立象喻意」，「寓教於象」。但是，先秦意象觀審美教化功能的最後一個問題，就是提出了「樂教」為「至教」的觀點。語見《樂記》：「樂也者，聖人之所樂也。而可以善民心。其感人深。其移風易俗。」孔穎達疏曰：「夫樂至教焉。」〔註58〕相對於「詩」之「言教」，《孟子・盡心上》：「仁言，不如仁聲之入人深也。」〔註59〕《論語・泰伯》：「興於詩，立於禮，成於樂。」包曰：「興，起也，言修身當先學詩。」「禮者所以立身。」「樂者所以成性。」〔註60〕「興」是修身養性之端，「禮」是明哲保身之計，唯「樂」堪稱「成性」，再次在「詩」、「禮」、「樂」三者的橫向比較中置「樂教」為「至教」。此外，《樂記》還表達了「德成而上，藝成而下」的觀點，這是針對音樂自身諸因素的比較得出的結論。「樂者，非謂黃鐘大呂絃歌干揚也，樂之末節也，故童者舞之。……樂師辨乎聲詩，故北面而弦；宗祝辨乎宗廟之禮，故後尸；商祝辨乎喪禮，故後主人。是故德成而上，藝成而下；行成而先，事成而後。」孔穎達疏曰：「其本

〔註57〕左丘明傳，杜預注，孔穎達疏：《春秋左傳正義》，阮元校刻《十三經注疏》，北京：中華書局1980年版，第1868頁。

〔註58〕鄭玄注，孔穎達疏：《禮記正義》，阮元校刻《十三經注疏》，北京：中華書局1980年版，第1534頁。

〔註59〕焦循撰：《孟子正義》，北京：中華書局1987年版，第897頁。

〔註60〕何晏等注，邢昺等疏：《論語注疏》，阮元校刻《十三經注疏》，北京：中華書局1980年版，第2490頁。

在於人君之德，窮本知變是也。」〔註 61〕相對於樂之「德」而言，「藝」這一層面的問題只是「末節」。《論語・八佾》：「人而不仁，如禮何？人而不仁，如樂何？」〔註 62〕也把「仁」作為禮樂教化的核心。「德」、「仁」是儒家人格論兼稱的「盡善盡美」境界，體現了把禮樂作為實現人的最高精神境界的途徑的思想。

以「樂教」為「至教」的思想，有兩個方面的因素。其一，認為「樂」是「動於內」而至「內外合一」的「德」「仁」境界，尤其強調「樂教」對於人之自然情緒情感的宣洩引導作用，即承認人之情慾「不能為偽」「不能自抑退」的現實，而音樂則是在「窮本知變」中對人之自然情慾進行淨化。「德」「仁」就其內在精神性境界而言，文獻多處強調「向內求」「內觀」實現「德」「仁」的途徑。《說文》：「內得於己也，從直從心。」段玉裁注曰：「內得於己，謂身心所自得也。」「自得」在儒家而言，是「德」「仁」的關鍵，指為學修身直到「得」自身之本性合於「天」。如《論語集釋》：「行有餘力，則以學文。」注曰：「文有理宜，……非教術所能徧及，故惟冀其博文，以求自得之而已。」〔註 63〕「行」「職」可以教授，而「性與天道」不可教授，只能「自得」。「自得」的過程是「去蔽」，將自我的本性完全呈現至「與道為一」的自由之境。《論語》：「四十不惑，五十而知天命，六十而耳順，七十從心所欲不逾矩。」〔註 64〕又《孟子》：「學問之道，求其放心而已。」〔註 65〕「放心」，遺失的本心，即被蒙蔽的本性。「從心所欲不逾矩」以及「放心」都是向內求其本性乃至自由的「仁」「德」境界。

「仁」「德」內在於人的性質，決定達到「德」「仁」的境界也必須作用「內」，而「樂教」正是以「動於內」的形式實現「美善相樂」的。既然人之「情」是發於內在之「本性」，因此，要回歸「本性」(「德」「仁」「成」) 的境界，也要從「情」所之由起的「內」入手。《樂記》：「夫樂者，動於內者也。」疏曰：「從心起故動於內。」〔註 66〕又：「君子動其本。」疏曰：「則亦心之動

〔註 61〕鄭玄注，孔穎達疏：《禮記正義》，阮元校刻《十三經注疏》，北京：中華書局 1980 年版，第 1538 頁。
〔註 62〕程樹德：《論語集釋》，北京：中華書局 1990 年版，第 142 頁。
〔註 63〕程樹德：《論語集釋》，北京：中華書局 1990 年版，第 27 頁。
〔註 64〕程樹德：《論語集釋》，北京：中華書局 1990 年版，第 73 頁。
〔註 65〕焦循：《孟子正義》，北京：中華書局 1990 年版，第 786 頁。
〔註 66〕鄭玄注，孔穎達疏：《禮記正義》，阮元校刻《十三經注疏》，北京：中華書局 1980 年版，第 1544 頁。

也。」〔註 67〕都指向「樂教」是作用於「內」的。同時，「樂教」尊重人的情慾自然狀態，主張宣洩超越而不是壓抑偽裝。《樂記》:「夫樂者，人情之所必不能免也。樂必發於聲音，形於動靜。人之道也。聲音動靜，性術之變。盡於此矣。」孔疏曰:「言樂之為體，是人情所歡樂也。」「免，猶止退也。」「動心是人情之所不能自抑退也。」〔註 68〕「樂教」去「偽」的特徵，起於「動心是人情之所不能自抑退」的現實，即「樂教」是尊重人情有善惡的本然，是在此基礎上進行疏導人心人情的。《樂記》:「唯樂不可以為偽」，孔疏曰:「偽，謂虛偽也。若善事積於中，則善聲見於外。若惡事積於中，則惡聲見於外。若心惡而望聲之善不可得也。」〔註 69〕「心惡」而「聲之善」說明人的「內外」「表裏」不一致，因此，「樂之情也，著誠去偽」，疏曰:「知內外改變，唯樂能然。……樂出於人心而於神明和合。」〔註 70〕至此，可以見出，「樂教」的基本邏輯是，如「性自命出，命自天降」所言，認同「情」是「性」感於物而動的必然事實，再祛「偽」淨化是人之「性」復歸於「天」。其間，以改變「內心」為主，承認人之情慾的必然性是使「樂教」成之為「至教」的關鍵。

「樂教」就是作用於「內」而自然「成己」「成物」的，強調「自化」。孔子在評價《大武》時說:「盡善矣，未盡美矣。」就是指《大武》在武王統一各諸侯國這一情節上是「善」，而在以外在「武力」鎮壓上並非「自成」，不為「美」。再者，從審美感受上講，音樂作為一種時間性的藝術，在時間的延長中逐步呈現，也是符合人之情慾變化不居的實情的。所謂「樂必發於聲音，形於動靜。人之道也。聲音動靜，性術之變。盡於此矣」〔註 71〕，就是指「樂教」是一個漸趨美善的過程，而不是一蹴而就的，因此更加「入人也深，化人也速。」《周禮・大司樂・春官宗伯》描述了這種「漸變」的過程:「凡六樂者，一變而至羽物，及川澤之木。再變而至贏物，及山林之示。三變而至……

〔註 67〕鄭玄注，孔穎達疏:《禮記正義》，阮元校刻《十三經注疏》，北京：中華書局 1980 年版，第 1537 頁。

〔註 68〕鄭玄注，孔穎達疏:《禮記正義》，阮元校刻《十三經注疏》，北京：中華書局 1980 年版，第 1544 頁。

〔註 69〕鄭玄注，孔穎達疏:《禮記正義》，阮元校刻《十三經注疏》，北京：中華書局 1980 年版，第 1536 頁。

〔註 70〕鄭玄注，孔穎達疏:《禮記正義》，阮元校刻《十三經注疏》，北京：中華書局 1980 年版，第 1537 頁。

〔註 71〕鄭玄注，孔穎達疏:《禮記正義》，阮元校刻《十三經注疏》，北京：中華書局 1980 年版，第 1544 頁。

六變而至象物，及天神。」注曰：「變猶更也。」〔註 72〕借助音樂在時間上的延續變幻，人的情緒也得以緩釋平和，這種美善相樂的審美境界給人以深刻的身心愉悅感受。從生理感受上講：「故樂行而倫清。耳目聰明，血氣和平。」從心理感受上講：「氣盛而化神，和順積中。」「化」，在音樂審美中「成己」「成物」，達到天人合一的「自得」之境，「樂以象德」「樂以象成」的旨歸也正在於此。而內在的美善境界是中國美學最為標舉的境界，因此又說：「德成而上，藝成而下」，也是對樂教在自然而然中「成物」「成己」的「自化」過程的強調。

以上說明以「樂教」為「至教」的第一個原因，即「樂教」「動於內」「動其本」的「向內」作用機制合乎「德」「仁」教化目的具有內在性，且「樂教」是在人情之本然狀態下的疏導而達到「成物」「成己」的「自化」過程。進而，「樂教」是「至教」的第二個原因在於中國傳統美學「尚象」傳統決定了相對於「言教」而言更具意象性的「樂教」是至教。「在中國傳統文化視域中，『象徵』是一種深遠的思維方式和思想傳達手段。可以說，自《周易》開創『象思維』以來，象徵成為中國傳統思維中的重要表達方式。」〔註 73〕「象徵」作為傳統思維中的重要表達方式，在「樂象」上體現得尤為突出。《禮記・樂記》提出「樂以象德」、「樂以象成」的命題，集中表現了「樂象」象徵、象喻的表現手法。《樂記》：「樂者，所以象德者也。」「樂章德。」「樂者，德之華也。」「德上藝下。」「夫禮者，象成者也。……夫樂者，象成者也。」對於「象德」「象成」，鄭玄注曰：「居猶安坐也，成為已成之事也。……夫樂者，象成者也。言作樂者放象其成功者也。……象周公召公以文德治之，以文止武象周公之治也。」〔註 74〕「作樂者放像其成功者」，可見「樂象」的擬定是對「已成之事」的象徵，顯示出「樂象」對「德」「成」境界的象徵作用。「象徵」在《樂記》中的應用，一方面直觀地以「象」的字樣呈現出來，另一方面用「通」「藏」「示」等字樣顯示「象徵」之「象內」與「象外」的幽微關聯性。前者如：「是故清明象天，廣大象地，終始

〔註 72〕鄭玄注，賈公彥疏：《周禮注疏》，阮元校刻《十三經注疏》，北京：中華書局 1980 年版，第 789 頁。

〔註 73〕賴萱萱：《「樂」的道德象徵意義——〈樂記〉「以樂象德」觀的倫理思考》，《西南大學學報》（社會科學版），第 107 頁。

〔註 74〕鄭玄注，孔穎達疏：《禮記正義》，阮元校刻《十三經注疏》，北京：中華書局 1980 年版，第 1543 頁。

象四時，周還象風雨。」指禮樂是對天地四時風雨等自然現象的象徵。後者如：「樂者，通倫理者也。及夫禮樂之極乎天而蟠乎地，行乎陰陽而通乎鬼神。」又《禮記・禮運》：「故先王患禮之不達於下也，故祭帝於郊，必祀社於國。……祖廟，……山川，……五祀。……故自郊社，祖廟、山川、五祀，義之修而禮之藏也。」〔註 75〕即各類祭祀活動中，以禮樂的具象形式達到其天人相通的目的的。「入門而金作，示情也。升歌《清廟》，示德也。下而管《象》，示事也。」「象」「通」「藏」「示」必然是「以某喻某」的結構關係，使「樂象」「象內」與「象外」之分昭然若揭，是「樂象」意象美的突出體現。再者，「樂象」以詩樂舞三位一體的表現方式，借助聲音、形象、色彩等因素訴諸聽覺、視覺等感官，「樂象」多媒介直觀地呈現的特徵，對於提升主體的美感體驗具有優越性。如：「夫歌者，直己而陳德者。」〔註 76〕「直己而陳德」，即對自我情感的直接抒發。再如《樂記》描述「樂象」的生成過程：「然後發以聲音，而文以琴瑟，動以干戚，飾以羽旄，從以簫管。」〔註 77〕「故聽其雅、頌之聲，志意得廣焉；執其干戚，習其俯仰詘伸，容貌得莊焉；行其綴兆，要其節奏，行列得正焉，進退得齊焉。」〔註 78〕都是「樂象」多媒介、多途徑共同作用於主體感官的描述，「樂象」以其不可比擬的直觀性在審美教化方面更加有效。

總之，先秦意象觀審美教化的功能，大致有三個層面，即理性預設了「教化」的目的、立象比德的審美教化過程以及認為「樂教」是「至教」三個方面。「教化」的最終目的是美善相樂的境界，這種境界只有在審美中才能實現，因此以「象」「喻意」「比德」是必要的。同時，人之至情至性乃為「德」、「仁」、「誠」，而只有認同七情六欲的自然屬性，才能發揮「樂教」「窮本知變」的作用。「樂」「不可以為偽」，指正視人情之善惡、進而修為到內外一致、天人合一的自由之境。這也是「樂教」為「至教」的根本。

〔註 75〕鄭玄注，孔穎達疏：《禮記正義》，阮元校刻《十三經注疏》，北京：中華書局 1980 年版，第 1426 頁。

〔註 76〕鄭玄注，孔穎達疏：《禮記正義》，阮元校刻《十三經注疏》，北京：中華書局 1980 年版，第 1545 頁。

〔註 77〕鄭玄注，孔穎達疏：《禮記正義》，阮元校刻《十三經注疏》，北京：中華書局 1980 年版，第 1536 頁。

〔註 78〕鄭玄注，孔穎達疏：《禮記正義》，阮元校刻《十三經注疏》，北京：中華書局 1980 年版，第 1545 頁。

本章小結

本章主要以先秦時期意象觀的功能為關注點，基於先秦時期的特殊性，意象觀念還處於萌芽時期，所以除審美功能之外，本章主要討論了「易象」的符號性和象徵性以及禮樂之象的審美教化功能。「易象」的符號功能體現在它的制象和意義生成方面，概括地說，「易象」符號系統是對天地自然及人自身的取象基礎上的抽象化和形式化，這決定了「易象」作為符號使用時具有「象徵」性，即具有「象外之意」美學闡釋的可能。「禮樂之象」突出體現了審美教化功能，表現為它既具有預設的審美教化目的，又有立象比德的具體手段。在「樂象」和「言象」教化作用的比較上，先秦時期體現出「樂教」是「至教」的觀念。原因在於「動於本」的特徵與「德」「仁」的內在性一致，且「樂教」是尊重人情本然的疏導，所要達到的審美境界是「自化」中的「成物」「成己」，尤其是「樂象」的直觀性和多媒介訴諸主體感官的方式，更使得「樂象」在審美教化方面具有不可比擬的優越性。

第六章　先秦意象範疇的當代價值

第一節　先秦言意觀與中國傳統藝術精神的形成

先秦言意觀的核心思想是言能表意，但不能盡意，並由此產生「立象盡意」的言說策略。同時認為，「言」這一外在現象，是內在「德」的表徵，並由此萌發了中國傳統美善觀。在言意觀的影響下，先秦時期，以詩、史、禮樂為代表的社會文化藝術形態，普遍使用「比興」「象徵」的手法「言說」，其「立象盡意」的言說策略，促使「象」參與了人的思維方式（「尚象」）、表達方式（「立象」）和理解方式（「觀象」）。對中國傳統藝術精神而言，先秦言意觀通過影響早期社會文化形態和群體話語習慣，促成了中國傳統文化藝術以「象」為主要藝術語言的話語傳統，格外注重對「意」、意境、「象外」的追求，以及美善相樂的審美境界。同時，言意觀影響下的中國傳統藝術精神，對當前部分藝術作品僭越審美規律、拋卻責任意識和人文精神的創作和表達具有正本清源的意義。

中國古代美學思想的現代闡釋，是中華優秀傳統文化創新性發展和創造性轉化的迫切要求。言意的辯證關係是中國傳統美學的基本問題之一，對中國古代的藝術理論和實踐都產生了深刻的影響。關於「言」「意」及其辯證關係的討論在先秦就已經開始，並形成「言不盡意，立象盡意」的基本觀點，成為後世討論的基礎。這一知識譜系的具體情況，目前學界的討論已經很多。如徐復觀關於心性論的闡述，以及對中國道德精神和中國藝術精神的深刻見解。朱立元、王文英〔註1〕等學者對言意關係、「言、象、意」問題及其與文

〔註1〕朱立元、王文英：《試論莊子的言意觀》，《中國社會科學院學術季刊》1994年4期。

學藝術思維和意境論的關係等做了較為深入的探討。然而，先秦言意關係的基本觀點如何在早期各類藝術理論和實踐中具體化，形成了怎樣的藝術精神，研究得尚不充分。研究這一問題，不僅可以以此為切入點考察中國傳統美學和藝術實踐的互動關係，深化對中國傳統藝術的特質的理解，推動當前中國傳統文化藝術的傳承創新，而且可以以傳統為「鏡」，照鑒當今藝術理論和創作的得失。

一、言意觀與藝術精神的會通點

顧名思義，言意觀指對言意關係的基本觀點和看法。關於「言」，在古漢語裏，有多種解釋，除了指說話的口語交際行為，還指書面文字的一字或一句。如，稱老子《道德經》為「五千言」、《論語・為政》:「〈詩三百〉，一言以蔽之，曰『思無邪』。」前者意為「字」，後者意為「句」。「言」還可指著書立說，如「三不朽」的「立言」。在實際應用中，「言」還經常與「行」並稱，先秦時期，尤其是符合「禮」的有言說性的行為舉止。如「子所雅言，詩、書、執禮、皆雅言也。」〔註2〕就把「執禮」看作「雅言」，指合乎規範的言行舉止。所謂「意」，《說文解字注》曰:「志也。志即識。心所識也。」由此，「意」指人的精神、情感、認知和心理等主觀方面，先秦時期，尤其指主體對「道」的體認。概括地說，「言」是一個廣義的概念，泛指日常語言、書面語言以及具有某種意味的行為舉止等。「言」既是表「意」(「道」) 的工具，又是主體精神境界的表徵，這兩點是它與藝術精神會通的基礎。

(一)「言」與「象」

言意觀「言不盡意、立象盡意」的核心思想，始於對世界最高本體「道」的認知和把握，是影響中國傳統藝術精神的主要方面。先秦諸子對言意關係的探討頗多，認為，言能表意，但不能盡意，因此要「立象盡意」。《論語》:「詩，可以興、可以觀、可以群、可以怨」，〔註3〕「不知言，無以知人也」，〔註4〕充分肯定了語言在交往應對、認知方面的功能。墨子，他的語言觀第一要義就是

〔註2〕何晏注，邢昺疏:《論語注疏》，阮元校刻《十三經注疏》，北京:中華書局1980年版，第2482頁。

〔註3〕何晏注，邢昺疏:《論語注疏》，阮元校刻《十三經注疏》，北京:中華書局1980年版，第2525頁。

〔註4〕何晏注，邢昺疏:《論語注疏》，阮元校刻《十三經注疏》，北京:中華書局1980年版，第2536頁。

「致用」。「以言為盡悖，悖」，〔註 5〕墨子認為語言完全不能反映現實的觀點，是錯誤的。又：「執所言而意得見，心之辨也」，〔註 6〕語言具有摹取物象、承載意義的功能，因此，能夠透過語言參悟心中之意，也肯定了語言具有表意的功能。在「言不盡意」方面，莊子把世界萬物分為「物之粗者」「物之精者」和「不期粗精」〔註 7〕三種存在，而管子也將事物分為「可論」「不可論」兩種：「發於名聲。凝於體色。此其可論者也。不發於名聲。不凝於體色。此其不可論者也。」〔註 8〕二者一致認為，「言」在「形而下」的名聲體色等具象、顯性範圍內，是可以表意的，而抽象無形名的「形而上」境域則是語言不能達到的。

語言能表意但是又不能盡意，呼之欲出的是「立象盡意」的言說策略。在如何言說的問題上，「立象盡意」是「三玄」（「易」「老」「莊」）及詩、禮、樂普遍運用了的言說策略。如《周易・繫辭上》：「聖人立象以盡意，設卦以盡情偽，」〔註 9〕其「——」和「－」就是以抽象的符號排列組合成八卦、六十四卦，以象徵萬事萬物以及之間的聯繫，是典型的「立象盡意」的言說策略。而《莊子》所謂大鵬、螻蟻、六合之外、廣漠之野等稱述，亦非單純地指稱所立之象本身，而是以形象、生動、誇張的方式，使人獲得超以象外的無限意味。就連中庸雅正的儒家也說：「言之無文。行而不遠。」〔註 10〕以譬喻、象徵等修辭（「文」）提升語言的表意效果。可以說，「立象盡意」的言說策略突破了語言在表意方面的侷限性，使語言獲得了無限的意域和闡釋的可能性，生成意蘊深遠的審美感受。

（二）「言」與「德」

先秦言意觀將「言」（「行」，尤其是作為「禮儀」的行為舉止，其實也是具有語言性的）這一外在現象，視為內在「德」的表徵。如孟子「以意逆志」說，主張通過語言或者文字去判斷一個人的志向、情感、道德等主觀精神方面的境界，充分說明了「言」與「德」互為表裏的關係。孔子有「不學詩，無

〔註 5〕吳毓江撰，孫啟治點校：《墨子校注》，北京：中華書局 1993 年版，第 542 頁。
〔註 6〕吳毓江撰，孫啟治點校：《墨子校注》，北京：中華書局 1993 年版，第 481 頁。
〔註 7〕郭慶藩撰，王孝魚點校：《莊子集釋》，北京：中華書局 1961 年版，第 572 頁。
〔註 8〕黎鳳翔撰，梁運華整理：《管子校注》，北京：中華書局 2004 年版，第 802 頁。
〔註 9〕王弼、韓康伯注，孔穎達疏：《周易正義》，阮元校刻《十三經注疏》，北京：中華書局 1980 年版，第 82 頁。
〔註 10〕左丘明傳，杜預注，孔穎達疏：《春秋左傳正義》，阮元校刻《十三經注疏》，北京：中華書局 1980 年版，第 1985 頁。

以言」的觀點，教導弟子要「學詩」「立言」，通過言行舉止的修養，提升、彰顯自己的道德境界。而作為貴族、上流社會弟子受教育主要內容的「六藝」:「詩、書、禮、儀、樂、春秋」，其中「詩」就是關於交往應對（「興觀群怨」的「群」之所指）、言行禮節的學問。也就是說，儒家視言行為修身，並且以言行為「德」「仁」之表徵。

「言」與「修身」「象德」的關聯性，使言說方式和策略的重要性在社會政治文化生活中呈現出來。孔子說：「片言可以折獄」「一言可以興邦，一言可以喪邦」，非常直觀地表明了對「言」敬畏之心，實際上也是對「言」背後所代表的「德」「仁」「道」的敬畏之心。所謂「君子欲訥於言而敏於行」的語言觀，也是基於「言」在「表意」「體道」功能之外，又成為表徵個體道德修養是否達到與天地同參的「德」「仁」之境的判斷標準。即通過語言表意、體道、彰顯主體身心秩序與「道」以及由「道」決定的社會秩序的一致性：物我、內外同一的主體精神境界，並由此萌發了中國傳統美善觀。

總之，考察先秦時期的言意觀對傳統藝術精神的價值，不可忽略「言不盡意，立象盡意」和「言」是「德」德表徵兩個方面。語言有效性的探討決定了先秦時期使用語言的態度和策略。同時，當言意觀不再停留在理念、思辨的理論層面，而是具有正身、象德的實踐意味的時候，它就被應用在廣泛的社會文化生活中，包括交往應對和禮樂文化等方面，進而影響中國藝術的傳統和精神。

二、言意觀影響藝術精神的路徑

言意觀通過影響早期文化藝術的「言說」方式，影響中國傳統藝術精神的形成。詩、史、禮樂是先秦時期社會文化生活的重要內容，概括地說，詩之比興、史之春秋筆法、禮樂之象徵，都普遍採用了「立象盡意」的言說策略，由此「象」的基因進入了中國文化藝術傳統。同時，「立象」（「象」的創構）也以主體的道德修養為基礎，即藝術的境界與主體的精神境界密切相關，由此「德」成為「藝」的靈魂。

（一）「比興」與「象」

「比興」是一種超越詩學本身的社會文化現象。何文煥先生說：「風雅頌者，詩之體；賦比興者，詩之法。」〔註 11〕就把「比興」視為一種作詩的方

〔註 11〕楊載：《詩法宗教》，何文煥《歷代詩話》，北京：中華書局 1981 年版，第 727 頁。

法。但是，「詩」的目的不止於審美，它的特點是「主文而譎諫」，「文」即「詩」通過比興「立象」「取象」的做法，增加語言的意蘊性和審美特徵（即「文」）。在當時的政治環境下，能夠通過語意的豐富性和模糊性，迴避因直接表達異見而產生的尷尬和風險。因此，與其說「比興」是一種詩學方法，不如說是社會政治活動如游說、祭祀等實施的言說策略。

「比興」言說策略的核心在於「比託於物」。《毛詩正義．詩大序》有言：「比者，比託於物，不敢正言，似有所畏懼。故曰：見今之失，不敢斥言，取比類以言之。」〔註 12〕這裡交待地很清楚，「比」即「比託於物」，是在看到政治社會之「失」又不敢直接抨擊的情況下，取類譬喻、託物言志、迂迴曲折地表達自己的政見的一種方式。又鄭玄云：「比者，比方於物。諸言如者，皆比辭也。」「興者，託事於物。興者，起也，取譬引類，起發己心。」〔註 13〕據此可見，無論「比方與物」還是「託事於物」，都體現了「比」「興」在「託物」喻「意」方面具有深刻的一致性。無獨有偶，章學誠先生也曾以《莊》《列》之寓言、《離騷》之抒情為例，說明「比興」與「象」的關係，並強調如《莊》《列》寓言和《離騷》「香草美人」等「愈出愈奇」的「象」在興寄胸臆方面無所能出其右。

「象」的象徵性、符號性，能夠使言說行為獲得最大意域，因此被普遍應用在文學抒情、歷史紀事中去，「春秋筆法」亦是如此。《文史通義》引孔子作《春秋》的態度：「夫子自述《春秋》之所以作，則云：『我欲託之空言，不如見諸行事之深切著明』。」〔註 14〕眾所周知，孔子一貫「述而不作」的原因，在於由於「性與天道」幽微難言，一旦形成文字，難免其促狹固化，與「道」生息變幻、流動不居的特徵相悖。而《春秋》何以作得？孔子的策略是「見諸行事」，「事」即言行、事件甚至歷史典故等「事象」。這一言說策略，章學誠概括為：「《易》以天道而切人事，《春秋》以人事而協天道，其義例之見於文辭，聖人有戒心焉。」〔註 15〕「以……而切」「以……而協」的句式，揭示了

〔註 12〕鄭玄注，孔穎達疏：《毛詩正義》，阮元校刻：《十三經注疏》，北京：中華書局 1980 年版，第 271 頁。

〔註 13〕鄭玄注，孔穎達疏：《毛詩正義》，阮元校刻：《十三經注疏》，北京：中華書局 1980 年版，第 271 頁。

〔註 14〕章學誠撰，葉瑛校注：《文史通義校注》，北京：中華書局 1985 年版，第 132 頁。

〔註 15〕章學誠撰，葉瑛校注：《文史通義校注》，北京：中華書局 1985 年版，第 20 頁。

《易》取象於自然物象而譬喻人事的做法和《春秋》以社會人生的「事象」而比諸天道寫作方法，以及史學、詩學對比興「託物」「立象」寓意這一言說策略的自覺運用。

（二）「禮樂」與「象」

禮樂的實質是立象盡意，通過象徵完成意義傳達，它顯而易見地具有「象內」「象外」兩個層面，這就使得禮樂作為一個意義結構具有雋永深邃的意蘊性。具體而言，「禮」的一系列行為、動作規範和「樂」的宮商之音調等是具象形式符號並具有一定的象徵意義。如《曲禮上》記載：「凡為長者糞之禮，必加帚於箕上。以袂拘而退，其塵不及長者。」〔註16〕為長著打掃的時候，一定要用簸箕擋著掃帚，以衣服遮擋灰塵退著掃，目的在於灰塵不會揚及長者。再如，「三揖」「三讓」表示尊敬；盥手，洗爵表示絜敬；拜至、拜洗等表示致敬；尊讓、絜、敬則表示不慢不爭，遠於爭鬥。這些禮儀動作本身就是「有意味的形式」，是具有象徵意義的「象」，禮樂象徵的作用機制就在於「禮」作為「符號」「具象」所對應的「意義」以及人們對這種意義的感知和認同。

不僅「禮」是「有意味的形式」，「樂」以更加感性形象的形式發揮作用，達到「合情飾貌」的教化目的，其實質一樣是以「立象」的方式言說。「故樂者，審一以定和，比物以飾節。」〔註17〕「審」和「比」的動作性，尤其形象地說明「樂」對天地萬物之象審慎觀取的結果。《樂記》：「故鐘鼓管磬，羽龠干戚，樂之器也。屈伸俯仰，綴兆舒疾，樂之文也。簠簋俎豆，制度文章，禮之器也。升降上下，周還裼襲，禮之文也。」〔註18〕又及《樂論》：「治俯仰、詘信、進退、遲速，莫不廉制，盡筋骨之力，以要鐘鼓俯會之節。」〔註19〕這裡向我們呈現了一個生動的歌舞場面：「鐘鼓管磬，羽龠干戚」是樂器，「屈伸俯仰，綴兆舒疾」是舞蹈動作和節奏，「簠簋俎豆，制度文章」是禮器禮服，「升降上下，周還裼襲」以及「俯仰、詘信、進退、遲速」都是具體的

〔註16〕鄭玄注，孔穎達疏：《禮記正義》，阮元校刻《十三經注疏》，北京：中華書局1980年版，第1239頁。

〔註17〕鄭玄注，孔穎達疏：《禮記正義》，阮元校刻《十三經注疏》，北京：中華書局1980年版，第1545頁。

〔註18〕鄭玄注，孔穎達疏：《禮記正義》，阮元校刻《十三經注疏》，北京：中華書局1980年版，第1530頁。

〔註19〕王先謙：《荀子集解》，北京：中華書局1988年版，第384頁。

舞蹈動作。之所以極盡身體之能事與音樂配合，都是在模仿「天之清明、地之廣大、四時之周旋」，「取象」的意識昭然若見。再如《樂記》:「故歌者，上如抗，下如隊，曲如折，止如槁木，倨中矩，句中鉤，累累乎端如貫珠。」〔註20〕「上」「下」「曲」「止」「倨」「句」「累累」描述聲音長短、高低、曲直、疏密的狀態，而聲音的這種表達也是取象槁木、矩鉤、貫珠之類的具體事物。總之，「樂象」取象於天地萬物、立象以盡意，這是《禮記》《樂記》《樂論》等文獻的基本觀點和實踐。

（三）「德」與「藝」的辯證關係

前文已經說過，言意觀的一個觀點是，「言」是「德」的表徵。孔子稱「有德者必有言，有言者未必有德」，《樂記》提出「德成而上，藝成而下」，把「德」「藝」關係問題凸顯了出來。二者的辯證統一，要從言意問題的發生說起。我們知道，言意問題是基於「道」是否可「說」以及如何「說」而產生的。中國傳統美學把「道」作為認知和審美的最終目的，並有「大美不言」的思想。《老子》稱「道不可言，言而非也」，「道可道，非常道」；《莊子》稱「象罔得珠」，都主張「言」不盡「意」。但是，人們對語言以及言說策略的探討並沒有停止過，使用非常規的語言言說超驗之物，在《莊子》表現為「三言」、在《周易》表現為卦象符號、在《禮》表現為有意味的儀式和禮儀、在《樂》表現為創構音樂意象、在《詩》表現為「賦比興」、在《騷》表現為香草美人等。概括地說，詩、史及禮樂等早期藝術形態，其「立象盡意」的言說策略，共同的目的在於「盡意」，即「得道」。德，得也，能「得道」，具有「道」的境界，就是「有德」。

「立象盡意」解決的是如何說的問題，「道」作為言說的終極目標，要求言說主體具有較高的認知、審美和表現能力，比如虛己、坐忘、心齋等，既是主體進行藝術構思和想像時的心理狀態，也是主體精神境界、個人修養的過程和表現。這就貫通了藝術的境界和人的精神境界，相應地說，主體修養（「德」）越高，越接近言說的對象「道」，也就是「得道」。因此，早期藝術形態如詩、禮樂等能夠以其美的形式調適人的情感心理，達到「天地與我共生，萬物與我為一」的物我兩化之境，即「道」的大美之境，也是人的最高精神境

〔註20〕鄭玄注，孔穎達疏：《禮記正義》，阮元校刻《十三經注疏》，北京：中華書局1980年版，第1545頁。

界。由此，藝術與審美具有教化人心、養德的作用，而高尚的心靈和修養也是進行藝術創作前提，如周公制禮作樂，周公是聖人君子，實際上強調了藝術創作對主體應具有較高精神境界的要求。

由以上對詩、史及禮樂「立象盡意」的言說策略可見，它在早期文化藝術中的普遍性，恰如王夫之所說：「盈天下而皆象矣。詩之比興，書之政事，春秋之名分，禮之儀，樂之律，莫非象矣。」〔註 21〕這種感性的、審美的言說方式，深入而細緻地滲透在人們的話語習慣中，必然影響人們的形象思維和感知方式，而「德」與「藝」德辯證關係也成為實施詩教、樂教、禮教的依據。

三、言意觀影響下的藝術精神

在言意觀的影響下，先秦時期，以詩、史、禮樂為代表的社會文化藝術形態，普遍使用「比興」「象徵」的手法「言說」，其「立象盡意」的言說策略，促使「象」參與了人的思維方式（「尚象」）、表達方式（「立象」）和理解方式（「觀象」），形成了中國文化藝術以「象」為主要藝術語言的話語傳統，格外注重對「意」、意境、象外的追求，以及崇尚盡善盡美、美善相樂的審美觀念。

（一）立象盡意的表現方式

「象」作為「言」與「意」之間的媒介，具有強大的表意張力和闡釋空間，促成了中國傳統文化藝術含蓄雋永、意味深長的特徵。《詩經》是我國第一部詩歌總集，「詩樂舞」這種綜合的藝術形式，充分體現了我國傳統藝術在萌芽時期就強調「立象盡意」，追求「象外之意」。《詩經》描寫衛夫人之美：「手如柔荑，膚如凝脂，領如蝤蠐，齒如瓠犀，螓首蛾眉。巧笑倩兮，美目盼兮」，以「比託於物」的筆法，喚起人們的想像和聯想，烘托衛夫人顧盼生情、令人一見傾心的美；描寫懷鄉之情：「昔我往矣，楊柳依依；今我來思，雨雪霏霏」，雖然沒有直接筆墨描寫「少小離家老大回，鄉音無改鬢毛衰」的悲傷，但是昔之楊柳今之雨雪，景象變遷令人感懷。不但文學藝術作品，即使是文藝理論如《文心雕龍》《二十四詩品》之類，也慣用「立象盡意」的方式說明問題。如《二十四詩品》論「纖穠」：「采采流水，蓬蓬遠春。窈窕深谷，時見

〔註 21〕王夫之：《船山全集》第一冊，《周易外傳》卷六，長沙：嶽麓書社 1996 年版，第 1039 頁。

美人。碧桃滿樹，風日水濱。柳陰路曲，流鶯比鄰。乘之愈往，識之愈真。如將不盡，與古為新。」並沒有使用概念或者邏輯推理的科學語言說明「纖穠」的風格特徵，而是呈現了一幅幽遠、靜謐、明麗的春日景象，讓人「觀」象「會」意。相比較而言，直切的表達反而失去「玩味」的可能性，恰如王夫之所說：「捨象而無所徵。」

傳統音樂如小提琴協奏曲《梁祝》，開頭就以「擬聲」的方式奏出小溪流水的聲音，創造了一個鳥語花香的情景，這種「鋪敘」是典型的「興」，目的在於引起情感和注意力關注。其中《十八相送》這一段，是大提琴與小提琴的協奏曲，大提琴在質感厚重的詠歎，小提琴在幽怨低徊的應和。這種構思取象於不同樂器的音色特徵，以大提琴象徵梁山伯，小提琴象徵祝英臺，而小提琴緊隨大提琴以相同的旋律循環往復地演奏，象徵著兩人依依惜別、傾訴、挽留、一步一回頭的情景。尤其是《梁祝・化蝶》一段，「樂象」以清涼、高古、婉約、寂寥的小提琴聲為主，所言在於美好愛情的消逝和永恆的歎息。就《梁祝》而言，「樂象」是一個多層次的符號體系，包括不同樂器的音色、聲音的高低緩急、旋律的快慢起伏等。「樂象」也同樣具有強大的意義涵容量，在象徵中獲得意域的無限擴大，將我們個體經驗到的愛恨、別離、生死等人生體驗，與全部人類的情感和經驗的貫通，帶來千古之下知音猶存的審美感受。

（二）「以意為主」的藝術旨趣

中國傳統藝術常以寫意和「悟」的方式追求意境之美。《論語・陽貨》在解釋「天道」時，認為「天道」是「言」不能及，也不需要語言證明而自在的境界。「天何言哉？四時行焉。百物生焉，天何言哉？」〔註 22〕即「天道」、自然規律本身就是「無言而無不言」的，超越「言」的自然自在之物是不必用語言呈現的。《莊子・天道》提出「意有所隨」，指作品的意義依據不同情境或接受者不同的生活經驗、藝術修養是變幻不居、無法固化的，以此否定「言」，強調「悟」。其中「輪扁斫輪」的故事借輪扁之口，以砍削木材製作輪子為例，感慨「有數存於其間」，即使是父子也不能相傳的尷尬，尤其生動地說明了「只可會意，不可言傳」特點。言意觀「言」不能「盡意」的主張，形成了「言無言」「不言之言」的傾向。由此，中國傳統文化藝術重意輕言、重心靈感悟的

〔註 22〕程樹德撰，程俊英、蔣見元點校：《論語集釋》，北京：中華書局 1990 年版，第 1227 頁。

藝術創作和鑒賞趣味就埋下了伏筆，對畫論、樂論、詩論等藝術理論中的寫意、意境以及妙悟等範疇具有深遠的聯繫。

對「意」的追求，使中國傳統藝術創作不以科學、客觀地表現事物為目的，而是在「不言」「少言」「貴言」的觀念影響下，以極簡的筆觸呈現物象，國畫中常見的計白當黑、有無相成、虛實相生即是如此。以齊白石的《蝦》為例，如果以客觀真實的標準來評價，這些蝦形體不完整，而且半透明的身體也是匪夷所思的。對此，畫論所謂：「論畫以形似，見於兒童臨」，非常恰當地說明了「形似」不是藝術的最高境界。藝術的最高境界是對客觀真實的摹仿和超越，在以「意」「意境」「似與不似之間」「形神兼備」才能成其為佳作。畫論方面，宗炳在《山水畫序》中講到，以「崑崙之大，瞳子之小」的矛盾而言，如何在尺幅之間將「嵩、華之秀，玄牝之靈，皆可得之於一圖」呢？宗炳提出「妙寫」的觀點，強調繪畫藝術要將「形上」與「形下」相結合，把畫家體驗到的「形而上」的「道」「理」「神」等觀念，與「形而下」的摹寫形貌、遠近大小、絹素筆墨等物質材料巧妙融合。《畫山水序》有言：「豎劃三寸，當千仞之高；橫墨數尺，體百里之迴。是以觀畫圖者，徒患類之不巧，不以制小而累其似，此自然之勢。」〔註 23〕意思是說，只要能夠捕捉到「神似」之處（「類之不巧」意為不得「意」），三寸可當千仞，數尺可作百里，不受尺幅筆墨多少的影響。由此可見，所謂「妙寫」，意為以簡單的筆墨和造型寫意、傳神，寓繁於簡，在有無、虛實中生成意境之美。

（三）美善相樂的藝術境界

盡善盡美、美善相樂的傳統美善觀念的形成與言意觀有著潛在的因果關係。我們知道，「比興」「立象盡意」的言說策略，初衷在於「見今之失以諷喻之」，是「不直言」「不斥言」的「譎諫」智慧。一方面，立象盡意憑藉象徵、譬喻中獲得無限的意蘊，因此，強調「所立之象」的外在形式美，以引起審美注意；另一方面，立象盡意作為言說策略，它的目的就是對現實的批判、讚美或改造，體現了「善」的倫理道德價值，具有內在美的特徵。相應地，使藝術與生俱來帶有關注現實的人文精神。「盡善盡美」之說語出《論語・八佾》，孔子稱《武》樂「盡美矣，未盡善也」，稱《韶》樂「盡美矣，又盡善也」，立

〔註 23〕葉朗主編：《中國歷代美學文庫》（魏晉南北朝卷・上），高等教育出版社，北京：2003 年 12 月版，第 392 頁。

論的依據在於《武》表現的使通過武功實現統一，而《韶》表現的使是通過仁政實現統一。《武》《韶》兩種禮樂，在形式上都是「美」的，但是後者不止於審美，而是建構一種美美與共、和諧共生的天下圖式。《禮記．樂記》:「禮樂刑政，其極一也；所以同民心而出治道也。」〔註 24〕對此，聶振斌先生說：「先王作樂並不是為了審美享受，而是為了治國平天下。」〔註 25〕此言對禮樂本質的認識極為精道，在審美中實現治國平天下的理想。或者說，就是通過禮樂教化建構起天、人及社會政體的和諧關係，這就為中國傳統藝術精神注入了社會擔當和人文主義理想，即盡善盡美的藝術精神。

盡善盡美、美善相樂的藝術觀念，還體現在以美引德，審美的目的在於道德教化，即天人、物我、自我和諧一致的「善」。禮樂教化以其本身的感性形式實現教化人心的目,「樂以象德」，禮樂作為「德」的具象符號，是通過聲音、形象、舞蹈等場景的創設，賦予鑒賞者「樂觀其深」的審美體驗，並由此形成對禮樂制度所承載的價值觀的體認。《荀子．樂論》:「先王惡其亂，故制雅頌之聲以道之。」〔註 26〕「夫聲樂其入人也深，其化人也速，故先王謹為之文。」〔註 27〕就是說，當人性的七情六欲有違社會秩序的時候，可以通過禮樂「導情」，禮樂有聲有形，訴諸人的視聽官感，在時間的延續和空間的轉換中，把鑒賞者的注意力吸引到禮樂所立之「象」上，在參悟「象」的過程中，釋放情感情緒，消解其有違天地「大一」的不雅不正之欲。這正是禮樂以審美的方式，通過調整主體的心理、情感和精神狀態，實現「同民心而出治道」、建構和諧社會秩序的路徑，這一路徑是審美的、詩性的、樂感的，所謂「樂以象德」「以象事行」「皆形見於樂」，都是對禮樂以詩性的方式傳達價值觀的直接表述。以審美的方式實現道德教化的目的，也說明了中國傳統藝術觀念中，美和善是一體兩面的關係。

四、對當代文藝創作和文藝理論的啟示

中國傳統文藝思想是新時代文藝話語體系建設的重要資源，王一川說：

〔註 24〕鄭玄注，孔穎達疏：《禮記正義》，阮元校刻《十三經注疏》，北京：中華書局 1980 年版，第 1527 頁。

〔註 25〕聶振斌：《禮樂文化與儒學藝術精神》,《江海學刊》，2005 年第 3 期，第 14 頁。

〔註 26〕王先謙：《荀子集解》，北京：中華書局 1988 年版，第 379 頁。

〔註 27〕王先謙：《荀子集解》，北京：中華書局 1988 年版，第 380 頁。

「有必要依託中國的感興修辭範疇即興辭並斟酌西方有關理論而建構一種中國式藝術理論構架。」〔註 28〕創新和轉化中國傳統文化藝術資源，有助於鑒別、糾正當前文化藝術怪象。首先，在所謂「純形式」「純表現」「純抽象」的現代主義、後現代主義的遮掩下，當下部分藝術創作僭越審美規律，打破藝術與生活的界限，在藝術形式上，表現為不知所云、看不懂的藝術；在內在精神上，表現出一種玩世不恭、個人化寫作傾向，消解了文藝社會責任感和崇高精神。言意觀影響下的中國傳統藝術精神，有著強烈的家國情懷和人文精神。它昭示著，藝術單憑自身不足以構成藝術，藝術總是「關於什麼」的藝術。詩之比興立象盡意的言說方式，就是源於「美刺」的現實需要。「美刺」是文化藝術在他律和自律的罅隙中，對時代和社會的自覺在場。相比較而言，這種為藝術而藝術、以一己悲歡為旨趣之作，沒有了對現實的關注和批判，也不能與時代發展的強音相稱。

其次，要把美育、藝術教育和德育內在地結合起來，不能靠理論規訓、說教或者以脫離實際的理論觀念，而是要按照藝術和審美的規律，針對受眾的特點，錘鍊藝術語言，做到「潤物細無聲」。以「興」「象」的言說方式為例，早期的藝術形式諸如詩樂舞，強調「動情」「動心」的創作原則，把人與世界和現實的關係情感化、審美化，發揮文學藝術的社會影響和話語權力。沒有「興」的指謫現實，是人與世界緊張對立；沒有現實寄託的「興」，是藝術放棄自身改造社會的價值。所謂「情深而文明，氣盛而化神」，指的就是詩樂舞等藝術具有情感深厚、文采鮮明、氣氛濃烈、潛移默化的教化作用。相比較而言，當前的文化藝術作品要走進人們的心坎裏，更要摒棄舊話、洋話、鬼話，以時代、生活和人民為中心，重拾中國傳統藝術盡善盡美的精神氣質，提升藝術語言的形象性、意蘊性和表現力，以美的形式、善的內容「動己而天地應」，做到「合同而化」。

電影《孔子》中，孔子見南子的一段令人印象深刻。其中，南子問「仁」，質疑像她一樣名聲不好的女人是否也在「愛人」之列，孔子不語，原因在於中國傳統觀念中，「美」是以「善」為前提的；南子問「關雎」，孔子答以「君子愛美求之以禮」，表明以「禮」制「欲」、「思無邪」的理性精神；南子問「治國」，孔子答以君子齊家治國平天下的決心。孔子頻頻拒絕了南子的表白，令

〔註 28〕王一川：《建構中國式藝術理論的若干思考》，《中國文藝評論》，2019 年第 8 期，第 4 頁。

人對其道德境界望之凜然的時候，孔子的解釋是：「吾未見好德如好色者也」，坦誠地肯定了自己的七情六欲以及克服欲望成仁成己的艱難。南子深受感動，由愛生敬，感慨修行本身雖是痛苦，但也是境界。這段影片，從藝術語言上講，不僅成功塑造了人物形象（周潤髮飾孔子，周迅飾南子），而且從劇本內容上，極好地表現了傳統士人的道德觀，寓教於情景之中，堪稱經典。

結語

本文從先秦時期的言意觀念說起，概述了言意觀的基本內涵，並以此為觀測點，揭示「言不盡意」「立象盡意」的言說策略。而這一策略廣泛存在於先秦時期的社會文化生活和禮樂制度中，尤其是詩之比興、禮樂之象徵，在意義傳達和接受方面，是感性的、詩意的、充滿樂感的。由此管窺中國傳統文化藝術精神，可以發現，在比興、象徵等一切言說行為的表象背後，寄寓著深沉的人文化成意識、清醒的自我與家國、世界和諧共處的理想圖式、以及盡善盡美的境界追求。較之當前的藝術理論和創作實踐，以上這些，重申了中國文化藝術精神對社會的責任和擔當意識，以及實施審美教育和道德教育基本規律。啟發我們，藝術不能僅僅是為藝術而藝術，而要以其對真美善的追求，回應我們民族、社會和時代的沉屙與偉大。

第二節 「象教」與基於「感知力」培養的當代美育

在傳統社會文化的語境中，無論是日常生活的話語體系還是藝術語言，都是以「象」為認知和審美的關鍵點。「立象盡意」作為意義產生和傳達的手段，催生了中國傳統文化獨特的表達方式，強調內觀、領悟，形成溫柔敦厚的詩性人生和社會秩序。具體來說，象思維是基於個體的身體體驗關照自然萬物，具有萬物一體、整體直觀的特徵；而「象」作為一個意義符號，對它的編碼和解碼的過程，考驗個體內省和體悟的能力；同時，「象思維」是一個流動、轉換的生成過程，在「觀象」中注重經驗的理性提升，產生知識或總結規律。以上三點，概括地說，是「象思維」感性形象、以「觀」「悟」為主、重體驗的特徵。對應地，「象思維」影響了美育的本質與方法、內容和目的，以及實施和評價等方面。

首先是「象思維」與美育作為感性教育的本質之間的關係。感性教育是情感為核心，是對理性的超越。馬克思主義關於人的全面發展的學說認為，審美活動是人通過感覺對其本質力量的直接而全面的佔有，此言實質上是指感性直觀思維發現事物內部聯繫（本質）的能力。席勒《美育書簡》提出美育是感性教育，對美育的本質特徵和功能做了系統的闡述。理性以嚴格的概念、判斷和推理認識世界，但是理性排斥自我、壓抑個性的傾向常常使人在片面中失去活力。從全面發展的人這一方面講，感性乃是針對人的生存狀況以及人性、人格而言的。它意味著人生存的具身性和生命活力，但同樣注重審美活動的理性因素，但是這種因素融入知覺和想像中，與感性相協調，使情感表現更加深厚與自覺。

「象思維」是典型的具身思維，以個人的身體感官感受與天地對話，並將所感知體悟到的意義分類統整，創制卦象符號。《易傳・繫辭》說：「古者包犧氏之王天下也，仰則觀象於天，俯則觀法於地，觀鳥獸之文與地之宜，近取諸身，遠取諸物，於是始作八卦，以通神明之德，以類萬物之情。」這是聖人觀天象預知人事的描述，我們還原一下彼時的場景：包犧氏以自己的身體為參照系，貫通遠處及周圍的事物，把世界看成一個可以感通的整體，找出其中對立統一的關係並以八卦的形式呈現出來。這裡值得注意的是作為感知系統的身體及其所處的空間，是融會貫通，彼此顯現的，完全立足於直觀、整體、感性之上來認識世界。在此基礎上，「詩教」以「起興」觸發人的情感，以類比、譬喻的手法生動形象地彰明道理。「禮教」則通過環境、器物的儀式化和象徵性，規範個體的行為舉止。「禮」的儀式和所使用的器具，不僅僅是「形」「物」，更是「道」「意義」的載體，正如唐啟翠等人在《製器尚象與器以藏禮：「立象」傳統與物證效力》所說：「器物便提供了一種可以讓人思想、行動和言說的編碼機制。」〔註29〕這也說明，「禮教」對於美育的價值還在於「儀禮三千」，但凡禮所規定的生活細節，都已經賦予了教化的意義，可以說是美育日常生活化的一個典型。而「樂教」被稱為「至教」，正是源於它以音樂意象的塑造疏導人的情感和心理，達到個體精神境界大成之境。以上，對於美育強調具身性、感受力的本質規律具有建構意義。

其次，「象思維」與美育作為人格教育的本質之間的關係。人格教育是在人的自然本性基礎上，將社會秩序、倫理道德內化為個人需要，實現個人價值與社會發展的統一。基於美育能夠協調個體與群體之間的關係狀態，因此

〔註29〕唐啟翠：《製器尚象與器以藏禮：「立象」傳統與物證效力》，《社會科學家》2015年10月，第143頁。

又與德育有著共同的目標：「善」。《尚書》：「夔！命汝典樂，教胄子。直而溫，寬而栗，剛而無虐，簡而無傲。」《論語》：「興於詩，立於禮，成於樂。」都體現了美育作為人格教育的特徵。在中國美育思想史中，詩教、樂教、禮教，儒家天命論、性情論、宋明理學都是人格人性之學。完美人格是自我身心、自我與他人、自我與社會的和諧一致，把美和善統一起來。

中國傳統美學中包含的美育、人格教育的思想已有豐富的研究成果，不必贅述。而古人用審美化、藝術化的方式解決人生問題，使個人行為不但符合「善」的規範，而且具備「美」的超越，才是人生美學的真諦。「善」可以通過刑罰、法治實現，而「美」只能通過涵養情感、性情，使本心即是道德心實現。孟子認為，「仁義禮智，非由外鑠我也，我固有之也」，也就是說，仁義禮智的道德意識，人生而有之，教化的作用就是祛除世俗遮蔽，保持並發展這種天性。中國傳統美學的獨特之處就在於以「象教」的方式使本心即是道德心。人的情感體驗是不斷變化的，強行改變或中止她的發展趨勢，雖然能夠達到個人行為符合社會規範的目的，但是對於個體來說，是一種強勢壓迫。「象教」的特徵就是把教化訴諸於「象」，「象」及其所承載的意義不斷流動、轉換，在動態中生成意義，而觀者借助對這個有意義但意義又是開放生成的形式符號的領悟，獲得「象外之意」的啟迪。因此，「象教」更加符合人情人性的主觀形態，而且「象」的形式和意義具有審美張力，激發主體在內省和體悟中與外部世界「對話」，實現自我與他者之間的和諧一致。這就是「象教」在形成美善人格方面的獨特貢獻。

再次，中國傳統美學產生了基於「象」的美育育人場域和美育評價思想。《論語・為政》中，孔子自稱：「七十而從心所欲，不逾矩。」這種境界不妨視之為我國傳統美育思想正視人的自然欲望和現實生活的世俗性，並以超越這種自然屬性和世俗沾染為人格修養的目的。因此，日常生活的場域是中國傳統美育實施的重要途徑。比如，「沂水舞雩」的故事寫到：「暮春者，春服既成。冠者五六人，童子六七人，浴乎沂，風乎舞雩，詠而歸。」（《論語・先進》）這裡描繪了一幅喜樂和平的春日景象，在春風中歌唱、春水中沐浴，日常生活的合理性和身心需求的正當性合二為一。再如，「孔顏樂處」的故事，「飯蔬食飲水，曲肱而枕之，樂亦在其中矣。不義而富且貴，於我如浮雲。」（《論語・述而》）子曰：「賢哉，回也！一簞食，一瓢飲，在陋巷。人不堪其憂，回也不改其樂。賢哉，回也！」（《論語・雍也》）即便是生活貧困，依然在對生命和理想的執著中優游不迫，樂哉樂哉的氛圍，彰顯出由內而外的人生智慧。再比如《莊子》，更是把無數個春秋、無限的廣漠六合之境，以及天地間的草樹生物都視為有生有情的存在，而人生亦是大化流行中的一部分。以上都可以見出，把日常生活情景化、氛圍化以涵養人的情感、性情的美育思想和實踐。古人把人生審美化、藝術化，實質是「統合了物我、情景，使之交融為一，超越了二元對立的思維方式，其中包含著物態人情化、人情物態化的審美思維方式，體現審美的創造精神。」〔註 30〕而這種思維方式正是「尚象」思維制象／立象以表意，通過創設某種詩化的時空氛圍將自我與現實互相投射、彼此發明的理論依據。

「象」思維不僅影響了傳統美育日常生活化的實施路徑，而且「觀象」也是美育成效的評價辦法。一個人的形容與氣度（「形象」）作為內在修養的外在顯現，在一定程度上可以判斷人的道德境界。如《論語・述而》：「子之燕居，申申如也，夭夭如也。」《論語・鄉黨》：「朝，與下大夫言，侃侃如也。」「出，降一等，逞顏色，怡怡如也。沒階趨，翼如也。」「享禮，有容色。私覿，愉愉如也。」以上是聖人孔子在居家休閒、交往應對、出使外國等情形下的表現，具備較高審美素養的人，能夠準確地感受環境、表達自我。「……如也」的句式，既能夠反映出古人根據觀察形容舉止、品貌風度，判斷個體修養的自覺意識，也能顯示出心靈和現實雙重維度自由的境界，即理性與感性相統一，達到超越二分的大美人生境界。

傳統美育思想和實踐，重視人格教育和培養感性，對於傳統文化生生不息、溫柔敦厚、中正和平等特徵的形成功不可沒。但是，當前美育知識化、片面化、技能化傾向，偏離了美育的本質規律，很難實現每個學生的全面發展這一初衷。概括地說，當前美育突出存在如下問題。

第一是美育學科化和智育化。簡單地說，美育與藝術教育邊界不清晰，當前美育存在等同於藝術教育的誤區，縮小了美育的範疇和施教對象。而智育化育人目標與美育育人目標存在偏差，智育又可稱為知識教育，主要是通過知識的傳授，增加人的知識量，促進人習得文化知識和技能，也就是提升人的智力水平。而美育又稱審美教育，主要是促進學生的情感、創新意識得到表現，也就是提升人的審美能力。但是當前學校開設的美育課程，大都屬於知識教育範疇，大部分時候都是從文字到文字、從概念到概念，與情感和

〔註 30〕朱志榮《論中華美學的尚象精神》，《文學評論》2016 年第 3 期，第 20 頁。

個體現實生活的生存沒有很大關係。用知識教育代替美育，把腦力活動當成身心發展，將學科教學等同於美育實踐，顯然是一種簡單化、誤讀式的操作，背離了美育的本質、初衷和使命，亟待修正。第二是教育主體單一化，資源得不到有效整合。與美育學科化、智育化的思路一脈相承，同時受高校的管理理念的影響，美育主體出現單一化特徵。所謂單主體化，一方面指的是將美育僅看作是某個教學部門的工作，而不是多主體參與的共同事業，忽視了美育的複雜性、系統性等問題，與傳統美育思想和實踐自覺創設詩性生活空間、樂感文化氛圍的做法大異其趣，不能充分發揮整體「環境」「氛圍」美育的功能；另一方面指的是承擔美育的教師大都是擅長傳統課堂教學的，這其實是將美育僅僅視為一種課堂教育、將知識傳輸的完成視作育人工作的完成，而不是綜合性、立體化的養成教育的理念折射，偏離了美育「育人」、人格教育的本質目標。

以「象」為中心的中國傳統美育思想和實踐，在新時代依然具有借鑒意義。最主要的一點就是應該加強審美感知能力的培養。美育只有將培育學生審美感知力作為基點，才能符合基本規律，構建多元主體參與的社會美育系統。而培養學生的審美感知力，要圍繞創設審美感知的場域以調動感官機能為核心展開，比如積極創設虛擬情景、具身化使用更多美育資源、廣泛激活文創熱情、花大力氣培育文化育人環境。具體來說，應在以下三個方面開展美育改革：

一是美育理念上回歸感性。美學家高建平就指出：「美學發展到了今天，已經達到了這樣一個階段，它迫切需要在一個新的發展階梯上回到感性。」〔註 31〕回歸感性，是美學自身發展邏輯導致的結果。美育是美學的重要研究領域，美學的轉向也自然對美育研究產生了影響。有學者就深刻指出：「藝術教育感知覺不可教，它只能通過誘導而在感知活動中提升。藝術教育活動的展開離開了對教育對象『藝術感知覺』的培養，就丟到了教育系統中的『硬核』」〔註 31〕。雖然都是回歸，但是內容不一樣。美學回歸的是感知研究，而美育或藝術教育回歸的是「感知力培養」。回歸感性、感知，其本質是回歸常識。這個常識就是，人的身體不僅是新陳代謝等一切生命活動發生和循環的

〔註 31〕高建平：《新感性與美學的轉型》，《社會科學戰線》，2015 年第 8 期，第 138 頁。

〔註 31〕顧平：《「藝術感知覺」——被忽略的藝術教育「硬核」》，《中國美術報》，2019 年 12 月 23 日。

「場域」，還是精神活動的寓所、實踐活動的施行者。感知是在身體的基礎功能，只要人活著，就會有感知。人類情感、認知、實踐源於身體、起於感知，「構成知覺經驗之上的第二層經驗，就是整個文化世界。而知覺經驗就像是必不可少的根基」〔註 32〕。因此，美育也應該重視感知地位、把握感知規律、推進感知昇華。

感知的硬核特性、根基地位是尤其自身特點決定的。感知有不同類型，不同感知的功能不同。從感官類型來說，有視覺感知、聽覺感知、觸覺感知、運動感知等。按照不同的情境，可分為日常感知、審美感知、宗教感知等。審美感知除了是審美活動的起步環節外，還對其他感知有提升、催化、融合的作用。相比較日常知覺，審美知覺具有「完整性」「主動性」「情感性」「強烈性」等特徵。所謂「完整性」，指是知覺先在的具有統合性特徵，能迅速使人把握對象的形態結構、情感基調和直接意蘊；所謂「主動性」指的是主體不是被動的接受刺激，而是積極主動的、有創造性的去感受對象；所謂「情感性」指的是主體在感知過程中既會有舒適、疼痛等生理反應，也會有在此基礎之上、在記憶和想像的刺激下形成喜怒哀樂的心理活動；所謂「強烈性」指的是主體在注意力高度集中，情感相對強烈，情境相對完整、隔離的條件下，能獲得程度更為強烈的高峰體驗。可見，審美感知是審美活動的入口處、催化劑，不能繞過或者忽視。因此，美育要高度重視審美感知環節、加強審美感知訓練和滋養。

培養審美感知力，不是提升人們對外界刺激的接受力，而是一種與世界的交流能力。中國傳統美學對前者保持了足夠的警惕，如《老子》曰：「五色令人目盲，五音令人耳聾，五味令人口爽」〔註 33〕。後者被稱為「感物動情」「神與物遊」，具體表現就是「以物觀我」「以我觀物」「物我互現」。在西方美學中，後者被稱為移情能力，或者感同力。西方哲學家和心理學家裏普斯用移情這個概念描述審美活動在的主體情感投射到對象上的現象。周憲認為審美感同力包括三個層面：一是「換位體驗，是一種情感移入的過程，是通過他人的眼睛或心靈來理解他人心態或情感狀態的能力」；二是「設身處地地感受他人的創傷、困境或悲哀」（感同身受）；三是「自我認知和反

〔註 32〕莫里斯・梅洛—龐蒂：《知覺的首要地位及其哲學結論》，王東亮譯，生活・讀書・新知三聯出版社，2002 年，第 52 頁。

〔註 33〕蘇轍：《道德真經注》，華東師範大學出版社，2010 年，第 12 頁。

思」〔註 34〕。由此可見，培養學生的審美感知力，其價值不僅僅在於促進個體全面發展，還在於促進社會的全面進步。在社會主義建設進入新時代，人工智慧、審美經濟飛速發展的時期，把美育的航向撥正到審美感知的培養上，彰顯人的比較優勢、激發人的審美感知創造力，可謂恰逢其時、對症下藥。

如上所述，審美活動起源與審美感知，美育也必然首先是審美感知力的教育。然而，長期以來學校美育不但不受重視，而且違背了審美規律，忽視了審美感知的重要地位。加強審美感知的培養，符合美學研究潮流，有利於恢復美育的勃勃生機，實現美育對其他教育的催化功能，促進美育與經濟社會發展的雙向互動。

二是構建基於感知場域構建的美育路徑。審美感知體驗，無法通過知識傳授獲得，要想獲得這種體驗，就必須構建一個獨特的場域，促使感知器官和知覺對象發生循環往復的彼此敞開、相互吐露關係。這對美育來說就意味著，當前美育必須從知識教育的窠臼中跳出來，各種相關的教育形式、教學手段要依據審美感知規律進行改造升級，創建「知覺場域」，使學生全身心沉浸入審美情境中，才能展現美育的本真面貌、達到美育的真正實效。

例如，擁抱信息技術，推廣虛擬情境教學。課堂是美育的主渠道。當前美育課程教學方式仍以課堂講授、投影播放音視頻資料為主，雖然能滿足學生對經典作品和審美理論的知識學習需求，但從本質上說，這並非是真正的美育，無法提升學生的感知能力，調動起學生所有的感官知覺、促發審美活動的產生。然而，要在課堂上構建起的有效的感知場域，需要巨大的人、財、物、空間等教學資源的投入。這是高校望而卻步，將美育異化為知識教育的重要原因。信息技術日新月異的發展，為解決這個難題帶來契機。虛擬現實是運用計算機技術創造出虛擬的世界，用戶可通過佩戴相關設備對虛擬世界中的物體進行考察和操作，乃至獲得視、聽、觸覺等直觀而又真實的感知。較之更進一步的是，信息技術已可以創造出真實世界和虛擬世界相結合的增強現實世界。目前虛擬現實和增強現實技術已經介入到教育教學活動中，但在美育教學中還比較少見。通過這兩種技術可構建美育感知場域。以小提琴曲《梁祝》鑒賞為例，可用融媒體技術創設沉浸式、體驗式教學情景，將音樂

〔註 34〕周憲：《知行張力、多媒介性與感同體驗——當代大學美育的三個問題》，《美育學刊》，2019 年第 5 期，第 7 頁。

藝術語言轉化為全息影像，融入更多文化背景信息、提示要素。虛擬情景的創設（特別是將德育的因素融入其中），可使學生通過虛構的場域，體驗和感知個體之外的經驗和世界，從個人生活層面進入廣泛的社會、歷史、文化的層面，為其在未來複雜的社會實踐中養成有擔當、有判斷力的品質奠定基礎。隨著人工智慧時代的到來，通過運用信息虛擬技術，打破時空界限，擺脫資源限制、彌補教師能力不足，匯聚最優質的美育教學要素，必將成為最為主要的美育課堂教學形式。

再如，打破教室牆壁，加強美育資源利用。雖然虛擬情境教學可以彌補教學資源的不足，帶來一些類似真實的體驗，但是這些體驗畢竟與真實世界的體驗還是有巨大差異。若僅僅開設這樣的美育課堂，會讓學生喪失對真實世界的體驗能力，無法適應真實世界的發展。因此，還必須打開教室的圍牆，讓學生欣賞藝術之美、世界之美。比如，可以加大高校藝術展演活動力度，組織更多類似「高雅藝術進校園」的活動，讓書本上、圖片裏、影響中的藝術走進學生的現實生活；可以開放社會資源，把博物館、美術館、展覽館作為高校的美育場所；要多引導學生走出人造世界，走進大自然，像古人那樣學會「俯仰觀察」「養浩然之氣」、營「心中之竹」。這些很多政策中也都有提到、很多學校也都在實踐，但要進一步加大比重，更為重要的是，要改變教學理念，破除現代美學的「靜觀展示」、強化更符合育人規律的「互動參與」，讓學生多嘗試、多動手，形成勢能更加強大的感知力培育「場域」。

此外，還可以推進知行銜接，開展文創實踐活動，為學生對美感的理解找到表達的出口，及提升其創造美的能力。不管是虛擬課堂、還是課堂外的各種資源利用，主要功能是提升學生從物到人的欣賞水平，主要是一種精神能力的培養。從人類歷史上看，審美感知不只與精神世界相關，還與物質世界的改造實踐相互促成、相互轉化，琳琅滿目的生產工具、日用工藝、藝術作品無不是其見證、無不是其結果。可以說，創造美的實踐活動，是審美感知力和美育成效的最重要確證。若學生的審美感知意象僅僅存在於大腦中，不轉化為身體活動、社會實踐、創新行為，人為割裂審美感知與審美想想、欣賞美與創造美的關聯，就會造成美育的片面化、膚淺化。應該說，除了藝術專業的學生外，當前學生中蘊藏的、活躍審美創造力並沒有得到充分的引導、培育和外化。因此，要積極培育「實踐場域」，支持鼓勵學生開展文藝原創活動，大力培育品牌校園文化藝術項目，組織學生參與文創賽事，使學生的豐沛強烈的感知意象轉化為完整的作品，培育良好的社會文化育人的環境。

綜上所述，當前學校美育工作進入了一個新的歷史方位、新的發展階段，要落實好國家教育方針，解決好缺位、虛弱、異化等突出問題，切實提升育人實效。要解決好美育突出問題、有的放矢地開展美育教學改革，就必須放棄美育等於知識教育的觀點和做法，尊重審美基本規律、強化審美感知的地位、重建美育的「知覺場域」，培養學生審美感知能力。這樣，美育的教學才符合規律，美育的成效才會滿足社會需求。這是新時代中國特色美育體系建設要求。

結　語

本書是對先秦意象觀念之發生這一問題的思考和習作，經過前文的論述，我們對先秦意象觀念發生的語境以及孕育意象觀念的各種因素——包括學理思想基礎以及廣泛的社會文化鏡象——有了大致的瞭解。因此，結語部分，我主要簡要地強調本文的主要觀點、創新之處以及今後的研究計劃。本文本著以前人的研究為基礎，同時補闕其不足的原則，對先秦意象觀念做了全面的考察，第一至第四章重點在先秦意象觀念的發生，第五章重點在先秦意象觀念的認知、審美及教化功能，第六章從意象範疇與中國傳統藝術精神的形成，及其對當代美育的啟示展示意象範疇的當代價值。主要探討了一下幾個方面的問題：

第一，先秦意象觀念述略。主要聚焦先秦時期的經典典籍、諸子學說、社會文化制度、生產生活，以及「道」「氣」「天人」「性情」「言意」等觀念，概要陳述其中包蘊的意象思想，使讀者能夠感知到先秦時期意象觀念的基本情況，同時也為下文分而述之奠定基礎。

第二，「象」的起源論。「象」是意象觀念的核心，而「立象」是藝術傳達的手段。因此，本章從先秦的語言哲學之言意觀念入手，重點在「言不盡意」「立象盡意」的言說策略，以及「比」「興」「禮」「樂」對「象」「意」關係的應用上。從哲學的思想基礎到文本書寫方式到禮樂文化生活，多層面展示了「象」在先秦時期發生的原因和存在的普遍性，也是對「尚象」傳統的佐證。

第三，先秦「天人觀」與意象的結構特徵。意象具有物我、主客、情境的兩元結構特徵，同時又以取消兩元對立，實現物我兩化的整體審美境界為目的。先秦時期「天人觀」與意象結構特徵形成的關係表現在，「天人觀」本質上是「物我觀」，從先秦時期人們的認識能力和認識過程上看，「天人觀」經歷「混物混我」「有物有我，物我對立」「無物無我，物我兩化」三個階段。從審美意識的角度看，正印證了意象形成兩元基本結構及整體審美境界的過程。立「象」溝通「天」「人」、「物」「我」的手段，也自然引發了對「象外之境」的思考，這都是意象論非常重要的思想萌芽。

第四，意象生成論。先秦時期，以易象、《莊子》「三言」、樂象為代表，都體現了物我「感通」、主體主動「觀取」「制象」的意象創構思想。因此，本章從《周易》、巫術中的心物感通觀念入手，呈現了先秦時期意象創構過程中「觀物取象」「立象盡意」的基本原則，「觀取」「譬喻」的具體制象手段以及「遊心」「虛己」的主體心理條件和審美能力。

第五，意象功能論。先秦時期的意象觀念與審美意象的最大區別在於它強調意象的認識和實用性，具體表現在強化意象的符號功能和象徵功能，易象及禮樂的形制都是「符號」，都憑其象徵意義實現認知、規範、教化的作用，服務於個體人生及國家秩序。同時，由「觀象」致知的方式，也使主體在「觀」中灌注情感、想像，達到物我兩化，「與天地參」的審美境界，即先秦意象觀念審美功能之所在。

第六，先秦意象範疇的當代價值。中國傳統美學的現代轉化和創新發展是當前古代美學研究的重要方面。就意象範疇而言，明確其影響中國傳統藝術精神的具體路徑，能夠更好地理解和傳承我國優秀文化傳統。而中國獨特的審美方式，也是形成民族文化心理的因素之一，發揚其合理部分，對於新時期美育培養健全人格的建設者和接班人具有啟發意義。

在思考和寫作的過程中，我深感該課題還有更大的研究空間。比如「象」與中華美學和諧觀、美善相樂理想的關係；古典意象論與中國現當代及後現代審美理論的根脈和未來等，無疑有著千絲萬縷的聯繫，但是受制於學力、時間、文獻等多方面的因素，一時又很難取得突破，清晰地描述它們之間的脈絡。因此，發掘中國古典美學的基本觀念，如「象」「意」「有無」「虛實」「形神」「韻」、「味」等，建構中國特色的審美理論體系應該是今後研究的旨趣和任務所在。

主要參考文獻

一、古籍文獻

1. 阮元校刻：《十三經注疏》全二冊，北京：中華書局 1980 年版。
2. 司馬遷撰：《史記》全十冊，北京：中華書局 1963 年版。
3. 班固撰：《漢書》全十二冊，北京：中華書局 1962 年版。
4. 王弼注，樓宇烈校釋：《老子道德經注校釋》，北京：中華書局 2008 年版。
5. 黎鳳翔撰，梁連華整理：《管子校注》（上、下），北京：中華書局 2004 年版。
6. 程樹德撰，程俊英、蔣見元點校：《論語集釋》（全四冊），北京：中華書局 1990 年版。
7. 朱熹撰：《四書章句集注》，北京：中華書局 1983 年版。
8. 朱謙之撰：《老子校釋》，北京：中華書局 1984 年版。
9. 郭慶藩撰：《莊子集釋》全三冊，北京：中華書局 2004 年版。
10. 王先謙撰：《荀子集解》上下冊，北京：中華書局 1988 年版。
11. 楊伯峻撰：《列子集釋》，北京：中華書局 1979 年版。
12. 焦循撰，沈文倬點校：《孟子正義》（全兩冊），北京：中華書局 1987 年版。
13. 孫詒讓撰，孫啟治點校：《墨子閒詁》（上、下），北京：中華書局 2001 年版。

14. 吳毓江撰，孫啟治點校：《墨子校注》（上、下），北京：中華書局 1993 年版。
15. 譚戒甫撰：《墨辯發微》，北京：中華書局 1987 年版。
16. 岑仲勉撰：《墨子城守各篇簡注》，北京：中華書局 1987 年版。
17. 高明撰：《帛書老子校注》，北京：中華書局 1996 年版。
18. 王利器：《文子疏義》，北京：中華書局 2000 年版。
19. 王先謙撰：《莊子集解》，北京：中華書局 1954 年版。
20. 劉武撰：《莊子集解內篇補正》，北京：中華書局 1954 年版。
21. 馬非百著：《管子輕重篇新詮》（荃二冊），北京：中華書局 1979 年版。
22. 蔣禮鴻撰：《商君書錐指》（第一輯），北京：中華書局 1986 年版。
23. 王先謙撰，鍾哲點校：《韓非子集解》，北京：中華書局 2003 年版。
24. 王琯撰：《公孫龍子懸解》，北京：中華書局 1992 年版。
25. 譚戒甫撰：《公孫龍子形名發微》，北京：中華書局 1963 年版。
26. 孫武撰，曹操點校，楊丙安校理：《十一家注孫子校理》，北京：中華書局 1999 年版。
27. 吳則虞撰：《晏子春秋集釋》（上、下），北京：中華書局 1962 年版。
28. 張震澤撰：《孫臏兵法校理》，北京：中華書局 1986 年版。
29. 劉文典撰，馮逸、喬華點校：《淮南鴻烈集解》（全二冊），中華書局 1989 年版。
30. 何寧撰，《淮南子集釋》（上、中、下），北京：中華書局 1998 年版。
31. 蘇輿撰，鍾哲點校：《春秋繁露義證》，北京：中華書局 1992 年版。
32. 王明著：《抱朴子內篇校釋》，北京：中華書局 1996 年版。
33. 楊明照撰：《抱朴子外篇校箋》（上、下），北京：中華書局 1991 年版。
34. 荊門市博物館編：《郭店楚墓竹簡》，北京：文物出版社 1998 年版。
35. 李零：《郭店楚簡校讀記》，北京：中國人民大學出版社 2007 年版。
36. 董增齡：《國語正義》，成都：巴蜀書社 1985 年版。
37. 王弼：《周易略例》，四部叢刊初刻本。
38. 朱熹：《四書章句集注》，北京：中華書局 1983 年版。
39. 葉朗總主編：《中國歷代美學文庫》（全十九冊），北京：高等教育出版社 2003 年版。

40. 嚴可均校輯：《全上古三代秦漢三國六朝文》（全四冊），北京：中華書局 1985 年版。
41. 皎然：《詩式校注》，北京：人民文學出版社 2003 年版。
42. 蕭統，李善：《文選》，北京：中華書局 1977 年版。
43. 陸機，張少康：《文賦集釋》，北京：人民文學出版社 2002 年版。
44. 鍾嶸撰，曹旭集注：《詩品集注》，上海：上海古籍出版社 1994 年版。
45. 劉熙載撰：《藝概注稿》（上、下），中華書局 2009 年版。
46. 王夫之撰，戴鴻森箋注：《薑齋詩話校箋》，北京：人民文學出版社 1981 年版。
47. 聞人軍：《考工記譯注》，上海：上海古籍出版社 1993 年版。
48. 王念孫：《廣雅疏證》，北京：中華書局 1983 年版。
49. 劉勰著，范文瀾注：《文心雕龍注》，北京：人民文學出版社 1958 年版。
50. 蕭統編，〔唐〕李善注：《文選》，北京：中華書局 1977 年版。
51. 歐陽詢，汪紹楹：《藝文類聚》，上海：上海古籍出版社 1995 年版。
52. 章學誠撰，葉瑛校：《文史通義校注》，北京：中華書局 1985 年版。
53. 周群、王玉琴校注：《四書大全校注》，武漢：武漢大學出版社 2009 年版。
54. 戴明揚：《嵇康集校注》，北京：人民文學出版社 1962 年版。
55. 趙翼：《陔餘叢考》，北京：中華書局 1957 年版。
56. 劉熙載：《藝概》，上海：上海古籍出版社 1978 年版。
57. 羅仲鼎校注：《藝苑卮言校注》，濟南：齊魯書社 1992 年版。
58. 蔡仲德：《中國音樂美學史資料注譯》，北京：人民音樂出版社 2004 年版。

二、古籍整理類

1. 王廷相：《王氏家藏集》，偉文圖書出版社 1976 年版。
2. 許學夷：《詩源辨體》，北京：人民出版社 1987 年版。
3. 葉燮：《原詩》，北京：人民文學出版社 1979 年版。
4. 錢謙益：《初學集》，上海：上海古籍出版社 2003 年版。
5. 梁啟超：《梁啟超全集》，北京：北京出版社 1997 年版。

6. 劉熙載：《藝概》，上海：上海古籍出版社 1978 年版。
7. 章學誠：《文史通義》，上海：上海書店 1988 年版。
8. 程俊英：《詩經注析》，北京：中華書局 1991 年版。
9. 高明：《帛書老子注釋》，北京：中華書局 1996 年版。
10. 蘇輿：《春秋繁露義證》，北京：中華書局 1992 年版。
11. 張雙棣校釋：《淮南子校釋》，北京：北京大學出版社 1997 年版。
12. 何寧：《淮南子校釋》，北京：中華書局 1998 年版。
13. 黃霖編著：《文心雕龍匯評》，上海：上海古籍出版社 2005 年版。
14. 郭紹虞校釋：《滄浪詩話校釋》，北京：人民文學出版社 1961 年版。
15. 羅仲鼎校注：《藝苑卮言校注》，濟南：齊魯書社 1992 年版。
16. 戴鴻森：《薑齋詩話箋注》，人民文學出版社 1981 年版。
17. 李慶甲集評校點：《瀛奎律髓》，上海：上海古籍出版社 1986 年版。
18. 杜維沫點校：《詩源辨體》，北京：北京人民出版社 1987 年版。
19. 張國星校點：《古詩評選》，北京：文化藝術出版社 1997 年版。
20. 唐圭璋：《詞話叢編》，北京：中華書局 1986 年版。
21. 周積寅：《中國古代畫論類編》，北京：人民出版社 2004 年版。
22. 錢鍾書：《宋詩選注》，北京：人民文學出版社 1958 年版。

三、研究性著作

1. 宗白華：《宗白華全集》全四卷，合肥：安徽教育出版社 2008 年版。
2. 蔣孔陽：《先秦音樂美學思想論稿》，《蔣孔陽全集》第一卷，合肥：安徽教育出版社 1999 年版。
3. 徐復觀：《中國藝術精神》，瀋陽：春風文藝出版社 1987 年版。
4. 蒙培元：《情感與理性》，北京：中國社會科學出版社 2002 年版。
5. 葉朗：《中國美學史大綱》，上海：上海人民出版社 1985 年版。
6. 葉朗總主編：《中國美學通史》全八卷，南京：江蘇人民出版社 2014 年版。
7. 李澤厚、劉綱紀：《中國美學史》第一卷，北京：中國社會科學出版社 1984 年版。
8. 陳望衡：《中國古典美學史》全三卷，武漢：武漢大學出版社 2007 年版。

9. 皮朝綱：《中國古典美學思辨錄》，香港：香港新天出版社 2012 年版。
10. 朱志榮：《中國審美理論》，上海：上海人民出版社 2013 年版。
11. 朱志榮：《中國藝術哲學》，上海：華東師範大學出版社 2012 年版。
12. 朱良志：《真水無香》，北京：北京大學出版社 2009 年版。
13. 趙士林：《心學與美學》，北京：中國社會科學出版社 1992 年版。
14. 馬育良：《中國性情論史》，北京：人民出版社 2010 年版。
15. 張毅：《儒家文藝美學——從原始儒家道現代新儒家》，天津：南開大學出版社 2004 年版。
16. 柏拉圖著，朱光潛譯：《文藝對話集》，北京：人民文學出版社 1963 年版。
17. 高友工：《美典：中國文學研究論集》，北京：生活．讀書．新知三聯書店 2008 年版。
18. 湯用彤：《魏晉玄學論稿》，上海：上海古籍出版社 2005 年版。
19. 張君勱：《新儒家思想史》，北京：中國人民大學出版社 2006 年版。
20. 柳詒徵：《中國文化史》（全三冊），上海：上海科學技術文獻出版社 2008 年版。
21. 魯迅：《魏晉風度及其他》，上海：上海古籍出版社 2010 年版。
22. 余英時：《士與中國文化》，上海：上海人民出版社 2013 年版。
23. 羅根澤：《中國文學批評史》（全三冊），上海：上海古籍出版社 1984 年版。
24. 賴蘊慧著，劉梁劍譯：《劍橋中國哲學導論》，北京：世界圖書出版社公司北京公司 2012 年版。
25. 阿爾伯特．史懷哲著，常暄譯：《中國思想史》，北京：社會科學文獻出版社 2009 年版。
26. 楊國榮：《莊子的思想世界》，北京：北京大學出版社 2006 年版。
27. 杜寶瑞：《莊周夢蝶——莊子哲學》，臺北：五南圖書出版股份有限公司 2006 年版。
28. 王志楣：《莊子生命情調的哲學詮釋》，臺北：里仁書局 2008 年版。
29. 祖保全：《司空圖詩品解說》，合肥：安徽人民出版社 1964 年版。
30. 陳良運：《中國詩學體系論》，北京：中國社會科學出版社 1997 年版。
31. 牟復禮、崔瑞德編，張書生等譯：《劍橋中國明代史（1368～1644）》上卷，北京：中國社會科學出版社 1992 年版。
32. 胡雪岡：《意象範疇的流變》，南昌：百花洲文藝出版社 2001 年版。
33. 祝菊賢：《魏晉南朝詩歌意象論》，西安：陝西師範大學出版社 2000 年版。
34. 徐揚尚：《中國文論的意象話語譜系》，北京：中國社會科學出版社 2012 年版。
35. 汪裕雄：《意象探源》、《審美意象學》、《藝境無涯》，北京：人民出版社 2013 年版。
36. 韓德林：《境生象外》，北京：生活·讀書·新知三聯書店 1995 年版。
37. 章關鍵：《意象悟道——〈周易〉今論及意象掛釋》，上海：復旦大學出版社 2013 年版。
38. 古風：《意境探微》，南昌：百花洲文藝出版社 2001 年版。
39. 夏之放：《文學意象論》，汕頭：汕頭大學出版社 1993 年版。
40. 韓玉濤：《寫意：中國美學之靈魂》，深圳：海天出版社 1998 年版。
41. 張錫坤，姜勇，竇可陽：《周易經傳美學論稿》，北京：生活·讀書·新知三聯書店 2011 年版。
42. 曾祖蔭：《中國古代美學範疇》，武漢：華中工學院出版社 1986 年版。
43. 王國維：《人間詞話》，上海：上海古籍出版社 2009 年版。
44. 朱光潛：《文藝心理學》，北京：北京大學出版社 2009 年版。
45. 李澤厚：《美學三書》，天津社科出版社 2007 年版。
46. 湯用彤：《魏晉玄學論稿》，北京：生活·讀書·新知三聯書店 2009 年版。
47. 郁沅：《文學審美意識論稿》，北京：中國廣播電視出版社 1992 年版。
48. 高楠：《藝術心理學》，遼寧：遼寧人民出版社 1988 年版。
49. 劉文英：《中國古代意識觀念的產生和發展》，上海：上海人民出版社 1985 年版。
50. 錢鍾書：《管錐篇》，北京：中華書局 1986 年版。
51. 宇文所安著，王柏華，陶慶梅譯：《中國文論：英譯與評論》，上海：上海社會科學院出版社 2002 年版。
52. 郭紹虞：《中國歷代文論選》，上海：上海古籍出版社 2001 年版。

53. 胡適：《先秦名學史》，上海：學林出版社 1983 年版。
54. 伍非百：《中國古名家言》，北京：中國社會科學出版社 1983 年版。
55. 崔清田：《名學與辯學》，太原：山西教育出版社 1997 年版。
56. 翟錦程：《先秦名學研究》，天津：天津古籍出版社 2005 年版。
57. 朱前鴻：《先秦名家四子研究》，北京：中央編譯出版社 2005 年版。
58. 敏澤：《形象、意象、情感》，石家莊：河北教育出版社 1987 年版。
59. 葛兆光：《中國思想史》，上海：上海復旦大學出版社 2001 年版。
60. 葛榮晉：《中國哲學範疇通論》，北京：首都師範大學出版社 2001 年版。
61. 楊國榮：《道論》，上海：華東師範大學出版社 2009 年版。
62. 張連偉：《〈管子〉哲學思想研究》，成都：巴蜀書社 2008 年版。
63. 薛福興：《東方神韻：意境論》，北京：人民文學出版社 2000 年版。
64. 侯敏：《易象論》，北京大學出版社 2006 年版。
65. 今道友信：《東方美學》，北京：生活·讀書·新知三聯書店 1991 年版。
66. 馬塞爾·莫斯：《巫術的一般理論：獻祭的性質與功能》，桂林：廣西師大出版社 2007 年版。
67. 涂爾幹：《原始分類》，上海：上海世紀出版集團 2005 年版。
68. 列維—布留爾著，丁由譯：《原始思維》，北京：商務印書館 2004 年版。
69. 詹·喬·弗雷澤著，徐育新等譯校：《金枝》，北京：中國民間文藝出版社。
70. 歐陽哲生編：《胡適文集》，北京：北京大學出版社 1998 年版。
71. 周明鎮等：《中國象化石》，北京：科學出版社 1974 年版。
72. 張之恒：《中國舊石器時代考古》，南京：南京大學出版社 2003 年版。
73. 陳夢家：《殷虛卜辭綜述》，北京：中華書局 1988 年版。
74. 羅振玉：《殷墟書契考釋》，北京：中華書局 2006 年版。
75. 王國維：《觀堂集林》，石家莊：河北教育出版社 2003 年版。
76. 徐中舒：《徐中舒歷史論文選輯》，北京：中華書局 1998 年版。
77. 郭沫若：《殷契粹編》，北京：科學出版社 1965 年版。
78. 張光直：《商代文明》，北京：北京工藝美術出版社 1999 年版。
79. 張光直：《中國青銅時代》，北京：生活·讀書·新知三聯書店 1983 年版。
80. 吳俊德：《殷墟第四期祭祀卜辭研究》，臺北：國立臺灣大學出版社 2005 年版。

81. 郭沫若：《卜辭通纂》，北京：科學出版社 1983 年版。
82. 李濟：《中國文明的開始》，華盛頓大學出版社 1957 年版。
83. 龐樸：《龐樸文集》，濟南：山東大學出版社 2004 年版。
84. 陳鼓應：《老子哲學系統的形成》，《老莊論集》，濟南：齊魯書社 1987 年版。
85. 薛福興：《東方神韻：意境論》，北京：人民出版社 2000 年版。
86. 宗白華：《美學與意境》，北京：人民出版社 1987 年版。
87. 楊明：《劉勰評傳》，南京：南京大學出版社 2001 年版。
88. 張伯偉：《全唐五代詩格匯考》，南京：江蘇古籍出版社 2002 年版。
89. 朱自清：《詩言志辨》，開明書店民國三十六年版。
90. 王國維：《人間詞話》，上海：上海古籍出版社 2008 年版。
91. 徐復觀：《中國藝術精神》，武漢：湖北人民出版社 2009 年版。
92. 程千帆：《古詩考索》，上海：上海古籍出版社 1984 年版。
93. 葉朗：《中國美學史大綱》，上海：上海人民出版社 1985 年版。
94. 俞劍華：《中國畫論類編》，北京：人民美術出版社 2000 年版。
95. 錢鍾書：《七綴集》，上海：上海人民出版社 1986 年版。
96. 錢鍾書：《管錐篇》，北京：中華書局 1979 年版。
97. 敏澤：《中國美學思想史》，長沙：湖南教育出版社 2006 年版。
98. 蕭華榮：《中國古典詩學理論史》，上海：華東師範大學出版社 2005 年版。
99. 周裕鍇：《宋代詩學通論》，上海：上海古籍出版社 2007 年版。
100. 今道友信：《東方美學》，北京：三聯書店 1991 年版。

四、期刊論文

1. 王萬昌：《「意象」論的哲學底蘊》，《復旦學報》（社會科學版），一九九三年第四期。
2. 郭瀟：《〈老子〉與〈易傳〉：中國詩學中意象論的哲學起源》，《東魯大學學報》（哲學社會科學版），2012 年 5 月。
3. 李天道：《「大象無形」與中國美學「意境」之模糊心態》，《西南民族大學學報》（人文社科版），2009 年 5 月。
4. 陳望衡：《「天人合一」的美學意義》，《武漢大學學報》（哲學社會科學版），

1998 年第 3 期。
5. 蒙培元:《「道」的境界——老子哲學的深層意蘊》,《中國社會科學》,1996 年第 1 期。
6. 王樹人:《中國哲學與文化之根——象與象思維》,《河北學刊》2007 年第 5 期。
7. 楊國榮:《孔墨老與先秦名實之辨》,載《學術界》1990 年第 6 期。
8. 朱志榮:《論審美意象的創構》,《學術月刊》,2014 年 5 月。
9. 朱志榮:《〈文心雕龍〉的意象創構論》,《江西社會科學》,2010 年 1 期。
10. 朱良志:《「象」——中國藝術論的基元》,《文藝研究》,1988 年 6 期。
11. 毛宣國:《〈周易〉與中國古典美學》,《湖北民族學院學報》(社會科學版),1993 年第 4 期。
12. 李健:《比興思維與意象的生成》,《韶關學院學報》(社會科學版),2003 年 7 月。
13. 汪裕雄:《從神話意象到審美意象》,《社會科學家》,1995 年 5 期。
14. 辛衍君:《從「易象」到「審美意象」——中國古典審美意象的歷史嬗變》,《遼寧大學學報》(哲學社會科學版),2005 年 7 月。
15. 柯漢林:《論審美意象及其思維特徵》,《西北師大學報》(社會科學版),1990 年 4 期。
16. 葉朗:《王夫之的美學體系》,《北京大學學報》(哲學社會科學版),一九八五年第二期。
17. 汪裕雄:《西方近代「審美意象」論述評》,《河北大學學報》,1991 年第 3 期。
18. 洪迪:《意境意象同異》,《台州師專學報》,2000 年 8 月。
19. 黃霖:《意象系統論》,《學術月刊》,1995 年第 7 期。
20. 李天道:《中國古代審美境界生成論》(一),《青海民族學院學報》(社會科學版),1995 年第 1 期。
21. 陽曉儒:《中西審美意象比較研究》,《廣西社會科學》,1997 年第 2 期。
22. 劉紹瑾:《莊子的言意論及其美學意義》,《江漢論壇》,1988 年 1 期。
23. 歐陽禎人:《〈太一生水〉與先秦儒家性情論》,《孔子研究》,2002 年第 1 期。

24. 廖名春：《荊門郭店楚簡與先秦儒學》，《中國哲學》第 20 輯，遼寧教育出版社，1999 年。
25. 李鵬飛：《中國古代詩學與象論研究》，廣西師範大學碩士學位論文，2006 年。
26. 王新嶺：《中國古典美學「象」範疇研究》，山東師範大學碩士學位論文，2011 年。
27. 趙天一：《中國古典意象史論》，西南大學博士學位論文，2012 年。
28. 敏澤《中國古典意象論》，《文藝研究》，1983 年，第 3 期。
29. 陶文鵬《論宋代山水詩的繪畫意趣》，《中國社會科學》，1994 年，第 2 期。
30. 孟培元《「道」的境界——老子哲學的深層意蘊》，《中國社會科學》1996 年，第 1 期。
31. 陳道德《言、象、意簡論》，《哲學研究》，1997 年，第 6 期。
32. 陳良運《中國古代文論中的「意」》，載《古代文學理論研究叢刊》（第十八輯），上海：上海古籍出版社，1997 年。
33. 敏澤《錢鍾書談「意象」》，《文學遺產》，2000 年，第 2 期。
34. 屈光《中國古典詩歌意象論》，《中國社會科學》，2002 年，第 3 期。
35. 俞沅《中國詩學的情感本體論》，《東南大學學報》（哲學社會科學版），2002 年，第 9 期。
36. 蔣寅《原始與會通：「意境」概念的古與今——兼論王國維對「意境」的曲解》，《北京大學學報》（哲學社會科學版），2007 年，第 3 期。
37. 王樹人《中國哲學與文化之根：象與象思維》，《河北學刊》，第 5 期。
38. 李進超《王充與劉勰意象論之關係》，《社會科學戰線》，2009 年，第 9 期。
39. 陳夢家《商代的神話與巫術》，《燕京學報》第 20 期。